## 三、山川形势 ……………………………………………… 89
（一）祁连山及河西走廊 ……………………………… 97
（二）贺兰山及宁夏平原 ……………………………… 101
（三）阴山及河套平原 ………………………………… 103
（四）横山及其山界 …………………………………… 106
（五）拉脊山及河湟谷地 ……………………………… 113

## 四、交通道路 ……………………………………………… 117
（一）境内交通 ………………………………………… 118
1. 兴庆府连通各地道路 …………………………… 118
2. 各地之间的连通道路 …………………………… 119
（二）对外交通 ………………………………………… 122
1. 以兴庆府为中心的对外交通驿道 ……………… 122
2. 西夏地方对外道路 ……………………………… 125
3. 边地监军司入周边道路 ………………………… 134
（三）桥梁与渡口 ……………………………………… 134

## 五、都城 …………………………………………………… 138
（一）沿革 ……………………………………………… 139
（二）形制 ……………………………………………… 140
（三）机构 ……………………………………………… 143
（四）寺庙建筑 ………………………………………… 149

## 六、监军司 ………………………………………………… 151
（一）左厢诸监军司 …………………………………… 152
1. 左厢神勇监军司 ………………………………… 152

　　　2. 石州祥祐监军司 ·········································· 153

　　　3. 宥州嘉宁监军司 ·········································· 155

　　　4. 韦州静塞监军司 ·········································· 156

　　　5. 西寿保泰监军司 ·········································· 156

　　　6. 黑山监军司 ·············································· 157

　　　7. 灵州翔庆（大都督府）监军司 ························ 157

　　（二）右厢诸监军司 ·········································· 158

　　　1. 黑水监军司 ·············································· 158

　　　2. 右厢朝顺监军司 ·········································· 159

　　　3. 卓啰和南监军司 ·········································· 160

　　　4. 甘州监军司 ·············································· 160

　　　5. 瓜州西平监军司 ·········································· 161

　　　6. 白马强镇监军司 ·········································· 161

　　　7. 啰庞岭监军司 ·········································· 162

　　（三）其他监军司 ·········································· 162


七、州郡 ························································ 166

　　（一）河南之州 ·············································· 168

　　　1. 灵州 ···················································· 168

　　　2. 洪州 ···················································· 172

　　　3. 宥州 ···················································· 174

　　　4. 银州 ···················································· 177

　　　5. 夏州 ···················································· 182

　　　6. 绥州 ···················································· 185

　　　7. 柏州 ···················································· 190

8. 龙州 …………………………………………………………… 190

9. 石州 …………………………………………………………… 192

10. 盐州 …………………………………………………………… 193

11. 安州 …………………………………………………………… 196

12. 安盐州 ………………………………………………………… 197

13. 西安州 ………………………………………………………… 197

14. 胜州 …………………………………………………………… 199

15. 丰州 …………………………………………………………… 200

（二）河西之州 ……………………………………………………… 201

1. 兴州 …………………………………………………………… 201

2. 定州 …………………………………………………………… 204

3. 怀州 …………………………………………………………… 205

4. 永州 …………………………………………………………… 206

5. 顺州 …………………………………………………………… 207

6. 静州 …………………………………………………………… 208

7. 雄州 …………………………………………………………… 209

8. 韦（威）州 …………………………………………………… 211

9. 凉州 …………………………………………………………… 214

10. 甘州 …………………………………………………………… 220

11. 肃州 …………………………………………………………… 224

12. 瓜州 …………………………………………………………… 226

13. 沙州 …………………………………………………………… 227

14. 伊州 …………………………………………………………… 230

（三）河湟之州 ……………………………………………………… 231

1. 西宁州 ………………………………………………………… 231

2. 乐（湟）州 ……………………………………… 233

3. 廓州 ………………………………………………… 234

4. 积石州 …………………………………………… 235

5. 兰州 ………………………………………………… 235

6. 会州 ………………………………………………… 238

（四）其他城司堡寨 ……………………………… 242

1. 城司堡寨 ………………………………………… 242

2. 基层军事设置 …………………………………… 257

附录　党项与西夏地名异译表 ……………………… 264

参考文献 …………………………………………………… 270

（一）古籍文献 …………………………………… 270

（二）出土文献 …………………………………… 273

（三）研究著作 …………………………………… 273

（四）研究论文 …………………………………… 276

后　　记 …………………………………………………… 281

# 序　一

在西夏陵入选世界文化遗产名录之际，以宁夏大学杜建录教授为首的西夏研究团队，凭借着对学术的执着追求与深厚积淀，又推出一部重磅成果——《西夏通志》。这部多年精心编纂的大型西夏史著作共 11 卷（12 册），包括《西夏史纲》（2 册）《西夏地理志》《西夏经济志》《西夏职官志》《西夏军事志》《西夏人物志》《西夏部族志》《西夏风俗志》《西夏语言志》《西夏文献志》《西夏文物志》，共 400 余万字。首卷《西夏史纲》以全景式的视角，为读者徐徐展开西夏王朝兴衰更迭的历史长卷，其余各卷则从不同维度分别展示西夏历史的一个重要侧面。

《西夏通志》为 2015 年国家社科基金重大项目成果，立项前我和建录教授多次交换意见，立项后我们的交流就更多了，我还参与《部族志》的撰写、《职官志》的审读，书稿付梓前又得以先睹，感到此书的编纂意义重大，功力深厚，贡献良多。

众所周知，宋辽夏金之后的元朝为前代修史时，只修了《宋史》《辽史》和《金史》，未修西夏史，仅在这三史的后面缀以简约的"夏国传""西夏纪""西夏传"，概略地介绍了西夏主体民族党项族和西夏建国后的大事简况，以及各自与西夏的交聘争战。历史资料的稀缺，使得人们对西夏历史和社会的认识模糊不清，感到西夏史在中国历史链条中似乎是个缺环。清代以来，有识之士拾遗补阙，先后编撰《西夏书事》《西夏事略》《西夏纪》等著作，均是对传统典籍中文献资料的编年辑录，不是一部完整的西夏史。20世纪80年代以来，学界推出多部重要的西夏史著作，尤以吴天墀《西夏史稿》影响最为深远。但一方面章节体很难容纳更多的内容，另一方面出土的文献资料特别是西夏社会文书尚未公布和释读，很难弥补元代没有编纂西夏史的缺憾。

为此，《西夏通志》在系统占有资料特别是近年公布考释的西夏社会文书的基础上，将我国古代史书中的纪传史志和近代以来的章节体专史结合起来完成的一部大型西夏史著作，如"西夏史纲"是西夏王朝兴衰更迭的历史长卷；"西夏史志"，相当于"正史"中的《志》，包括地理志、经济志、职官志、军事志、部族志、语文志、文献志、文物志等，但内容和"正史"中《志》不大相同，而是根据资料和当代学术的发展，赋予新的内容，显示出新的活力，如"经济志"中的经济关系、阶级结构和社会形态；"职官志"中蕃汉官名；"军事志"中的战略、战术与战役；"语文志"中的语音和文字；"文献志"已不是传统《艺文志》中的国家藏书，而是所有地下出土文献和传世典籍文献；"人物志"，相当于人物传记；"表"包括世袭、帝号、纪年、交聘、大事、战事、词汇以及名物制度异译对照等。由此可见，《西夏通志》在一定程度上弥补了元朝没有纂修一部西夏史的缺憾。

《西夏通志》的特点是内容丰富而平实。正如首卷《西夏史纲》在凡例中所提出的"本史纲在百年西夏学基础上，系统阐述西夏建国、发展和衰亡过程以及西夏政治、经济、军事和文化面貌，不是资料考辨和某种观点的阐述。"其他各卷也都在各自的凡例中规定，该卷是在前人研究的基础上，进行客观叙述，不是资料考辨和某种观点的阐述。这样明确的自我约定，表明了作者们的科学、客观的治学态度和大众化的表述理念，充分彰显了作者团队严谨的治学态度和致力于学术大众化传播的理念。他们十分注重吸收近些年来在西夏法律、经济、军事、文化诸多方面的最新研究成果，把认真搜罗的相关文献、文物资料展陈于前，将成熟的学术观点归纳于后，没有佶屈聱牙、艰涩难懂的争辩，只是客观地叙述历史，娓娓道来，毫无强加读者之意，却能收平易推介之功，让读者在轻松愉悦的阅读体验中，自然而然地接受西夏历史知识。这种独特的写作风格，真正实现了学术著作的传播，让高深的学术知识走出象牙塔，走进大众视野。

《西夏通志》的另一个特点是系统而全面。全卷不仅多方位地涵盖了西夏历史，即便是每一卷也都能做到在各领域中尽量搜罗各种资料，做到全面系统。如《西夏文献志》收入西夏世俗文献167种，出土西夏佛教文献556种，传统汉文典籍中的西夏文献41种，历代编撰的党项西夏文献21种，还有亡佚的西夏文献25种，共达810种之多，同时对每一种文献都有介绍，为读者提供了翔实的西夏文献盛宴，可谓西夏文献的集大成之作。

《西夏通志》还有一个亮点是多数卷的末尾附有《表》，如《史纲》卷的《世袭表》《帝号表》《纪年表》《交聘表》《大事年表》《西夏学年表》，《地理志》的《党项与西夏地名异译表》，《职官志》的《党项与西夏职官异名对照表》《西夏蕃名官号一览表》《夏汉官职异名对照表》《机构异名对照表》，《语言志》的《词汇表》等。这些《表》以简洁明了的形式，将复杂的历史信息清晰地呈现出来，如《西夏学年表》呈现出百年西夏学发展脉络，《词汇表》以2000条的篇幅分门别类地展示出西夏语的常用词，每条词有西夏文、国际音标和汉译文三项，非常方便读者检索使用。这些附录有的是对正文的补充，有的是对正文的提炼，有的则与正文相呼应，成为各卷不可或缺的有机组成部分，充分体现了作者对各研究领域的深入理解、长期积累以及对读者需求的贴心考量。我想，只有作者对该领域的全面了解和深耕细作才能做出这样既专业，又方便读者的附录，我们应该对作者们为读者的精细考量致以诚挚的感谢。

本书作者团队阵容强大，领衔的杜建录教授为长江学者，他一人担纲了《西夏史纲》《西夏经济志》及部分《西夏军事志》的重担。其他各卷作者均是这些年成长起来的学术带头人和学术骨干，据我所知，他们大多数主持完成两项以上国家社科基金项目，有的主持国家社科基金重大项目和国家社科基金冷门绝学团队项目。这个研究团队经过多年历练，有良好的研究基础与合作传统，十多年前也是由杜建录教授主持的 4 卷本《党项西夏文献研究——词目索引、注释、异名对照》（中华书局 2011 年出版），这个团队的大部分成员就参加了这项基础资料建设工作，使他们在对党项西夏文献整理过程中打下了坚实的基础。他们中有的还参与《西夏文物》整理出版，看得出《西夏通志》是在坚实的基础上厚积薄发，他们的学术积累得到了充分的运用和表达。

他们还有一个特点，就是多熟悉西夏文。随着近代西夏文文献的大量发现，特别是近些年来黑水城出土文献的系统刊布，使西夏文文献成为解读西夏历史文化的重要资料基础。掌握西夏文成为解读西夏历史文化的关键。熟悉西夏文译释的本书作者们凭借这一优势，在研究中可以将汉文史料和西夏文资料以及文物资料充分同时利用，相互印证，有机地融汇在一起，做出特殊的深层次解读，从而取得新的符合史实的客观认识。他们如同穿越时空的使者，借助古老的文字，与历史对话，从而得出更符合史实的客观认识。揆诸各卷内容，都不乏利用新的西夏文资料展现该卷历史内容的实例，这种在中国史研究中大量利用民族文字资料的特殊手段彰显出本书的特点，展现出作者们经过艰苦学习、训练而能熟练应用西夏文的亮丽学术风采。

最后，我要说的是《西夏通志》作者无论研究环境优劣，都能正确把握国家对"冷门绝学"长远战略，以研究西夏历史文化为己任，以彰显其在中华文明中的价值为使命，坚守岗位，坚持学术，默默耕耘、潜心研究，努力发掘西夏文化在中华文明发展中的历史性贡献，用实际行动和优秀成果推动着西夏学的发展。对他们这种难能可贵的学术坚守点赞，对他们的学术品格表示尊敬！

随着西夏陵入选世界文化遗产名录，西夏研究将愈加受到有关部门、学术界和社会的关注和重视。此重要成果的推出无疑将会给方兴未艾的西夏学增添新的热度，对关心西夏的读者们有了认识西夏历史的新途径，为读者打开西夏历史知识的全新窗口，助力大众深刻理解西夏文化在中华文明中的重要地位，对铸牢中华民族共同体意识发挥积极的作用。

**史金波**

2025 年 7 月 15 日

（史金波　中国社会科学院学部委员　中国社会科学院学部委员工作室专家）

# 序　二

西夏史学史研究表明，西夏学一百多年的发展史，大体经历了两个阶段。第一阶段从 20 世纪 20 年代至 80 年代。从俄国探险家掠走黑水城西夏文献开始，苏联学者因资料上的优势，率先开始了西夏文献的整理研究，出版了一批论著。日本及欧美的学者也开始了西夏文献的研究。这个阶段，我国学者在西夏文文献资料有限的情况下，开始着手对西夏语言文献、社会历史及宗教文化等方面的研究。总体来讲，这一时期国外西夏学特别是俄罗斯西夏文献研究具有十分重要的地位。第二阶段从 20 世纪七八十年代开始，中国西夏学的研究开始出现了新的变化。70 年代开始，西夏陵等一批西夏遗址的考古发掘，90 年代以来的俄、中、英、法、日等国藏西夏文献的整理出版，西夏学的主战场逐渐由国外转移到国内，西夏学的内涵从早期的黑水城文献整理与西夏文字的释读，拓展成对党项民族及西夏王朝的政治、经济、军事、地理、宗教、考古、文物文献、语言文字、文化艺术、社会风俗等全方位的研究，完整意义上的西夏学逐渐形成，和敦煌学、简牍学一样，成为一门涵盖面非常广泛的综合性学科。西夏学取得的丰硕成果，表明已开始走出冷门绝学的境地，出现了初步的繁荣局面，学界给予了更多的关注和赞誉。2007 年，在北京召开的《中国藏西夏文献》出版座谈会上，史学大师蔡美彪先生曾说，"我深切的感到 30 年来，我国西夏学、西夏史的研究取得的成绩非常大，甚至可以说，将这 30 年的中国历史学的各个领域比较起来的话，西夏的文献整理和西夏学研究的成绩，应该是最显著的领域之一"（《西夏学》第 3 辑，2008 年）。

西夏学在新的发展进程中，研究机构及学术团队的建立发展壮大，是必要的条件和基础工作。西夏故地在宁夏，宁夏大学一直把西夏学作为重点建设的学科，2001 年，宁夏大学西夏学研究中心被教育部批准为高校人文社会科学重点研究基地，2008 年教育部批准更名西夏学研究院。基地建设二十多年来，他们立足当地，着眼长远，培养队伍，积极开展具有学科发展意义的重点项目研究，已成长为国内外西夏学领域一支有科研实力、能够承担重大项目并起到领军作用的学术团队。在这个过程中，我作为亲历者和见证者，看到杜建录教授带领的基地和团队之所以能取得突出成效，缘于他们坚持正确的学术导向，具有长远的学术眼光，尊重学术发展规律，在推动西夏学学科体系建设方面采取了一系列必要的举措：

一是重视基础建设，组织文献整理、集成和出版。二十多年来，他们以教育部人文社会科学重点研究基地为平台，联合中国社会科学院西夏文化研究中心等单位，整理出版大型文献丛书《中国藏西夏文献》《中国藏黑水城汉文文献》《中国藏黑水城民族文字文献》《西夏文献丛刊》，建设大型西夏文献文物资料数据库；参与承担并完成国家社科基金特别委托项目《西夏文献文物研究》；将西夏文献研究由西夏文延伸到拓跋政权和西夏时期的汉文、西夏文、吐蕃文、回鹘文等多语种文献，拓展了西夏文献研究的深度和广度。

二是倡导"大西夏史"。跳出西夏看西夏，从唐五代辽宋夏金元大背景下研究西夏，推动多学科交叉综合研究，揭示中华民族"多元一体"格局形成的历史轨迹，揭示西夏多元杂糅的文化特点。将西夏学研究拓展到中华民族"三交"史的研究。

三是重视和推进民族史学理论建设。二十多年前建在宁夏大学西夏学研究院的中国少数民族史博士点就设立了中国民族史学理论专业方向。以"多元一体"为核心的史学理论建设推进和指导了西夏研究,专业人员的史学理论素养和分析概括能力明显提高,和近年来习近平总书记提出的铸牢中华民族共同体意识的理论创新思想紧密衔接。

四是重视学术团队建设和拓宽研究视域。宁夏大学西夏学研究已形成了有一定数量、结构配置合理的团队,研究方向涵盖了西夏历史、文化、语言、文献、文物等主要领域,近十多年迅速发展起来的西夏文化和西夏艺术研究,进一步丰富了西夏学的内涵,具有填补空白和创新的学术意义。运用中华民族史观和多学科综合研究方法,成为西夏学新的增长点。

五是重视国际合作研究,提升国际话语权。2010年成立中俄西夏学联合研究所,开展黑水城文献合作研究,形成中俄联合研究机制。连续举办八届国际学术论坛,促进国际西夏学的交流和学术资源共享;利用国家社科基金外译项目等各种途径,组织出版西夏研究外译著作十多种。

这些举措的坚持和落实,使宁夏大学西夏学研究基地积累了经验,扩大了视野,历练了队伍,完成了一系列重大项目,展示了"西夏在中国,西夏学也在中国"的厚实基础。这也正是他们能够承担并高质量完成国家社科基金重大攻关项目《西夏通志》的主要原因。

杜建录担任主编的《西夏通志》2015年获批国家社科基金重大项目,2022年完成结项,2025年正式出版,十年磨一剑,是迄今为止西夏学各个领域研究成果的集大成者。在学术指导思想上,贯穿了中华民族历史观和中华民族共同体意识;在历史资料运用上,充分吸收了迄今国内外发现刊布的各类文字资料及实物资料以及近年考古新发现;在叙述内容上,尽可能涵盖了西夏社会的各个方面和各个领域,力求全方位呈现一个真实、生动、立体的历史上的西夏;在编纂体例上,将我国传统的史志体和近代以来的章节体结合起来,作了有益的探索。从上述意义上看,《西夏通志》不仅是目前西夏学全面的创新性成果,而且是具有中国自主话语权和自主知识体系的学术成果。

在这里,特别要提到的是《西夏通志》所采用的编著体例。在中国悠久的治史传统中，不仅保留了各种记述历史的文献资料，也创造了编著史书的体例，形成了以纪传体（如《史记》为代表的二十四史）为主流以及编年体、纪事本末体等体例的史书编纂方式，与此同时形成的还有志书体例。志基本属于史的范畴，"郡之有志，犹国之有史"（宋·郑兴裔《广陵志·序》），"方志是地方之史"（白寿彝《史学概论》）。志更侧重于资料内容的分类编纂。以历史纵向为主线的"史"和以横向分类为主线的"志"，构成了中国传统史学的主要记述模式。传统史志体例作为中国历史庞大复杂内容的主要载体，数千年来不断改进完善，其功能和作用不可低估。但传统史著体例也有其历史局限性，如以王朝政治史为中心，忽视社会多元性；以儒家史观主导，难避片面性；以人物和事件描述为中心，缺乏历史发展内在联系及因果分析；史料的选择有局限，民间、地方、民族方面的史料缺失等等。上个世纪随着西方史学理论和方法的引入，史著的章节体体例渐成现代历史著作的主要形式，它以历史演进为基本线索，以科学分类和逻辑分章的形式，将传统史志的叙事方式赋予了现代学术规范，具有结构清晰、内容涵盖面广、可以跨学科综合、便于阅读和传授的特点。但史家在运用章节体书写历史中，与传统史著相比，也感到有不足之处，如对人物、典籍、制度、文化等专项内容的描述不够，一般的处理方法是简要地概括在章节的综合叙事中。白寿彝先生主编的 12 卷《中国通史》作了新的尝试，用传统与现代相融合的创新编纂体例，采用甲、乙、丙、丁四编结构，甲编"序说"整合文献与研究成果，乙编"综述"以时序勾勒朝代脉络，丙编"典志"解析政治经济文化制度变迁，丁编"传记"通过人物纪传体现史实。这种创新体例将专题考据与宏观叙事结合，史料评介、制度分析、人物纪传、考古发现、研究动态等在章节体中不易展开的内容都有了一定的位置呈现。

作为以断代史和王朝史为叙述对象的西夏历史，《西夏通志》大胆采用了传统史志体例与现代章节体例相融合的方式，将史、志、传、表作为基本结构，"史"为"西夏史纲"，以纵线时间脉络为主，集中阐述从党项到西夏政权的治乱兴衰和社会各方面的演进;"志"为"西夏史志",采用传统地理志、职官志、军事志、部族志、语文志、文献志、文物志等分类编纂叙述的方法,但充分运用了新资料,内容更充实,阐释更有新意;"传"即"人物志",对见于记载的西夏人物逐个立传;"表"包括世袭、帝号、纪年、交聘、大事、战事、词汇以及名物制度异译对照等。全书在中华民族史观的统领下,继承考证辨析的严谨治学方法,以现代学术规范为基本要求,充分吸收传统体例的元素,力求作到史论结合、史志结合、出土文献和实物与典籍文献结合、西夏文文献与汉文文献及其他民族文字文献结合、国内研究与国外研究结合,尽可能吸收国内外研究的新成果。这种编纂体例,虽然带有试验性,但体现了学术上守正创新的精神,体现了构建自主知识体系的积极探索。

经过 10 年的不懈努力,煌煌 12 卷 400 多万字的《西夏通志》终于呈现在读者面前,可以说,《西夏通志》的出版,在西夏学发展史上具有里程碑意义,对于西夏学的过往来讲,是一次全面的总结和收获;对于西夏学的未来来讲,是进一步研究的起点。正如编著者在"序"中所言,《西夏通志》的完成不是收官,而是起点!

**陈育宁**

2025 年 7 月 6 日

(陈育宁 宁夏大学教授 宁夏大学原党委书记 校长)

# 序 三

元朝修宋辽金三史，没有给西夏修一部纪传体专史，给后人留下很多缺憾。现存的资料无法编纂一部纪传体《西夏史》，当代章节体的《西夏史》又无法容纳更多内容。鉴于此，2008 年就开始策划编纂多卷本历史著作《西夏通志》，2015 年获批国家社会科学基金重大项目，2022 年完成结项，2025 年正式出版。该多卷本著作体裁介于"纪传体"断代史和"章节体"专史之间，将我国的史论和史志结合起来，在西夏史乃至中国古代史研究体例和方法上都是创新，这是本通志纂修的意义和价值所在。

自明、清以来，封建史家有感于西夏史的缺憾，筚路蓝缕，拾遗补阙，撰写出多种西夏专史，重要的有明代《宋西事案》、清代张鉴《西夏纪事本末》、吴广成《西夏书事》、周春《西夏书》、陈崑《西夏事略》，民国初年戴锡章《西夏纪》等等。这些著作梳理了西夏史资料，特别是参考了当时能见到、现已不存的文献资料，值得我们重视。不过从总体上来看，明、清两代学者对西夏史的研究有较大的局限性：一方面采取的是传统的封建史学观点、方法和体例；另一方面黑水城文献尚未发现，西夏陵等重要考古尚未开展，所使用的资料仅限于传世典籍，因此，这些著作都不能够全面阐释西夏社会面貌。

20 世纪 70 年代以来，西夏史的研究又得到学界的重视，先后出版林旅芝《西夏史》（1975）、钟侃等《西夏简史》（1980）、吴天墀《西夏史稿》（1981）、李蔚《简明西夏史》（1997）、李范文主编《西夏通史》（2005），这些成果各有所长，大大推动新时期西夏史的研究，如果从研究的全面性来看，仍有一定的局限，一是章节体例无法容纳更多历史事实，前四种都在四十万字以内，其中《西夏简史》不足10万字，即使由专家集体完成的《西夏通史》也是几十万字；二是地下出土文献尚未完全公布，特别是数千件俄藏西夏社会文书近年才公布，所利用的资料有限。因此，有必要运用新资料、新体例完成一部多卷本的西夏史。

国外西夏研究的重点集中在西夏文献，西夏历史方面的成果相对较少，主要有苏联克恰诺夫的《西夏史纲》（1968），日本冈崎精郎的《党项古代史研究》（1972），美国邓如萍的《白高大夏国：十一世纪夏国的佛教和政体》（1998），《西夏史纲》比较简略，且汉文资料使用上有较多错误；《党项古代史研究》侧重西夏建国前的历史；《白高大夏国：十一世纪夏国的佛教和政体》过分强调西夏佛教的地位，国外的西夏史代表作虽有较高的参考价值，但也不能反映西夏历史全貌。此外，《中国通史》《辽宋西夏金代通史》《剑桥辽夏金史》也都有西夏史的内容。该成果或作为中国通史的一部分，或是辽金西夏断代史的组成部分。

除通史外，文献资料和专史研究也取得了很大成绩，文献资料整理研究方面，相继出版《俄藏黑水城文献》《英藏黑水城文献》《法藏敦煌西夏文文献》《中国藏西夏文献》《中国藏黑水城汉文文献》《斯坦因第三次中亚考古所获汉文文献》《日本藏西夏文文献》《西夏文物》（多卷本）。韩荫晟《党项与西夏史料汇编》，陈炳应《西夏文物研究》，史金波《西夏经济文书研究》《西夏军事文书研究》，史金波等译《天盛改旧新定律令》，杜建录等《党项西夏文献研究——词目索引、注释与异名对照》《西夏社会文书研究》等。所有这些，将西夏历史文献整理研究推向了新阶段。

西夏专史方面，史金波《西夏文化》《西夏佛教史略》《西夏社会》，白滨

《元昊传》《党项史研究》，周伟洲《唐代党项》《早期党项史》，汤开建《党项西夏史探微》，杜建录《西夏经济史》《西夏与周边民族关系史》，李华瑞《宋夏关系史》，杨浣《宋辽关系史》，陈育宁、汤晓芳《西夏艺术史》，韩小忙《西夏美术史》，鲁人勇《西夏地理考》等。这只是百年西夏学论著的一部分，还有大量论著收录在《西夏学文库》《西夏学文萃》两套大型丛书中，不一一列举。这些研究成果，为多卷本《西夏通志》的撰写奠定坚实的基础。

《西夏通志》约四百万字，从内容上看，可分为四部分，一是"西夏史纲"，包括党项内迁与夏州拓跋政权建立、西夏建国与治乱兴衰、西夏人口与社会、西夏农牧业和手工业、西夏通货流通与商业交换、西夏赋役制度、西夏社会形态与阶级结构、西夏文化、西夏遗民等。

二是"西夏史志"，相当于"正史"中的《志》，包括地理志、经济志、职官志、军事志、部族志、语文志、文献志、文物志等，但内容和方法和"正史"中《志》大不相同，而是根据资料和当代学术的发展，赋予新的内容，显示出新的活力，如"地理志"中的地的西夏地图；"经济志"中的经济关系、阶级结构和社会形态；"职官志"中蕃汉官名；"军事志"中的战略、战术与战役；"语文志"中的语音和文字；"文献志"已不是传统《艺文志》中的国家藏书，而是所有地下出土文献和传世典籍文献（含典籍中记载而已佚失的文献），既包括西夏文文献，又包括西夏时期产生汉文文献和其他民族文字文献。

三是"西夏人物志"，相当于人物传记，对目前见于记载的所有西夏人物立传，由于资料不一，每个传记多则近千字，少则数十字。

四是附表，包括《西夏世袭表》《西夏帝号表》《西夏纪年表》《西夏交聘表》《西夏大事年表》《党项与西夏地名异译表》《党项与西夏职官异名对照表》《西夏蕃名官号一览表》《夏汉官职译名对照表》《机构译名对照表》《西夏战事年表》《西夏人物异名对照表》《西夏部族名称异译表》《西夏沿边部族名称异译表》《西夏词汇表》《西夏学年表》等。

为了高质量完成书稿，课题组结合西夏文献资料特点，尽可能多重证据，将地下出土文献和传世典籍文献相结合，西夏文文献和汉文文献及其他民族文字文献相结合，《天盛律令》《亥年新法》《法则》《贞观玉镜将》等制度层面上的资料和买卖、借贷、租赁、军抄、户籍等操作层面上的资料相结合，国内研究和国外研究相结合。例如，《天盛律令》规定"全国中诸人放官私钱、粮食本者，一缗收利五钱以下，及一斛收利一斛以下等，依情愿使有利，不准比其增加。"过去对这条律令不好理解，通过和黑水城出土西夏天盛十五年贷钱文契结合研究，可知一缗收利五钱为日息，一斛收利一斛为年息。

郡为秦汉以来普遍设置的地方机构，相当于州一级，下辖县，有时是州县，有时是郡县。一般情况下县级名称不变，而州郡名称互换，如灵州与灵武郡，夏州与朔方郡，凉州与武威郡，甘州与张掖郡，肃州与酒泉郡。西夏立国后承袭前代，在地方上设州置郡，以肃州为蕃和郡，甘州为镇夷郡。这条资料出自清人吴广成《西夏书事》，由于该书没有注明史料来源，往往为史家所诟病，研究者不敢确认西夏设郡。黑水城出土西夏榷场文书明确记载镇夷郡，为西夏在地方设郡找到了确凿证据，其意义不言自明。

二是考证辨析，对异见异辞、相互矛盾的史料，加以辨正，以求其是；辨析不清者，两存其说、存疑待考。例如，《天盛律令》记载有石州、东院、西寿、韦州、卓啰、南院、西院、沙州、啰庞岭、官黑山、北院、年斜等十二个监军司，有的名称和《宋史》《续资治通鉴长编》记载相同，有的不相同，要逐一考辨清楚。还如，汉文文献中的党项西夏地名、人名、官名、族名，有的是意译，有的是用汉语音写下来，不同的译者往往用字不同，出现了大量的异译；有的在传抄、刊印过程出现讹、衍、误。以上种种现象，造成将一人误做两人，将一地误做两地，将一官误做两官，为此，在全面系统搜集资料的基础上，对汉译不同用字以及讹、衍、误逐一进行甄别和考辨，表列党项与西夏地名、人名、官名、族名异名对照。

三是分三步完成，第一步为按卷编纂"西夏通志资料长编"，将所有出土文献、传世典籍、文物考古资料，按照时间和门类编成资料长编；第二步对搜集到西夏文献资料辨析考证，完成西夏史考异，对当代专家不同的认识，也要加以辨析，有的问题两存其说；第三步在资料长编和文献考异的基础上，删繁就简、去误存真、存疑待考，完成资料详实、内容丰富、观点鲜明的多卷本《西夏通志》。

教育部西夏学重点研究基地建设伊始，确立了西夏文献整理出版、西夏文献专题研究以及西夏社会面貌阐释的"三步走"战略。《西夏通志》的纂修是该战略的重要环节，它的完成不是收官，而是起点！

**杜建录**

2025 年 6 月 1 日

（杜建录　教育部人文社科重点研究基地

宁夏大学西夏学研究院院长　民族与历史学院院长）

# 凡　例

一、本志除概论，包括疆域、政区、山川、道路、都城、监军司、州郡等七类，每类之下分若干小类。

二、本志在前人研究的基础上，对西夏地理的客观叙述，不是资料考辨和某种观点的阐述。

三、本志主要依据汉文文献、西夏文文献、其他民族文字文献以及文物考古资料。西夏文文献等民族文字文献采用成熟的译本或译文。

四、本志对关键内容注明出处；对异见异辞、相互矛盾的史料，在注文中简要辨正；辨析不清者，两存其说、存疑待考；对当代学者不同的认识，也加以辨析，有的问题两存其说。

五、本志纪年一律采用年号纪年后注公元纪年，如西夏天授礼法延祚元年、即宋宝元元年（1038）。

六、本通志对西夏国主（皇帝）的姓氏采用学界通用的李姓，部族成员则根据史料记载，或用拓跋氏，或用李氏，或用嵬名氏，不做统一要求。

七、本志中的地名后注现地名或方位，有对应西夏文地名。

# 概　　论

　　清代学者顾祖禹指出，历史是地理的向导，地理是历史的图籍。[①] 然西夏亡国后，其事迹仅以传纪之体，编列于宋辽金三史之中。至于其间地理地貌，仅寥寥数语。明清史家钩索考辑，勒成西夏史多部，只有周春《西夏书》涉及地理。此外，徐星伯逸著中亦有《西夏地理考》一种，俄藏清代《西夏地图册》或即其残稿。[②] 1963 年章巽发表的《西夏诸州考》[③]，是新中国成立后西夏地理研究仅有的成果。进入新世纪，随着西夏文法典《天盛改旧新定律令》的汉译出版，西夏地理研究才迅速发展起来。[④]

　　本志按照地理志书的基本体例，从疆域版图、山川形势、军政区划、道路交通、都城、监军司、府郡州等方面展开。

## （一）西夏的疆域

　　西夏的疆域是在唐末以来藩镇定难军的领地基础上发展起来的。

---

　　① （清）顾祖禹：《读史方舆纪要·凡例》："史其方舆之乡导乎？方舆其史之图籍乎？"，中华书局 2005 年版。

　　② 杨浣、王军辉：《〈西夏地形图〉研究回顾》，《图书馆理论与实践》2015 年第 12 期。

　　③ 章巽：《西夏诸州考》，《开封师范学院学报》1963 年第 1 期。

　　④ 王天顺：《西夏地理研究》，甘肃文化出版社 2002 年版；杨蕤：《西夏地理研究》，人民出版社 2008 年版；鲁人勇：《西夏地理志》，宁夏人民教育出版社 2012 年版。

唐僖宗广明年间（880—881），黄巢兵陷长安，平夏部首领、宥州刺史拓跋思恭奉诏率兵勤王，后以功封夏州节度使，赐号"定难军"，领夏、绥、银、宥等四州。北汉乾祐二年（949），以静州增隶定难军。此五州之地，东接黄河，西达"旱海（略当今毛乌素沙地）"，南际"横山（约今陕北白于山山地）"，北抵"沙漠（略当今库布齐沙漠）"。

宋初削藩，定难军首领李继迁出奔地斤泽。联合契丹，结姻豪强，屡败屡战，积小胜为大胜，至真宗咸平年间，不仅恢复银、夏等父祖故壤，而且向西夺取盐、灵、会诸州，并以灵州为西平王府。其子李德明更是东出大里河，筑栅苍耳平，西进河西甘凉，"其地东西二十五驿、南北十驿，自河以东北十有二驿，而达契丹之境"[1]。随后北渡黄河，城兴州而都之，阻河依贺兰山为固。至元昊破瓜、沙、肃州，遂尽得河西之地。[2]

清代史家称西夏"东尽黄河，西界玉门，南接萧关，北控大漠，地方万余里"[3] 或"北控朔漠，南引庆凉，东遮府麟，西卷瓜沙，纵横数千里"[4]，此皆其疆域大概情形。事实上，自景宗元昊正式建元（1038）以来，西夏疆域有过两期重大变化。一是惠宗谅祚时期至崇宗乾顺前期，在北宋进筑横山、旁取河湟战略的沉重打击下，西夏疆域日愈萎缩，边防要地几近失手；二是乾顺后期至仁宗仁孝时期，利用金朝攻灭北宋时机，西夏对外积极扩张，不仅夺回被宋朝进筑的疆土，并且将版图扩大到河湟诸州，疆域空前辽阔。[5]

## 1. 西夏前期的疆域

这一时期西夏的东面、南面主要与北宋对峙，西南面主要与青唐吐蕃比

①　《隆平集》卷二〇《夷狄传》。
②　《金史》卷一三四《西夏传》："初有夏、绥、银、宥、灵、盐等州，其后遂取武威、张掖、酒泉、燉煌郡地。"
③　（清）吴广成：《西夏书事》卷一二，龚世俊等校证本，甘肃文化出版社1995年版，第145页。
④　王树枏：《〈西夏纪〉序》，载戴锡章《西夏纪》，宁夏人民出版社1988年版，第6页。
⑤　李昌宪：《中国行政区划通史》（宋西夏卷），复旦大学出版社2007年版，第689页。

邻，西面主要与西州回鹘相交，北面主要与契丹接壤。

　　夏宋边界东起麟府，西尽秦陇，绵延两千余里；夏蕃边界则以陇山、六盘山为限，以北为西夏，以南、以西为青唐吐蕃；西夏与西州回鹘边界在瓜州、沙州、伊州一线；夏辽边界东北段以晋蒙交界的黄河为限，西北段则深入辽阻卜地区（在今蒙古人民共和国境内）。

　　宋夏以横山为界，横山之地对西夏极端重要，夏人赖以为生，宋人称其为西夏右臂。西夏占领横山地区，居高临宋，使得宋鄜、延、环、庆、泾、原、秦、陇不能弛备也。

　　因此，宋朝要制服西夏，必须先占据横山。公元 1119 年，宋总领六路边事童贯以种师道、刘仲武等为将，率鄜延、环庆之兵出萧关，取永和砦、割沓城、鸣沙会，大败夏人而还。至此，宋朝夺取了全部横山之地。西夏失去横山后，"疆地日蹙，兵势亦衰"，正如宋人所指出的，西夏"每于横山聚兵就粮，因以犯塞，稍入吾境，必有所获，此西人所以常获利。今天都、横山尽为我有，则遂以沙漠为界；彼无聚兵就粮之地，其欲犯塞难矣"①。与此同时，宋神宗经略熙河，用武力打败青海东部及甘南的吐蕃势力，夺取熙河湟鄯地区，砍断西夏的左臂。至此，西夏南部疆域大大缩减，是西夏自元昊开国以来疆域最蹙时期。

　　西夏前期边界具体的走向如下：西北自黑水监军司（今内蒙古额济纳旗）一线与阻卜交界；正北出兴州北界定州以北，过省嵬城、克夷门（今宁夏石嘴山）以北至阻卜界；东北黑山监军司自河北至午腊山与辽丰州、天德军交界；东北自胜州至辽河清军、金肃州黄河南岸、宋府州；正东自夏州至宋府州、麟州，银州以东左厢神勇军东南至绥德军（绥州）黄河段；东南、正南、西南至宋鄜延路，大致以"横山"（白于山—横山）山脉为界，与宋延州、保安军（今陕西省志丹县）、定边军、环州接壤；西南自卓啰监军司（今甘肃永

----

①　《续资治通鉴长编》卷五〇〇，哲宗元符元年七月甲子条载曾布语。中华书局 2004 年版。

登县中堡镇罗城滩）以南兰州北界黄河至仁多泉城西至祁连山北麓沿线。与河湟地区、吐蕃诸部交界；正西至玉门关，与回鹘交界。

### 2. 西夏后期的疆域

这一时期，西夏周边的形势是，东部、南部为金国，北部为不断崛起的蒙古，西部为契丹的残部西辽，西南部为吐蕃。

夏金边界大体继承了夏宋边界，但在麟府地区有重大变化。

西夏元德五年，即金天会元年（1123），金朝"以山西九州与宋人，而天德远在一隅，缓急不可及，割以与夏。后破宋都获二帝，乃画陕西分界，自麟府路洛阳沟东距黄河西岸、西历暖泉堡，鄜延路米脂谷至累胜寨，环庆路威边寨过九星原至委布谷口，泾原路威川寨略古萧关至北谷川，秦凤路通怀堡至古会州，自此直距黄河，依见今流行分熙河路尽西边以限封域。复分陕西北鄙以易天德、云内，以河为界"①。

次年（1124），西夏正式开始向金奉誓表，以事辽之礼称藩，请受割赐之地。金朝宗翰承制，割下寨以北、阴山以南、乙室耶刮部吐禄泺之西，赐给西夏。②

西夏元德八年，即宋靖康元年、金天会四年（1126）三月，西夏大军从金肃、河清出发，渡过黄河攻取了天德、云内、武州、河东等八馆之地。四月，金朝就派兀室统领数万骑以出城打猎为名，偷袭至天德，将占地不就的西夏大军打败，重新占领该地。西夏派使臣至金求和，但是金朝却把西夏的使臣给扣押下来，致使金夏关系极度恶化。③

当然金朝利用西夏对付辽、宋，西夏为了生存和发展，不但不愿和金人翻脸，而且利用金宋战争，乘机扩大领土。西夏大德二年，即宋绍兴六年、

---

① 《金史》卷一三四《西夏传》。
② 《金史》卷一三四《西夏传》。
③ 《宋史》卷四八六《夏国传下》。

金天会十四年（1136）七月，西夏陷西宁州。[①] 次年，夏崇宗李乾顺派遣使者"以厚币入金，表乞河外诸州"，金朝遂将乐州、廓州等地割让西夏。[②] 若加上金朝划定疆界，[③] 西夏不但恢复了宋朝进筑的疆土，而且占据了河外西宁、湟、鄯三州，使西夏疆域远远超过此前任何一个时期。

西夏后期边界的具体走向如下：北以黑水、黑山监军司为核心，正北与蒙古诸部、金西京路为交界；东部由沿黄河西岸向南，过府州、麟州西面的洛阳沟，再沿榆林市屈野河向东南折回黄河西岸，沿河南下，过佳县后再折向西至佳县乌龙镇南面的下高寨；东南至麟府西南及绥州东段黄河；正南、西南维持了宋夏时期鄜延路的旧界；西南与吐蕃诸部交界，自卓啰监军司（今甘肃永登县）以南兰州北界黄河至河湟地区再至祁连山北麓沿线；正西自沙州西至玉门关，与西辽为邻。

## （二）西夏的山川形势

西夏的疆域大致包括今宁夏大部、甘肃西部、陕西北部和内蒙古、青海部分地区，冬夏季节受西北干寒季风和东南温湿季风的影响，属于大陆性气候地区。南部横山山脉以外，西夏大部分属温带荒漠半荒漠地区，地貌以干旱剥蚀和风蚀为主。[④] 然而，黄河沿着高原山谷辗转挪腾，自西南而至东北将西夏全境分为五大形胜之地。

### 1. 祁连山及河西走廊

祁连山，也称南山，是今甘肃和青海两省的界山，由多条西北—东南走

①　《金史》卷一三四《西夏传》。
②　《金史》卷七八《刘筈传》。
③　《金史》卷二六《地理志下》："自麟府路洛阳沟距黄河西岸，西历暖泉堡，鄜延路米脂谷至累胜寨，环庆路威边寨逾九星原至委布谷口，泾原路威川寨略古萧关至北谷口，秦凤路通怀堡至古会州，自此距黄河，依见流分熙河路尽西边，以限楚、夏之封，或指定地名有悬邈者，相地势从便分画"。
④　杜建录：《西夏经济史》，中国社会科学出版社 2002 年版，第 31 页。

向的平行山脉和山间盆地组成。它西起当金山口，东至乌鞘岭，东西长 800 公里，南北宽 200—400 公里，海拔 4000—6000 米，现有冰川 3306 条，面积约 2062 平方公里。其中许多山峰终年积雪，冰川众多，自古以来就是河西走廊地区民众生产生活的生命线。这里的主要河流石羊河、黑河（又称弱水、张掖河）、疏勒河、党河、大哈勒腾河等均发源于祁连山北麓。

河西走廊，东起乌鞘岭，西抵疏勒河，南依祁连山，北靠马鬃山、合黎山、龙首山等，全长约 1000 公里，宽度从几公里至 200 公里不等。因其位于黄河以西的南山（祁连山）与北山（合黎山、龙首山）之间，地形狭长如带，故名"河西走廊"。这里地势平坦，一般海拔 1500 米左右。自东向西又可分为焉支山（又名大黄山）—石羊河流域的武威、永昌平原；黑山—黑河（又称弱水）流域的张掖、酒泉平原；宽台山—疏勒河流域的玉门、敦煌平原。① 这些盛产粮食和马匹的绿洲地带在中国古代东西交通和贸易史上具有十分重要的地位。

"河西没于夏，夏以富强。"② 首先，军事上使西夏无后顾之忧。从中原的角度看，"欲保秦陇，必固河西；欲固河西，必斥西域"③。从西夏的角度看，自从获得凉州，在河西的势力得到扩张，国力增强。"盖平夏以绥宥为首，灵州为腹，西凉为尾。有灵州则绥宥之势张，得西凉则灵州之根固。"④ 其次，经济上为西夏足食强兵之本。河西地区雪山众多，水草丰美，耕牧两便。"甘、凉之间，则以诸河为溉"⑤。占据这里使得西夏"西掠吐蕃健马，北收回鹘锐兵"成为现实。同时，河西走廊是陆上丝绸之路的咽喉，控制这里就意味着可以专擅西域乃至西方与中原往来贸易的交通与利益。最后，文化上使西夏成为区域佛教中心。佛教自汉晋入华以来，在河西地区始终保持着发

---

① 李孝聪：《中国区域历史地理》，北京大学出版社 2004 年版，第 17—19 页。
② 《读史方舆纪要》卷六三《陕西十二》。
③ 《读史方舆纪要》卷六三《陕西十二》。
④ 《西夏书事》卷七。
⑤ 《宋史》卷四八六《夏国传下》。

展的态势，从未经历过类似中原地区"三武一宗灭佛"的重大打击。西夏统治者不仅信仰而且扶植佛教。这样做的目的在于开展和周边对宗教圣地的竞争，以便加强对民众的统治。

### 2. 贺兰山及宁夏平原

贺兰山是祁连山东端北折的余脉，南北长200多公里，东西宽15—50公里，平均海拔2000米以上，地势南高北低，主峰居中段，海拔3556米。其东侧巍峨壮观，峰峦重叠，崖谷险峻，向东俯瞰银川平原和鄂尔多斯高原；其西侧地势平缓，渐渐没入戈壁荒漠为主的阿拉善高原。

宁夏平原又称银川平原，南起青铜峡，北至石嘴山，延展长度165公里，西依贺兰山，东傍鄂尔多斯台地，宽40—50公里，海拔1100—1200米，面积1.7万平方公里。这里地势高而不寒，气候干而不旱，以高山为障而无兵火之灾，有灌溉之利而无洪灾之难。自秦汉开始，劳动人民就不断在此开渠灌田，有汉延渠、唐徕渠来促成灌溉农业。西夏以此为首善之区，进可攻战关中河陇，退可耕守千里牧野，是真正立国建都的根本之地。

### 3. 阴山及河套平原

阴山山脉横亘于内蒙古中部，自西向东包括狼山、色尔腾山、乌拉山、大青山、灰腾梁山、大马群山、苏木山、桦山等，绵延起伏1000多公里，南北宽达30—200公里不等，一般海拔在1300—2200米。这里是蒙古高原和河套平原的分界线，在冷兵器时代具有重要的战略意义。

> 自阴山而北，皆大碛。碛东西数千里，南北亦数千里，无水草不可驻牧。中国得阴山，则乘高一望，寇出没踪迹皆见，必逾大碛而居。其北，去中国益远，故阴山为御边要地。阴山以南，即为漠南。彼若得阴山，则易以饱其力而内犯。此秦、汉、唐都关中，必逾河而北守阴山也。①

---

① 《读史方舆纪要》卷六一《陕西十》。

阴山以南不远即为黄河，黄河以南纵深即为赫赫有名的河套平原。其"周回六七千里，其土肥沃，可耕桑。三面阻河，敌难入寇而我易防守。故自古帝王及前明皆保有其地，以内安外攘而执其要也"。①

阴山山脉和河套平原地理上门户相接，军事上休戚与共。阴山对河套来说，是唇亡齿寒之所，无阴山之屏障，河套终难自安；河套于阴山而言，为相得益彰之地，无河套之水草，阴山仅能果腹矣。大体上，五代以前，中原王朝以关中为本位，阴山—河套平原距其近，被视为腹心之患，须昼警夕惕；五代已降，中原王朝以河北北部为重心，阴山河套平原距其远，被视为肢体之疾，可置之度外。西夏则不同，其立都中兴府（今银川），倚贺兰山为固，升西套平原（今银川平原）为首善之区，视阴山—后套平原为卧榻之侧，控险制要，排兵布阵，不容他人觊觎。

### 4. 横山及其山界

横山"或曰千里，或曰二千余里，或曰绵亘数百里，或曰沿边七八百里，更有包括银、夏、宥三州的说法，其范围众说纷纭，并不确定。但是大致可以分两种：一种是在六盘山北麓、长岭和麟、府二州之间的广阔山地，包括延州、清涧城、麟州、府州、保安军、环州、庆州、原州等区域；另一种范围狭小，指白于山主峰东部山地，至无定河流域。在宋人脑海中留下深刻印象的横山概念多指后者的狭小范围"②。

宋夏至金夏时期，横山山地绵延所及的地域泛称"山界"。西夏自德明时期据有横山，至乾顺时期尽失横山之地，历百年之久。金朝建立后，西夏并没有放弃对横山地区的争夺，直到西夏乾祐十三年，即金大定二十二年、南

---

① （清）顾炎武：《天下郡国利病书》卷六，上海古籍出版社 2011 年版，第 3880 页。
② ［日］前田正名著，杨蕤、尹燕燕译：《陕西横山历史地理学研究》，中国社会科学出版社 2018 年版，第 10—16 页。

宋淳熙九年（1182），这一地区才被正式纳入金朝的疆域版图。[①] 可以说，横山是西夏与北宋、金朝的界山。大体上，横山以北，尽为西夏所有，以南则为宋（金）所有。[②] 史家说西夏之所以有百年的强盛，实力足以抗衡中原，其势在山界。[③] 从政治上看，横山所在银夏诸州是西夏政权的崛起之地，统治者世代经营，在政治上和情感上有着高度的归属感。从经济上看，横山地区农牧业生产相当发达。而且西夏的盐铁也出产在这一地区。[④] 从军事上看，一方面横山山界地形险要，易守难攻；[⑤] 另一方面，横山蕃部勇悍善战，为西夏诸军之冠。[⑥] 从战略上看，横山地区"地多带山，马能走险，翰海弥远，水泉不生。王旅欲征，军需不给。穷讨则遁匿，退保则袭追，以追扰为困人之谋，以迟久为匿财之计"[⑦]，有利于地方土著相持周旋，不利于外来大军跋涉奔袭。

### 5. 拉脊山及河湟谷地

拉脊山，又称小积石山或唐述山，西北起青海省西宁市西侧青海湖，东南至青海省界循化县境积石峡。它是湟水河谷与黄河干流河谷的分水岭，其北为湟水谷地，南为黄河谷地。这两个冲击小平原历史上都是农业较为发达的地区。

河湟谷地，由黄河谷地和湟水谷地两大区域构成。黄河谷地指青海省共和县合乐寺以下至民和县峡口为止的 321 公里黄河干流沿岸地区，包括贵德谷地、尖扎谷地、循化谷地和官亭谷地四段。平均海拔在 2000 米左右，年降水量在 300—400 毫米，土壤肥沃，灌溉便利。湟水谷地由湟水干流区和支流浩

---

① 许伟伟：《西夏时期横山地区若干问题探讨》，《西夏学》第十七辑，甘肃文化出版社，2018年第 2 期。
② 李蔚：《宋夏横山之争述论》，《民族研究》1987 年第 6 期。
③ 《续资治通鉴长编》卷三二八，神宗元丰五年七月丙申条。
④ 杜建录：《西夏时期的横山地区》，《固原师专学报》1992 年第 3 期。
⑤ 杜建录：《西夏时期的横山地区》，《固原师专学报》1992 年第 3 期。
⑥ 李蔚：《宋夏横山之争述论》，《民族研究》1987 年第 6 期。
⑦ 《续资治通鉴长编》卷一二四，仁宗宝元二年五月丁巳条。

亹河（今大通河）流域组成。

历史上，"河、湟环带，山峡纡回。扼束羌、戎，屹为襟要"[1]。北宋时期正面进攻西夏无果，不得不从横山和河湟两翼迂回包抄西夏并且几乎成功。但是这个断西夏右臂的策略被金灭北宋所中断。西夏通过与金朝的战争和谈判，最终获得了这一地区的几个主要城市乐州、西宁州、积石州、廓州，控制了东结陇右，南通巴蜀的交通和贸易。

## （三）西夏的军政区划

西夏政权脱胎于唐末以来的定难军藩镇。"唐末，藩镇诸州听命帅府，如臣之事君，虽或因朝命除授，而事无巨细皆取决于帅，与朝廷几于相忘。"[2]定难军的治所在夏州，等级最高，所领其他州称为支州（郡），州以下多有县。

元昊称帝建国以后，更张衣冠礼乐，中央"设十六司于兴州，以总庶务"[3]，地方"置十八监军司，委豪酋分统其众"[4]。监军司之下有州（城），州（城）领堡寨及族帐。

至仁宗仁孝时，西夏确立了以行政级别为标准的"五等司官署制"，其中就囊括了全国各地的大小政区。他把西夏全境划分为"京畿"与"边中"两大区域。其中京畿各地与啰庞岭监军司由中央直辖；边中地区则由中央派出机构东南和西北两大经略司分区管辖，形成了经略司（路）—边中监军司—地边城司为主体的虚三级地方行政体制。另外，在农业发达地区，除经略司之外，还设有转运司，负责郡县的赋税征缴和水渠维修等事务。

---

① 《读史方舆纪要》卷六四《陕西十三》。
② （宋）王林撰，诚刚点校：《燕翼诒谋录》卷一，中华书局1981年版，第7页。
③ 《宋史》卷四八五《夏国传上》。
④ 《续资治通鉴长编》卷一二○，仁宗景祐四年十二月癸未条。《宋史》卷四八五《夏国传上》作"十二监军司"，有误。参看汤开建《近几十年来国内西夏军事制度研究中存在的几个问题》，《宁夏社会科学》2002年第4期。

### 1. 京畿与边中

京畿又称"京师（界）"，包括"中兴府、南北二县、五州各地县司"①，其中后两种也称"京畿所属七种郡县"②。五州各地县司，指京畿所属定远县、怀远县、临河县、保静县、灵武郡等"五种郡县"③。由于其前身为定、怀、静、永、顺等五州，故名。④

"边中"指京畿之外的区域，又分为"地中"与"地边"两个地带。⑤ 地中是指京畿和边地中间的地区；"地边"也称"边地"，指沿边地区。边中地区的军政机构有经略司、府、军、郡、县、监军司、城、寨、堡等。⑥

### 2. 经略司

经略司又称"经略使处"⑦，级别上比中书枢密院低一品，但是大于诸司。⑧ 辖区称为"经略地界"，所属官吏有经略使、经略副使、经义、都案、案头、司吏等。⑨ 下设机构有管事司与六库。⑩ 它虽然不在《天盛律令》所载的"五等司官署制"之列，但却是西夏后期地方上实际的最高军政机构。

宋有经略安抚司，掌一路兵民之事。边地职在绥御戎夷，河北及近地，

① 《天盛改旧新定律令》卷一四《误殴打争斗门》。
② 《天盛改旧新定律令》卷九《事过问典迟门》。《俄藏黑水城文献》第 8 册，上海古籍出版社 1998 年版，第 300 页。
③ 《天盛改旧新定律令》卷一〇《司序行文门》；卷一七《物离库门》。
④ 汪一鸣：《西夏京师政区的沿革地理讨论》，《宁夏大学学报》2005 年第 3 期，第 48—49 页。
⑤ 《天盛改旧新定律令》卷六《纳军籍磨勘门》。
⑥ 《天盛改旧新定律令》卷一四《误殴打争斗门》；《亥年新法》卷一〇记载的军政职官设置"经略、正统及府君、郡守、刺史、军领、习判、大小城堡寨主"。
⑦ 《天盛改旧新定律令》卷一〇《官军敕门》；卷一〇《遣边司局分门》。
⑧ 《天盛改旧新定律令》卷一〇《官军敕门》。
⑨ 《天盛改旧新定律令》卷一〇《司序行文门》。
⑩ 《天盛改旧新定律令》卷一七《库局分转派门》："经略上有管事司及本人处六库等""掌库局分人已任职三年迁转者，边中经略所在地方内各司职及经略本人处之六库钱物各由谁管辖，置于何处，管事处监军司、府、军、郡、县等依次已磨堪，来去已明时，送京师来隶属处磨堪。不隶属于经略之边中诸司地方内各住家，直接派遣来至京师管事处磨堪。"第 530、543 页。

则安抚而已。①

　　西夏经略司与之相仿，是"在广阔地区直接领导对外作战、境土开拓、保卫及民政的军政机构"②，管辖除京师及啰庞岭监军司地界以外地区"举凡人事、军事、边防、外事、司法、畜牧，无所不管"③。主要包括人事职务的调整、军事物资和设施的查验修治、违法案件的审理与处置、谷物与官畜的管理等。

　　西夏经略司见于文献所载只有两处：东南经略司、西北经略司。④ 其中，西北经略司驻于西凉府⑤，东南经略司或驻于灵州⑥。它们可能脱胎于西夏前期统辖东西两方诸监军司的左右两厢（路）。⑦

---

①　《宋史》卷一二〇《职官志七》。

②　陈炳应：《贞观玉镜将研究》，宁夏人民出版社 1995 年版，第 12 页。

③　李昌宪：《西夏地方行政体制刍议》，《宋史研究论文集》第十辑，兰州大学出版社 2004 年版。

④　《天盛改旧新定律令》卷四《修城应用门》。经略司（使）名称见载于史籍文献有四种，即东经略使（《金史》卷六一《交聘表中》"东经略使苏执礼"）、东经略副使（《天盛改旧新定律令》卷一四《颁律表》"东经略使副、枢密承旨、三司正、汉学士赵□"）、西（路）经略司（陈炳应：《甘肃武威西郊林场西夏墓题记、葬俗略说》，载白滨主编：《西夏史论文集》，宁夏人民出版社 1984 年版，第 546—554 页）、西经略使（《拔济苦难陀罗尼经》发愿文，载聂鸿音《西夏佛经序跋译注》，上海古籍出版社 2016 年版，第 109 页。常岚、于光建：《武威西郊西夏墓墓葬题记述论》，《宁夏社会科学》2014 年第 2 期。武威西夏墓出土木板题记载，大夏天庆八年（1201）葬"故亡考任西夏经略司兼安排官□两处都案刘仲达灵匣"）、东南经略使、西北经略使。实际上因为境土东西狭长的关系（吴广成《西夏书事》卷七："盖平夏以绥、宥为首，灵州为腹，西凉为尾，有灵州则绥、宥之势张，得西凉则灵州之根固"），也可能只有东南和西北两经略司，简称东经略司和西经略司。（参看高仁：《左厢、右厢与经略司——再探西夏边中的高级政区》，《中国历史地理论丛》2019 年第 4 期）

⑤　出土墓记表明天庆年间"西路经略使"即西经略司驻地为西凉府。（陈炳应：《甘肃武威西郊林场西夏墓题记、葬俗略说》，载白滨主编：《西夏史论文集》，宁夏人民出版社 1984 年版，第 546—554 页；常岚、于光建：《武威西郊西夏墓墓葬题记述论》，《宁夏社会科学》2014 年第 2 期。）俄罗斯圣彼得堡东方学研究所手稿部藏黑水城文献 Инв. No. 117《拔济苦难陀罗尼经》发愿文，西夏乾祐二十四年（1193）仁宗去世后当年"三七"之时，西经略使在凉州组织大法会悼念。可证西经略司确在凉州。（聂鸿音：《西夏佛经序跋译注》，上海古籍出版社 2016 年版，第 109 页）

⑥　史金波：《西夏时期的灵州》，《西夏学》第十四辑，甘肃文化出版社，2017 年第 1 期。

⑦　王曾瑜：《宋朝兵制初探》，中华书局 2011 年版，第 30—31 页。"左、右厢最初还是指房屋的左、右厢房。北朝时，军队有左、右厢，为左、右方面军或左、右翼之意。今人左、右方面军或一支军队的左、右翼，一个民族的左、右两大部，在古鲜卑、突厥语中，则都以左、右房屋表达，汉语就直译为左、右厢，而自北朝开始行用'左、右厢'之词。"

### 3. 监军司

监军司，最初是一种基于部落首领制度的地方军事机构，主管区域内军事行动的机构，后来发展为兼管地方行政事务的一级行政机构。如："夏国左厢监军司接麟、府沿边地分，管户二万余；宥州监军司接庆州、保安军、延安府地分，管户四万余；灵州监军司接泾、原、环、庆地分，沿边管户一万余。"① 其常驻长官为监军使，负责监军司日常管理，"以贵戚豪右领其职，余指挥使、教练使、左右侍禁官数十，不分蕃汉悉任之。"② 他们基本上是氏族部落的统属关系。"大首领谓正监军、伪置郡守之类；次首领谓副监军及贼中所遣伪天赐之类；小首领谓钤辖、都头、正副寨主之类；之外则是蕃丁。"③

监军司设置在西夏各个方向的战略要地上，受地缘形势和边界盈缩的影响，其数目、名称和驻地在不同时期也略有变化。

《宋史·夏国传》记载的"十二监军司"其实是夏崇宗乾顺永安初年（1100）的情况。它们分别是左厢神勇、石州祥祐、宥州嘉宁、韦州静塞、西寿保泰、卓啰和南、右厢朝顺、甘州甘肃、瓜州西平、黑水镇燕、白马强镇、黑山威福等。到了仁宗天盛年间监军司的数目则有 17 个，其中石州、西寿、韦州、卓啰、瓜州、黑水、官黑山（黑山威福）等 7 个军司与前期重名，西院、南地中、北地中、沙州、啰庞岭、年斜等监军司属于新置或更名，如右厢监军司迁至南院监军司④，白马强镇更名北院，甘州甘肃更名肃州监军司，

① （宋）郑刚中：《北山集》卷一三《西征道里记并序》，文渊阁四库全书影印本。
② 《西夏书事》卷一二；《宋史》卷四八五《夏国传上》："委豪右分统其众"，但是从西夏后期的统军司、监军司关系来看，监军使为监军司最高长官，统军使为战时由中央临时派遣，统领诸监军司，非地方常设使职。
③ 《宋会要辑稿》兵·军赏一八之七。
④ 据天祐民安五年（1094）夏汉合璧《凉州重修护国寺感通塔碑铭》所载西夏文铭文中有"南院"，其所对应的汉文铭文是"右厢"，南院即是设在都城兴庆府西南的西凉府地区的监军司。参看史金波：《西夏社会》上册，上海人民出版社 2008 年版，第 315 页。西夏文录文见史金波《西夏佛教史略》（宁夏人民出版社 1988 年版）第 249 页。汉文"行宫三司"也见于《凉州重修护国寺感通塔碑铭》。

并由甘州移置肃州，左厢神勇更名东院，并由银州东北移置夏州，[1] 甘州置西院监军司。

西夏后期，监军司除啰庞岭外，对上受东南、西北经略司领导，对下管辖（地边）城司。[2] 职责包括遴选官吏尤其是军职人员，管理军籍，审验城防与战具，抓捕违法贩卖敕禁品之人以及外逃人员，处理边防事务，检验兵符确定发兵，处理诉讼与刑事案件，处理涉外事务等。[3]

### 4. 地边城司

城司指纳入行政编制的"城"，绝大部分都是位于边境地区的"地边城司"。在《天盛律令》中，城司一共有 24 个，除鸣沙城司之外，其余还有永便、孤山、魅拒、西宁、边净、末监、胜全、信同、应建、争止、甘州、龙州、银州、远摄、合乐、真武城、年晋城、定功城、卫边城、永昌城、开边城、富清县、河西县、安持寨等"二十三种地边城司"。这些地边城司位列下等司或下等司官吏派遣表之中。其所属官吏有一城主、一通判、一城观、一行主。

城司之外，等级较低的城在《天盛律令》中更为广泛的称呼是"营垒堡城"[4]。根据规模的不同，它们被分为大小城、营垒、军寨等。[5]

### 5. 府州郡县

府起源于唐代，以京师、陪都、道治和皇帝驻跸所在地的州为府；到了

---

① 鲁人勇：《西夏地理志》，黄河出版传媒集团、宁夏人民教育出版社 2012 年版，第 98 页。
② 《天盛改旧新定律令》卷四《修城应用门》："监军司大人一年中往接续提举状，及城主司人说聚集状等，监军司当变，每年正月五日以内，当告经略处，经略使当一并总计而变。正月五日始东南经略使二十日以内，西北经略使十五日以内，当向枢密送状。"
③ 姜歆：《从〈天盛律令〉看西夏的军事管理机构》，《西夏研究》2013 年第 4 期；刘双怡：《西夏地方行政区划若干问题初探》，《宋史研究论丛》第十六辑，河北大学出版社 2015 年版。
④ 《天盛改旧新定律令》卷四《弃守营垒城堡溜门》。
⑤ 《天盛改旧新定律令》卷四《弃守大城门》。

宋代，京师，陪都，皇帝诞生、居住、巡游及地位重要的州，均可称府。宋代府隶属于"路"，官署级别虽与州同，但实际地位略高于州。故曰"州郡之名，莫重于府"①。

西夏建国前有西平府，前期设有都城兴庆府、陪都西凉府。西夏后期有中兴府（兴庆府）、大都督府（灵州）、西凉府。另外还有两个"州"即府夷州、中府州②与之同列次等司机构，级别仅次于经略司，但高于监军司。

州创自汉代，最早为监察区，汉末以来转变为行政区。魏晋以降，州的数目越来越多，辖区越划越小。县始于春秋，是地方政区最低也是最稳定的一级。县级以上的政区为州。

秦朝以来曾有郡县、州郡、州郡县等二级或三级架构。到了隋唐，改郡为州，郡县制也被称之为州县制。宋代于州县之上架设"监司""帅司"，地方行政层级一变而为路—州（府、军、监）—县虚三级。

西夏前期疆土或承之藩镇故土，或夺之于宋河南地，或拓之于河西走廊。入夏之前，这些地方的行政区划还维持着唐五代以来的州县二级体制：或州统县，或州统镇；入夏之后，除了京畿地区，地方县级政区消失殆尽，不少堡镇跃升为州级单位。不过由于战事频仍，居民锐减，这些州绝大多数"不具有汉制中中级政区的内涵，而已蜕变为城堡一类的军事要塞"③。正如西夏辞典《文海》所释州，"此者阵城也，壁垒之谓也"④。

西夏后期，随着新兴的监军司机构日益成长为西夏地方的一级政区，作为其治所的州（城）以及被荒废的州也就失去了地方行政区划的意义，以至

---

① （宋）洪迈撰，孔凡礼点校：《容斋随笔》卷一二 "州升府而不为镇"，中华书局 2005 年版，第 773 页。

② 《天盛改旧新定律令》卷一〇《司序行文门》。史金波等音译为中府州。陈炳应译为"长富州"（《西夏文物研究》，宁夏人民出版社 1985 年版，第 242 页）。黄振华译为"番和州"（《评苏联近三十年西夏学研究》，《社会科学战线》1978 年第 2 期）。

③ 李昌宪：《西夏地方行政体制刍议》，载《宋史研究论文集》第十辑，兰州大学出版社 2004 年版。

④ 史金波等：《文海研究》，中国社会科学出版社 1983 年版，第 474 页。

于到了天盛年间的国家法典中，在正式的官署编制中也难觅其踪迹。

文献所见西夏的郡有两种性质：一种如宋代的州保留下来的前代的雅号，如甘州张掖郡、凉州武威郡等；一种是带有行政区划意义的建置，有仁宗天盛年间的中等司五原郡、下等司灵武郡。这两个郡的长官均作"城主"，表明郡的辖区可能也就是城的范围。

西夏后期，天盛年间的县有华阳县、治远县、定远县、怀远县、临河县、保静县，以及地边城司中的富清县、河西县；乾定年间黑水城附近有伊朱房安县；① 亡国前夕还有搠罗、河罗、应里等县。② 它们大多位于兴灵地区，少数处于边境地带。设立郡县的地区多属于农业发达地区，其赋税事务分别由京师都转运司和边中转运司管辖。③

从郡县长官多称为城主的情况看，与中原以郡（州）统县的制度不同，西夏的郡、县，也许还包括府、军等，这些都是因地设置，不存在隶属关系。"否则在磨勘时也一定向隶于经略司的监军司一样，需要经过上一级地方行政机构的磨勘，而不是直接到京师所辖处磨勘。由此可以认为西夏地方建置中的府、州、郡、县等只是地方行政建置单位的名称，而不具有区分级别和表明隶属关系。"④

### 6. 左厢右厢与东西南北院

左右厢是一种基于战争状态的战区或防区划分。它源自北方游牧民族的"两翼制度"，又称左右翼制度，是指在分封制基础上，最高首领居中控制，两翼长官侧翼拱卫的一种军政合一的地方统治制度。

---

① 《黑水城出土〈乾定酉年黑水城副统告牒〉》，参看聂鸿音《关于黑水城的两件西夏文书》，《中华文史论丛》第六十三辑，上海古籍出版社 2000 年版。
② 《元史》卷一《太祖纪》。二十一年，太祖伐夏，"二月，取黑水等城。夏……取甘、肃等州。秋，取西凉府搠罗、河罗等县，遂逾沙陀，至黄河九渡，取应里等县。……冬十一月庚申，帝攻灵州"。
③ 潘洁：《试述西夏转运司》，《西夏研究》2018 年第 2 期。
④ 景永时：《西夏地方军政建置体系与特色》，《宁夏社会科学》2017 年第 6 期。

西夏左右厢大体以首都兴庆府为中轴线分东西两部，统领除京畿以外区域的所有兵马。西夏初期的左厢宥州路是指都城左边的银夏绥宥地区；右厢甘州路是都城右边的河西甘凉瓜沙地区。① 又如军政合一的监军司在西夏各个方向的战略要地均有设置，其中京畿以东的统之于"左厢"，以西的统之于"右厢"，② "左厢"统东部神勇军司、祥祐军司、嘉宁军司、西寿保泰军司、静塞军司、卓啰和南军司等；"右厢"统西部朝顺军司、甘州甘肃军司、瓜州西平军司、黑水镇燕军司、黑山威福军司、白马强镇军司等。两厢的建制于崇宗亲政之后被废，而以东、西经略司替换之，由单纯的统兵体制演变为军政合一性质的地方行政体制。③

西夏后期设置的17个监军司分别是石州、西寿、韦州、卓啰、沙州、啰庞岭、官黑山、年斜、肃州、瓜州、黑水，另有6个用方位来命名，即东院、西院、南院、北院监军司和北地中、南地中监军司。④

西院由右厢朝顺更名，并由甘州移到肃州，北院由白马强镇更名，东院由左厢神勇更名，并由银州东北移置夏州。南院是西凉府，立石于1094年（夏天祐民安五年）的《凉州重修护国寺感通塔碑铭》夏汉合璧，其西夏文铭文中的"南院"，对应的是汉文铭文是"右厢"，⑤ 说明位于都城兴庆府西南的西凉府就是南院，同时也可称右厢。而甘、凉等州因为在河西而都可称右厢，表明西夏左、右厢所指比较宽泛。

## 7. 转运司

西夏初期的中央财政主要靠青白盐等专卖和对外贸易收入支撑。"元昊数

---

① 杜建录：《西夏政区划分及其相关问题》，《宁夏社会科学》2020年第5期。
② 高仁：《"左厢"、"右厢"与经略司——再探西夏"边中"的高级政区》，《中国历史地理论丛》2019年第2辑。
③ 高仁：《"左厢"、"右厢"与经略司——再探西夏"边中"的高级政区》，《中国历史地理论丛》2019年第2辑。
④ 《天盛改旧新定律令》卷一〇《司序行文门》。
⑤ 史金波：《西夏社会》上册，上海人民出版社2008年版，第315页。

州之地，财用所出，并仰给于青盐"①。中期以后，随着中央集权的加强，至少在天盛年间已设置转运司，负责"所属郡县"② 财赋的征收和转运。

西夏转运司有两类：一为京师都转运司，居中等司；一为边中转运司，居下等司，多设在监军司所在地，有卓啰、南院、西院、肃州、瓜州、沙州、黑水、官黑山、大都督府、寺庙山等 10 处。

宋代转运使（司）"掌经度一路财赋，而察其登耗有无，以足上供及郡县之费。岁行所部，检察储积，稽考帐籍，凡吏蠹民瘼，悉条以上达，及专举刺官吏之事"③。

西夏转运司，作为地方与中央的纽带，职掌赋税，掌管地方财权，向下指挥郡县，对上某种程度对中书负责。其职能并没有超出宋代转运司的范围，主要集中在催科征赋以足上供、出纳钱物以足郡县之费等方面，尤其是租役草的征缴管理。④

西夏转运司体系虽然受宋代"路"制度的影响，但却只掌管地方上财赋的征收与转运，其军事、司法、农业依然由州郡府县和监军司负责，因而不是地方一级政区。⑤

作为州县制和部落制基础上发展而来的政权，西夏的地方行政制度既有中原王朝影响，也有西北地域特色。

第一，"设官之制，多与宋同"⑥。

一是地方行政区划同样为虚三级（经略司—监军司—地边城司）。经略司不在五等司体制内，是中央的派出机构，负责监察地方，而不是地方最高行

---

① （宋）包拯撰，杨国宜校注：《包拯集校注》卷一《论杨守素》，黄山书社 1999 年版，第 42 页。

② 《天盛改旧新定律令》卷一五《催缴地租门》。

③ 《宋史》卷一六七《职官志七》。

④ 潘洁：《试述西夏转运司》，《西夏研究》2018 年第 2 期；景永时：《西夏地方军政建置体系与特色》，《宁夏社会科学》2017 年第 6 期。

⑤ 杜建录：《西夏政区划分及其相关问题》，《宁夏社会科学》2020 年第 5 期。

⑥ 《宋史》卷四八六《夏国传下》。

政机构。二是政区名称大多保留中原旧称，州始终是地方行政区域概念的主体。三是削弱地方加强中央集权。西夏职官制度同样有官（军）、职、差遣等类别，官（军）有官阶，职有职等，上下有别，等级森严。监军司长官统军由中央临时派出，负责战时的指挥；次官监军为常设官员，负责平时的军政，由此形成了"兵无常帅，帅无常师"的局面。其上有经略之设，代表中央分别统筹东南、西北两路的军政事务；其下有军抄之法，"其民一家号一帐，男年登十五为丁，率二丁取正军一人，每负赡一人为一抄"①，将部族之民纳入军籍，平时生产，战时聚集。②

第二，以战立国，以军统政。

西夏立国近两个世纪，与周边四邻均发生过战争，特别是与北宋的战争旷日持久，"可以说是点集不逾岁，征战不虚月"③。在这种情况下，西夏"国小则无所恃而常惧，其军民之势犹一家也"④，表现在行政区划上，军事主导的色彩十分强烈。

一是监军司成为地方行政的主体。西夏把全境分为十几个战区，由监军司常驻管理，久而久之，演变为既管征戍，也管民户的地方一级政区。战区之内原有的幅员大小不等的州，因为汉族人口的锐减，大多蜕变为仅仅拥有一座城池的堡垒。二是经略司成为地方政务的中枢。西夏有东南和西北两经略司，脱胎于左右厢统军体制。它们主管除啰庞岭监军司之外的"边中"地区，尤其是各地的监军司。三是城堡寨成为基层普遍的政区。由于州县制分布范围的萎缩，以部族制度为基础的城堡寨上升为西夏基层最普遍的政区设置。仅在天盛年间国家正式法典中出现的城、堡、寨就有 35 个之多。已发现

---

①　《宋史》卷四八六《夏国传下》。

②　史金波：《西夏文军籍文书考略——以俄藏黑水城出土军籍文书为例》，《中国史研究》2012年第 4 期。

③　王天顺：《西夏战史》，宁夏人民出版社 1993 年版，第 1 页。

④　王赏：《送成都席帅序》，（宋）袁说友等编，赵晓兰整理：《成都文类》卷二二，中华书局2011 年版，第 468 页。

的"首领"即城寨之主的官印实物也有百余枚，出土地点遍及西夏全境。① 这些以防御为主的城堡寨一般都有辖区，都设置官吏，属于政区。四是各级机构政务以军务最重要。枢密院、经略司、正统司、统军司、殿前司、监军司、地边城司等主要政府机构都以军事事务为主要工作。转运司、郡县等物资储备以补充军事为优先。军抄名籍最为重要，每年都须审核。军队的武器装备、军事防御方面都是国家的头等大事，各政区的军务是行政管理的重要内容，因此西夏政区多是军政合一。

第三，因地制宜，在政区级别上适时调整。

西夏在重要的城邑设府州；灌溉农业区设郡县；境内军事、交通要地多设监军司，在边境地区多设城、堡、寨。西夏政区的分布表明当时的宁夏平原地区人口众多，经济水平最高，政区设置也最稠密；河西走廊经过长期开发，灌溉发达，所以政区设置较多。横山地区有无定河、明堂川、大里河、屈野河等河流，不仅是西夏的农业区和交通要地，还是边界地带，因而设置监军司的数量不少。生态环境恶劣的今巴丹吉林、腾格里、毛乌素等沙漠区，除极少数城堡外，几乎没有政区建置。②

在《天盛律令》中，这些形形色色的军政建置出现在等级化的行政序列中，表明西夏的地方行政制度看起来复杂，但实际上却是有章法的，甚至可能是更有实效的，因为它不以缛节繁音的名号作为排序的根据，而是"根据其地对于国家的重要性决定其等级高低"③，正符合西夏"忠实为先，战斗为务"④ 的立国精神。

---

① 史金波：《西夏官印姓氏考》，载《中国民族古文字研究》第 3 辑，天津古籍出版社 1993 年版，第 67—86 页。

② 李学江：《〈天盛律令〉反映的西夏政区》，《宁夏社会科学》1998 年第 4 期。

③ 李学江：《〈天盛律令〉反映的西夏政区》，《宁夏社会科学》1998 年第 4 期。

④ 王天顺：《西夏战史》，宁夏人民出版社 1993 年版，第 1 页。

### （四）西夏的道路交通

西夏的地理位置十分重要。唐代以来重要的中西交通路线几乎都要经过西夏。如灵州西域道、大同云中道、参天可汗道、唐蕃古道等等。辽、宋、金、吐蕃、回纥等各民族、各政权之间的交往多数都要假道经过地处中间的西夏。因此，西夏立国对西北地区和中西之间的道路交通产生了重大的影响。

就西北地区而言，西夏结束了这一地区唐末以来广泛的分裂局面，重新构建了旨在保障政令畅通、物畅其流的交通网络；就中西交通而言，西夏控制了河西走廊和河套地区这两大通往西域中亚和蒙古草原的咽喉地带，打破了汉唐以来以河西走廊为主轴的丝路交通格局，促进了西夏以外的中西交通道路如草原路、青海道乃至大规模的海上丝路的兴盛。

需要强调的是西夏时期经过河西走廊的丝路贸易并没有中断，只是在规模上不能和宋辽等其他政权开展的西方贸易匹敌。西夏利用其控制咽喉的地理位置，专擅中继贸易的利益，通过经营中继商品交易和引领转道使节而致富强。①

西夏立国，都城兴庆府成为西北地区新的政治中心，也是西夏境内的交通核心枢纽。以兴庆府为中心，既保留了原本存在的以凉州、灵州等为中心的连接周边邻国的政治、贸易路线，又新开辟了西夏四通八达的国内交通线。在这个交通网中，都城兴庆府是中心，有向四面八方辐射的主干道；灵州、夏州、甘州、丰州、凉州、西宁州等是次一级的中心，又有若干道路向四方辐射。兴庆府与次一级交通中心的连接线，组成西夏交通的骨架；次一级交通中心之间及相邻州、监军司、军、县、城、寨、堡间的连接线，组成西夏交通的脉络。②

---

① ［日］藤枝晃：《李继迁的兴起与东西交通》，载《日本学者研究中国史论著选译》，中华书局1993 年版，第 455 页。

② 王天顺：《西夏地理研究》，甘肃文化出版社 2002 年版，第 182 页。

西夏时期新开辟的交通路线有兴庆府通往北宋都城汴京的国信驿路，又有由兴庆府向河套地区沿路设驿站，直达辽国都城临潢府的"直路"，还有兴庆府通往河西走廊的通道，以及兴庆府通往黑山威福军司、白马强镇军司、黑水镇燕军司等地的军用大道等。①

同时，西夏作为游牧与农耕杂处的国家，牛、羊、驼、马蓄养与水渠兴修并重，陆路之外，还存在桥梁和渡口等其他交通设施，交通工具也沿用了当地的传统水陆交通工具。

## 结　语

本卷内容以疆域版图、军政区划、山川形势、交通道路、都城、监军司、州郡等7个方面展现，一方面汇总学界西夏地理研究方面的成果，另一方面力图补足前人研究中相对薄弱的环节。具体地在疆域版图部分向前延伸至唐代时期党项的分布情况，并附有不同时期的疆域图；在军政区划方面，注意到西夏"以战立国"、监军司在西夏地方的重要地位及其不同时期的变化，在行政建置上分西夏前后期，并附相关地图；在山川形势方面，将西夏自然地理、气候环境与西夏农牧业经济等问题融合在一起；在交通道路方面，以都城为核心，地缘关系形成若干交通路线；西夏都城方面，挖掘旧史料，利用新资料，补充前人研究，拓展都城研究的空间；监军司方面，归纳前人研究成果，相对客观解读监军司的面貌；西夏州郡方面，按照地理志体例，分河南、河西、河湟三个地域，对具体州郡的沿革、州境四至、建置、览胜、人口、风俗等情况进行阐述。

本卷广泛吸收百年来西夏地理学研究成果，是对西夏地理及其相关研究成果的一次相对客观的记录，在疆域和地形及行政区划等方面力图在全面把握概貌的同时，在史料上，注意时段上区分，尽量清晰呈现西夏的地理内容。

---

① 王天顺：《西夏地理研究》，甘肃文化出版社2002年版，第185—192页。

并将具体的资料考辨和一些观点的阐述以注释方式体现。当然，史料方面，限于对一些未释读的西夏文文献的利用不足，方法上也限于志的体例，不能完全呈现所有西夏地理问题和展开辨析。另外，对于西夏的考古工作方面，期待有更多的成果来补充现有资料的不足，从而更加丰富西夏地理研究的内容。

# 一、疆域版图

西夏发源于居住在青海析支的拓跋氏等党项八部，自唐初以来两度内迁，部落遍及河西、横山地区。居银夏之间的称为"平夏部"。至唐末，平夏部的首领拓跋思恭任宥州刺史，以剿黄巢功获赐李姓，拓跋思恭兄弟相继为节度使，领夏、银、绥、宥四州，号"定难军"。

宋初削藩，定难军节度使李继捧的族弟李继迁不服，出奔地斤泽。联合契丹，结姻豪强，屡败屡战，恢复夏、绥、银、宥、静五州之地，并向西拓展，以灵州为西平王府。其子德明东出大里河，筑栅苍耳平，陷甘州，拔凉府，"其地东西二十五驿、南北十驿，自河以东北十有二驿，而达契丹之境"①。随后德明与其子元昊北渡黄河，城兴州而都之，阻河依贺兰山为固。西夏最初有夏、绥、银、宥、灵、盐等州，其后取得武威、张掖、酒泉、敦煌郡地，南界横山，东距西河。②

西夏建国，元昊对宋发动一系列战事，西夏东南疆域大幅拓展，延伸至宋丰州、延州地区，并与宋争夺窟野河，以窟野河为界。西夏谅祚时期，西夏左厢监军嵬名山以绥州降宋，西夏绥州、横山地区大面积缩减，疆域向北收缩。西夏天赐礼盛国庆四年，即辽咸雍八年、北宋熙宁五年（1072），宋夏

① 《隆平集》卷二〇《夷狄传》。
② 《金史》卷一三四《西夏传》。

定绥德疆域，以距绥德城界二十里为界，"绥州内十里筑堡铺供耕牧、外十里立封堠作空地"①。北宋后期，神宗、哲宗、徽宗三朝先后谋划进筑横山等地，西夏先后失去横山、葫芦河流域、天都山等地区，疆域不断缩小。

金灭北宋，"以山西九州与宋人，而天德远在一隅，缓急不可及，割以与夏。后破宋都获二帝，乃画陕西分界，自麟府路洛阳沟东距黄河西岸、西历暖泉堡，鄜延路米脂谷至累胜寨，环庆路威边寨过九星原至委布谷口，泾原路威川寨略古萧关至北谷川，秦凤路通怀堡至古会州，自此直距黄河，依见今流行分熙河路尽西边以限封域。复分陕西北鄙以易天德、云内，以河为界。"② 此后，西夏取西宁州，金朝将乐州、廓州等地割让西夏。③ 由此，"夏之境土，方二万余里"。西夏疆域达到最大时期。西夏中后期，河之内外，州郡有 22 个。河南之州有九个：灵州、洪州、宥州、银州、夏州、石州、盐州、会州、南威州；河西之州有九个：兴州、定州、怀州、永州、凉州、甘州、肃州、沙州、瓜州；熙、秦、河外之州有四个：西宁州、乐州、廓州、积石州。④

## （一）宋初定难军辖区

宋初，夏州定难军分别由李彝兴、李光叡、李继筠、李继捧等多位李氏家族任职节度使。宋太平兴国七年（982），夏州节度使李继捧献其所管"四州八县"⑤，率缌麻以上亲族入觐开封，其族弟银州刺史李继迁不乐内迁，出奔地斤泽，"激羌戎以先烈，约契丹为强援"，对宋朝展开了旷日持久的以世袭割据为目标的武装斗争，这是李继迁叛宋自立的开端，最终在继迁孙元昊时期建立了与宋辽两朝分庭抗礼的西夏政权。

---

① 《宋史》卷四八六《夏国传下》。
② 《金史》卷一三四《西夏传》。
③ 《金史》卷七八《刘筈传》。
④ 《宋史》卷四八六《夏国传下》。
⑤ 《续资治通鉴长编》卷二三，太宗太平兴国七年三月乙酉条。

　　宋初定难军的势力范围，在行政意义上领有并为宋廷承认的辖区仅为
"四州八县"①。其中，四州，是指夏、银、绥、宥；八县，是指夏州的朔
方、宁朔、德静县，银州的儒林、真乡、开光、抚宁县，以及宥州的长泽
县。其中，绥州原领县五：绥德、龙泉、城平、延福、大斌。"自唐末蕃寇
侵扰"，"或陷在蕃界，亦无乡里，其民皆蕃族，州差军将征科"，② 至宋初已
无属县。

　　这"四州八县"在宋代文献中又称为"五州之地"③。除了夏、银、绥、
宥州之外，定难军还领有一属郡"静州"。此静州"名为正州，实为羁縻"④，
其前身是唐羁縻党项拓跋部落之静边州，"贞观中置，初在陇右，后侨治庆州
之境"⑤。安史之乱以后，静州又东迁至银、夏境内。⑥

　　静边州，"旧治银川郡界内，管小州十八"⑦。其后或有废迁。至后汉隐帝
时，为笼络定难军李彝兴，宋乾祐二年（949）以前代静边州都督府之地改置
静州。此静州侨寄他乡，地界狭小，民众多事游牧，版籍有名无实，几可忽
略不计。⑧ 夏、绥、银、宥、静五州之地是此一时段的夏州定难军辖境。

---

　　① 《续资治通鉴长编》卷三五，太宗淳化五年正月甲寅条。宋淳化二年（991）宋琪上书言边事
曰：党项界东自河西银、夏，西至灵、盐，南距鄜、延，北连丰、会（当作胜或云）。厥土多荒隙，
是前汉呼韩邪所处"河南之地"，幅员千里。《宋史》卷二三《宋琪传》原作"会"，当作"胜"，因
为"会州在南，与丰州平行线上的北面州军当为胜州或云州"。（参看汤开建《五代辽宋时期党项部落
的分布》，《西北民族研究》1993 年第 1 期。）
　　② 《太平寰宇记》卷三八《关西道十四》。
　　③ 《续资治通鉴长编》卷四二，太宗至道三年十二月甲寅条、（宋）王禹偁《东都事略》卷一
二七《附录五》、《宋史》卷四八五《夏国传上》等。（参看杨浣《西夏静州新考》，《西夏学》第十六
辑，甘肃文化出版社，2018 年第 1 期。）
　　④ 李昌宪：《中国行政区划通史·宋西夏卷》，复旦大学出版社 2017 年版，第 506 页。
　　⑤ 《新唐书》卷四三《地理志七下》。
　　⑥ 《新唐书》卷二二一《党项传》。
　　⑦ 《旧唐书》卷三八《地理志一》。考古证实唐代银州治所即今横山县当岔乡西境。（周伟洲：
《陕北出土三方唐五代党项拓跋氏墓志考释——兼论党项拓跋氏之族源问题》，《民族研究》2004 年第
6 期）
　　⑧ 杨浣：《西夏静州新考》，《西夏学》第十六辑，甘肃文化上社，2018 年第 1 期。

宋初定难军的辖境：东接黄河，西达旱海①（今毛乌素沙地），南际横山②，北抵沙漠（今库布齐沙漠）。自北向南，自东向西，其与周边地区的"四至八到"大略如下：

正北至唐故丰州南界，以夏州塞外"胡洛盐池"北面的"纥伏干泉"东西一带为界，即今内蒙古杭锦旗西北、库布齐沙漠（唐时"库结沙"）中部至准格尔旗的巴龙梁一线。③

东北至宋麟府路。④ 以横阳河（又名横阳川，今陕西省神木县东北黄羊河⑤）、窟野河西岸（今陕西神木县西北窟野河）、秃尾河一线为界。其中，横阳河为夏州与府州的边界，附近有宋方边寨清砦堡、百胜砦等。

窟野河西岸为夏州与麟州的界分，距河有70里至100余里不等。⑥

定难军在窟野河西有谷篱镇及下和市俄支谷、大横水谷、染版谷、泥多谷、榆平岭等，宋方的据点则有横阳堡、临塞堡、横戎寨、银城寨、神树堡、

---

① 旱海，又作"瀚海"，指灵州（治今宁夏吴忠市西南）南面的沙碛，约今宁夏灵武、盐池境内的河东沙区。（侯仁之：《从人类活动的遗迹探索宁夏河东沙区的变迁》，《科学通报》1964年第3期）《读史方舆纪要》卷六二："张洎曰：自威州抵灵城，有旱海七百里，斥卤枯泽，无溪涧川谷。赵珣《聚米图经》：盐夏、清远军间，并系沙碛，俗谓之旱海。"

② 横山，广义是指六盘山北麓、长岭（积石岭）至麟州、府州二州之间广阔的山地；狭义是指白于山主峰东部山地至无定河流域的山地。这里指的是狭义的也就是宋人脑海中留下深刻印象的横山。（[日] 前田正名著，杨蕤、尹燕燕译：《陕西横山历史地理学研究》，中国社会科学出版社2018年版，第15页。）

③ 《新唐书》卷四三《地理志七下》："夏州北渡乌水，经贺麟泽、拔利干泽，过沙，次内横划、沃野泊、长泽、白城，百二十里至可朱浑水源。又经故阳城泽、横划北门、突纥利泊、石子岭，百余里至阿颓泉。又经大非苦盐池，六十六里至贺兰驿。又经库也干泊、弥鹅泊、榆禄浑泊，百余里至地颓泽。又经步拙泉故城，八十八里渡乌那水，经胡洛盐池、纥伏干泉，四十八里度库结沙。"（参看艾冲《唐代灵、盐、夏、宥四州边界考》，《中国历史地理论丛》2004年第1辑。）

④ 《武经总要》卷一七《河东路》。《太平寰宇记》卷三八《关西道十四》："显德二年，夏州李彝兴以土壤相接府州，恶其与己并为藩镇，乃扼塞道路，阻绝使臣。"

⑤ 康兰英：《神木县麟州城黄羊城遗址考察札记》，载《榆林碑石》，三秦出版社2003年版，第256页。

⑥ 《武经总要前集》卷一七《河东路》："窟野河路，控窟野河一带贼路。西北至麟州，南至银州，以西则地势平易，可行大军。至道中五路出师，一将出窟野河路。"《宋史》卷四八五《夏国传上》："初，麟州西城枕睥睨曰红楼，下瞰屈野河，其外距夏境尚七十里。"

惠宁堡等。①

　　秃尾河为银州与麟州交界，自银州开光县向北 30 里，至麟州柘珍驿。②

　　正东至宋河东路，以今山陕黄河一线为界，与宋岚、石、隰三州，火山、定姜（景德中改保德军③）二军对峙。自北向南，河东岸宋方的边渡有克胡寨、天浑津、定胡县寨、伏落津、永和关等。④

　　东南、正南、西南至宋鄜延路，大致以横山—白于山山脉⑤为界，与宋延州、保安军（今志丹县）⑥接壤。

　　西至宋盐州、灵州界。当以今宁夏盐池县中部的南北向分水岭为界。南起今盐池县红井子乡东北 7 公里的大马鞍山，北至内蒙古鄂托克旗都思兔河南岸。⑦可分为南北两段：南段以"旱海"为界，系宥州与宋盐州的边界；北段以经略军至胡洛盐池一线为界，系宥州、夏州与宋灵州间的边界。

　　"旱海"即今宁夏黄河以东"灵盐台地"上的"河东沙区"，总体上是毛乌素沙地的一部分，但其最北端临近库布齐沙漠及乌兰布和沙漠，西面向南

---

　　①　《武经总要》卷一七《河东路》。

　　②　严耕望《唐代交通图考》第一卷（关内道）："由银州向东北一百里至真乡县（旧葭县西北一百里圆峰子，今佳县西北柳树会），又东北一百里至开光县（旧葭县北一百里建安堡南开荒川，今榆林县安崖乡开荒川下游），当近葭县新治，又北三十里至柘珍驿，入麟州境。"

　　③　《武经总要》卷一七《河东路》："保德军，淳化中析宪州地置定姜军。北济河八里接（宪）州界，最为冲要。景德中改今名。"

　　④　《武经总要》卷一七《河东路》。这些沿河山陕黄河一线设置的关塞津渡构成了北宋在定难军东面的边防线，其北起石州克胡寨，南至隰州永和关。

　　⑤　白于山西起陕西定边，东到子洲，长 200 余公里，南北宽 10—30 公里。整条山脉西高东低，平均海拔 1600—1800 米，最高峰魏梁（1907 米）在定边境内。（《陕西省地图册》，陕西人民出版社 1981 年版）

　　⑥　《武经总要》卷一八《陕西路》："保安军，旧延州栲栳城。唐为神策军，控扼蕃寇。至太平兴国二年，升为军。"

　　⑦　南起今盐池县红井子乡东北 7 公里的大马鞍山（海拔 1681 米），北经青山乡东南的灵应山（海拔 1667 米）、青山、雷家沟梁、王乐井乡东部的刘窑头、石山子（东距盐池城城 16 公里）、灰条湾，再过城郊乡的聂家梁、柳杨堡乡西境的叶家豁子（柳杨堡乡西 137 公里）、南台、北台、梁台、张家台，苏步井乡东面的李华台、方家窑、麦垛山、蒙古湾、双井子梁（苏步井乡驻地东 4.5 公里）。再向北伸入内蒙古鄂托克前旗，经西山（海拔 1564 米）以及大庙、布隆庙等地西侧，往北直抵都思兔河南岸而止。（艾冲：《唐代灵、盐、夏、宥四州边界考》，《中国历史地理论丛》2004 年第 1 辑）。

遥接腾格里沙漠，是北方农牧交错区最具过渡性地域特征的沙地。① 早在东汉以后至北魏时期，这里已经出现了局部的沙化现象，至唐宋尤其是宋代，其规模进一步扩大，已蔓延至今吴忠、灵武、同心、盐池等市县境内，至明清时期，土地沙化更加剧了，而且在冷干风的作用下，时常伴有沙压田苗、沙尘暴等灾害。②

从自然地理来看，与夏州接壤的盐州，位于今陕北黄土高原、内蒙古鄂尔多斯风沙草原和宁夏灵盐台地的交接地带。以延州为起点的"盐夏路"，其后半段即平夏至盐州的行程完全是傍着"旱海"的东北边缘展开的。

至道二年（996），宋太宗五路伐夏，范延召自延州进军，经平夏，至乌、白池，大约耗费了 20 天。

乌、白两池是唐代以来盐州地界最著名的盐池，均在州北 80 里的白池县境。③ 其中，"白池"即今内蒙古鄂托克前旗与宁夏盐池县交界的北大池，其东岸 2 公里处的古城遗址即白池县城所在。④

从平夏到白池县的道路当与保安军至灵州的"长城岭路"的北段方向一致。即由岭北至秦王井驿，随后"入平夏，经柳泊岭、并铁市、白池、人头堡、苦井、三分山、谷口、河北九驿，至故灵州怀远镇七百里（后伪建兴州）"⑤。其中，"白池驿"之前的柳泊岭或许就是夏州西面与盐州的交界之地。平夏至灵州的道路在唐代即已存在⑥。

---

① 何彤慧、王乃昂、黄银洲等：《宁夏河东沙地历史时期沙漠化过程新探》，《宁夏社会科学》2008 年第 2 期。

② 张维慎：《试论宁夏中北部土地沙化的历史演进》，《古今农业》2005 年第 1 期。

③ 《太平寰宇记》卷三七《关西道十三》。

④ 张郁：《鄂托克旗大池唐代遗存》，载《鄂尔多斯文物考古文集》（内部），1981 年；王北辰：《唐代河曲的"六胡州"》，《内蒙古社会科学》1992 年第 5 期。

⑤ 《太平寰宇记》卷三七《关西道十三》："保安军，东北至宥州八十里"；《武经总要》卷一八《陕西路》。

⑥ （宋）李昉等编：《太平广记》卷三四九《韦鲍生妓》，中华书局 1961 年版，第 2764 页。"予春初塞游。自鄜坊历乌延，抵平夏，止灵武而回。"

宥州"西至五原郡盐池一百八十里为界","西北至故宥州一百二十里为界"。①

五原郡,盐州郡号,"按郡国志云:井城葭芦泽在兴宁县,亦盐池之异称耳"②。兴宁县即白池县之旧称。因此,宥州西界当在今鄂托克前旗与宁夏盐池县交界的北大池一带。

故宥州,唐经略军所在,地在今内蒙古鄂托克旗东北60公里处榆多勒城故址。③ 这是宥州西北边的界限。宥州西界应跟盐州西界位置一致。都是以今盐池县中部向北延伸的分水岭为标志,这道南北走向的分水岭向北到都思兔河南岸,向南灵、盐二州间的边界,向北是灵、宥二州间的界址,包括今盐池县北部苏步井乡之地。④

胡洛盐池、纥伏干泉、石子岭、乌那水等地都属于夏州辖境,夏、灵二州交界大体上从经略军城西方的都思兔河分水岭北至今库布齐沙漠中部(唐时库结沙,纥伏干泉之西)。即以今宁夏平罗县至内蒙古鄂托克旗今都思兔河上游北支流分水岭之北、杭锦旗中部为界。⑤

李继迁对于定难军政权十几年的经营,在稳定东边势力范围的同时,向西扩张,咸平年间尽有盐州⑥。宋咸平五年(1002),"继迁大集蕃部,攻陷灵州,以为西平府。六年春,遂都于灵州。"⑦ 宋朝无奈遣使议和,"割河西银、夏等五州与之"⑧,于是,故唐之灵武、定难两藩镇及其所辖灵、盐、会、银、

① 《太平寰宇记》卷三九《关西道十五》。
② 《太平寰宇记》卷三七《关西道十三》。
③ 王北辰:《唐代河曲的"六胡州"》,《内蒙古社会科学》1992年第5期。
④ 艾冲:《唐代灵、盐、夏、宥四州边界考》,《中国历史地理论丛》2004年第1辑。
⑤ 艾冲:《唐代灵、盐、夏、宥四州边界考》,《中国历史地理论丛》2004年第1辑。
⑥ 〔日〕前田正明著,杨蕤、尹燕燕译:《陕西横山历史地理学研究》,中国社会科学出版社2018年版,第62页。盐州白池县在咸平年间被李继迁的军队占领后,北宋收复盐州的计划始终没能成功。
⑦ 《宋史》卷四八五《夏国传上》。
⑧ 《宋史》卷四八五《夏国传上》。

夏、绥、宥、静等八州，悉数落入李继迁之手。① 其后，继迁又率众攻西蕃，攻陷西凉府。

赵德明时期，宋景德三年（1006）十月，签订了《景德和约》。宋朝任命赵德明为定难军节度使，封爵西平王，这是宋朝对党项政权的一种默认。此后20年左右的势力范围大致稳定。德明子元昊建立西夏国前，向西继续拓展，势力范围发展到河西的瓜沙地区。

## （二）西夏前期的疆域

党项夏州政权从五州之地定难军发展壮大，② 并于1038年在兴庆府建立了大夏国，西夏政权先后与宋、辽、金三国相持达190年。在此期间，西夏政权的势力范围，也即疆域有所变化。西夏曾"东尽黄河，西界玉门，南接萧关，北控大漠"③，与今天的行政区划对照，疆域先后包括内蒙古的西部及河套地区、陕西北部、宁夏的中部和北部、甘肃的河西走廊等区域。

从西夏景宗元昊建国迄于崇宗乾顺正德元年（1038—1127，计89年），是西夏王国的前期，是与北宋、辽鼎立的时期。由夏崇宗统治末期和仁宗（仁孝）继位以迄于西夏的灭亡（1128—1227，计100年），是西夏王国的后期，是与金、南宋鼎立的时期。④ 西夏前期有夏州、银州、绥州、宥州、静州、灵州、盐州、会州、胜州、威州、龙州、甘州、沙州、肃州等诸州。⑤ 后期则是兴州、定州、永州、夏州、银州、宥州、灵州、洪州、石州、南威州、

---

① 李昌宪：《中国行政区划通史·宋西夏卷》，复旦大学出版社2007年版，第689页。

② 《东都事略》卷一二八《西夏》："唐末有思恭者镇夏州，讨黄巢有功，赐姓李氏，世有夏、银、绥、宥、静五州之地。"《宋史》卷四八五《夏国传上》亦载："唐末，拓跋思恭镇夏州，统银、夏、绥、宥、静五州地，讨黄巢有功，复赐李姓。"

③ 《西夏纪》卷六广运三年（1036）。这里当是指西夏疆域势力在不同方域所达极限，而非西夏疆域最大时势力范围。

④ 吴天墀：《西夏史稿》，广西师范大学出版社2009年版，第35页。

⑤ 《续资治通鉴长编》卷一二〇，仁宗景祐四年十二月癸未条："元昊既悉有夏、银、绥、宥、静、灵、盐、会、胜、甘、凉、瓜、沙、肃，而洪、定、威、龙皆即堡镇号州，仍居兴州，阻河依贺兰山为固。"又见《宋史》卷四八五《夏国传上》。

凉州、瓜州、盐州、会州、甘州、沙州、肃州、西宁州、乐州、廓州、积石州等诸州。① 西夏在政区上实行军政建置，在州郡之外还有军、监军司等设置，这些州、郡、军、监军司所统辖地域范围就是西夏的疆域版图。②

西夏初期③约有 60 万平方公里的疆土。④ 西夏前期与宋接壤最多。西夏与宋朝的疆界东起麟府，西尽秦陇，跨度 2000 余里。宋朝防范西夏的进犯，将陕西分为鄜延、环庆、泾原、秦凤四路（后期又增河湟路）。⑤ 西夏东南部与北宋丰州、府州、麟州、保安军、庆州、环州、镇戎军相接。西夏的北部、东北部与辽的上京道、西京道相连，初期"并黄河为界壕"。⑥ 西夏西北部已深入辽阻卜部落边地（今蒙古人民共和国境内），西南地区与草头达旦、河湟吐蕃、陇右吐蕃为邻，沿边地段多以祁连山、黄河为分界线。另外，马衔山（今甘肃榆中县西南）以北为西夏领地，以南属陇右吐蕃。西夏疆域西端在玉

---

① 《宋史》卷四八六《夏国传下》："河之内外，州郡凡二十有二。河南之州九：曰灵、曰洪、曰宥、曰银、曰夏、曰石、曰盐、南威、曰会。河西之州九：曰兴、曰定、曰怀、曰永、曰凉、曰甘、曰肃、曰瓜、曰沙。熙、秦河外之州四：曰西宁、曰乐、曰廓、曰积石。"

② 《武经总要》于宋庆历四年（1044）经宋仁宗核定后首次刊行。《武经总要前集》卷一九记载西夏"西蕃地里"：银州、绥州、宥州、灵州、胜州、盐州、凉州、甘州、肃州、沙州、唐龙镇、保静镇、临河镇、怀远镇、定远镇、灵武镇、洪门镇、石门镇、丰安军、清远军、赤水军、大斗军、建康军、宁寇军、玉门军、墨离军。《西夏地形图》标注有：兴庆府、大都督（府）、兴州、灵州、定州、银州、石州、夏州、宥州、洪州、盐州、怀州、永州、静州、雄州、韦州、甘州、肃州、沙州、凉州、瓜州、丰州、顺州、灵武郡、敦煌郡、鸣沙县、保静县、神勇军（指监军司）、祥祐军、加宁军、静寨军、清远军、翔庆军、保太军、和南军、甘肃军、朝顺军、镇燕军、贺兰军。

③ 《宋史》卷四八五《夏国传上》："自河北至午腊山七万人，以备契丹；河南洪州、白豹、安盐州、罗落、天都、惟精山等五万人，以备环、庆、镇戎、原州；左厢宥州路驻兵五万，灵州五万人，兴庆府七万人为镇守，总五十余万。"西夏初期的兵力部署大致可见西夏的疆域及沿边防御的大致情况。

④ 杨蕤以谭其骧《中国历史地图集》（第六册）1111 年的西夏版图为基数，加上辽、北宋夺走的领土，估算为 60 万平方公里。（《西夏地理研究》，人民出版社 2008 年版，第 56 页）

⑤ 《续资治通鉴长编》卷一三二，仁宗庆历元年（1041）六月己亥条。宋边臣王尧臣言："四路缘边所守地界，约二千余里，屯兵二十万，鄜延路六万八千环庆路五万，泾原路七万，秦凤路二万七千余，分屯州军县镇城寨。"

⑥ 《西夏书事》卷一七。吴广城认为辽夏"并黄河为界壕"此观点也是不对的，因为辽东胜州的榆林、河滨两县的治所都在黄河以北。1043 年，辽夏关系恶化，辽伐西夏，置金肃州（治所今内蒙古准格尔旗北），开直路以通上京，建河清城（今内蒙古东胜东北），以此城为河清军治所。在此之前当为西夏所有。

门关以西与西州回鹘相邻。西夏前期疆域四至如下：

正北，出兴州北界定州以北，过省嵬城、克夷门①以北至阻卜界；东北部黑山监军司辖区边境沿线，自河北至午腊山（牟那山）与辽的丰州、天德军②交接。西北以黑水监军司为核心，北境沿线与阻卜交界。

《西夏地形图》标注，兴州东北至定州，定州以北与黑山监军司交界处都为兴州界，再北过委林至达鞑界。西夏应天四年，即南宋嘉定二年、金大安元年（1209），蒙夏战役发生在春三月，蒙古主入河西。夏四月，蒙古攻西夏兀剌海城（今内蒙古自治区乌拉特中旗西南狼山隘口），丰州谢睦劝守将出降，西夏太傅讹答率兵巷战被俘，蒙古军攻下兀剌海城，并乘胜进军中兴府，攻贺兰山西的克夷门。③从兀剌海至克夷门，有两条道可行，一是沿狼山北的草原道路西行，再折而西南行；二是沿狼山南麓西南行。④

河套地区黄河以北为辽夏所分据，在黄河以北，阴山以南，以昆都仑河为界。⑤夏辽边地部族杂处、叛服无常。但在西夏漫长的北境线上，仍存在边界之分。⑥额济纳河下游黑水监军司（今内蒙古额济纳旗黑城遗址）、位于狼山北缘的黑山监军司（治所兀剌海城）作为西夏北边边地行政军事机构，所

---

① 杨浣、段玉泉：《克夷门考》，《北方民族大学学报》（哲学社会科学版）2015年第5期，第120—126页。论文中提出《元史·太祖纪》所载西夏"克夷（门）"所在，即《西夏地形图》中的"克危山"，也就是唐《元和郡县图志》中的"乞伏山"。其地略当明初宁夏镇远关以北的"石嘴山"，即今宁夏石嘴山市惠农区黄河大桥西岸的贺兰山尾端。这些地名与省嵬山一样，都是不同时期、不同部族对贺兰山北端抵河之处的不同称呼，为一山而有数名的情况。

② 杨蕤：《西夏地理研究》，人民出版社2008年版，第74—77页。文中提出辽天德军与丰州在内蒙古呼和浩特的白塔古城。

③ 《元史》卷一《太祖纪》。

④ 鲍桐：《兀剌海城地望和成吉思汗征西夏军事地理析》，《宁夏社会科学》1994年第6期。参看李万禄：《瀚海长途——包武路》，《阿拉善盟公路交通史资料选编》第2辑（内刊）。

⑤ 王天顺：《西夏与周边各族地缘关系述论》，《宁夏大学学报》2003年第1期。

⑥ 《天盛改旧新定律令》卷四《边地巡检门》："一与沿边异国除为差派外，西番、回鹘、鞑靼、女直相和倚持，我方大小检引导过防线迁家、养水草、射野兽时，当回拒，勿通过防线，刺史、司人亦当检查。"

辖区域最北沿线为辽夏边界，与辽属国阻卜等部落交界。①

夏辽东北交界地带分布着游牧部落，夏景宗元昊时纳辽境内的呆儿、党项，夏辽双方为争夺人口、土地，兵戎相见。

丰州，原是隋唐丰州故地，遗址为今内蒙古自治区乌拉特前旗土城子村古城，西夏时期的丰州与辽的河清军、天德军接壤。其边界自东南向西北为：由浊沦河流域至今内蒙古东胜，在包头市西约 80 里过黄河，沿牟那山南麓向西，再沿黄河东岸向北，越黑山再北直至今天的中蒙边界一带。由于地处沙漠，无明确的边界。②

牟那山（今乌拉山），又为午腊蒻山、卧啰山等，是西夏防辽的天然屏障。③

东北胜州至辽河清军、金肃州，金肃州以南黄河段至宋府州。④

西夏前期东部疆域变化较大。西夏初期与辽在东部 "以黄河为界" ⑤。

唐隆镇。原唐胜州地区唐隆镇藩屏夏州，为西夏东北重镇。"唐隆为西蕃大部，与麟、府仅隔一河" ⑥，是西夏与宋辽的边界。西夏天授礼法延祚六年，又即辽重熙十二年、北宋庆历三年（1043），辽夏关系恶化，辽伐西夏，置金肃州（治所在今内蒙古准格尔旗北），开直路以通上京，建河清城（今内蒙古东胜东北），以此城为河清军治所。西夏延嗣宁国元年，即辽重熙十八年、宋皇祐元年（1049），辽破唐隆镇（今内蒙古准格尔旗东南），设宁边州。西夏失去黄河以西大片的土地，这一带疆域收缩。西夏东部疆界在今内蒙古东部

---

① 参照严耕望《唐交通图考》，回纥可汗帐是阻卜大王国的政治中心。另参考杨蕤《西夏地理研究》第 84 页图四西夏天仪治平元年（1087）的夏辽疆界示意图，可推测西夏北边沿线大致范围。

② 鲁人勇：《西夏的疆域和边界》，《宁夏大学学报》（人文社会科学版）2013 年第 1 期。

③ 《宋史》卷四八五《夏国传上》："自河北至午腊蒻山七万人，以备契丹"。

④ 《西夏书事》卷一二："以七万人备契丹，有金肃、河清诸路，并黄河为界堠。内包唐隆镇、没雀儿、悉命、女女、越都等蕃族。" 这里的黄河指临近府州段。

⑤ （宋）叶隆礼撰、贾敬颜、林荣贵点校：《契丹国志》，上海古籍出版社 1985 年版，第 215 页。

⑥ 《西夏书事》卷一五。

的黄河以西区域，距黄河不远。① 辽在新占领地区徙军民实边，新筑了一些城邑。西夏为领土问题多次与辽交涉。西夏天祐垂圣二年，即辽重熙二十年、北宋皇祐三年（1051），夏国遣使"又求唐隆镇，仍耕地各三十顷，顷各有畸，于是丰州（新立的）界至乃明"②。西夏东段边界由以黄河为界，向西退至金肃州、河清军、唐龙镇以西至浊轮川区域。③ 这段地域的黄河段南段以西归属西夏，也就是浊轮川以东至黄河为西夏所有。另外，《西夏地形图》通辽直道所列驿站，过横水驿就进入契丹界。横水驿当在麟州之西。

三角川路。④ 西夏天安礼定二年，即辽大安二年、宋哲宗元祐元年（1086），宋太原府吕惠卿率军入西夏左厢沿边，破聚星泊、三角川六寨。⑤ 三角川作为西夏堡寨位于黄河南岸，与辽威塞堡隔河相望，是辽宋入西夏的突破口之一。

正东夏州至宋府州、麟州，银州以东左厢神勇军东南至绥德军（绥州）

---

① 《辽史》卷四一《地理志五》西京道条："金肃州。重熙十二年伐西夏置。割燕民三百户、防秋军一千实之。属西南面招讨司。""河清军。西夏归辽，开直路以趋上京。重熙十二年建城，号河清军。徙民五百户、防秋兵一千人实之。属西南面招讨司。"金肃州、河清军的设置是因为辽国于重熙十二年伐西夏时所置，然而检索《辽史·兴宗纪》等史料，发现此年并未有伐西夏事，辽伐西夏事在重熙十三年、十四年、十八年。而《地理志》中徙民实边的记载则发生在重熙十三年，"十三年夏四月丙辰，西南面招讨都监罗汉奴，详稳斡鲁母等奏，山西部族节度使屈烈以五部叛入西夏，乞南、北府兵援送实威塞州户。诏富者遣行，余留屯天德军"。

② 许伟伟、杨浣《唐龙镇考》一文中详细地探究了处于这一地区的唐龙镇，文章不仅详述了唐龙镇的归属情况，而且对它的行政建制沿革、管辖区域作了考证。唐龙镇是划分夏辽边界的一个重要的点，同时它也是夏辽边界的最南端。而它的位置，在府州东北，地跨黄河两岸，与火山军久良津隔河相望，自重熙十八年（1049）辽伐西夏占据此地后，该镇一直被辽统治，直至辽灭亡。在行政建制上，辽改唐龙镇为宁边州，是辽西京道所辖诸刺史州之一。（《宁夏社会科学》2013年第1期）另外，西夏丰州可能为唐丰州之承袭，其地望当在内蒙古巴彦淖尔市五原县东土城乡一带（杨浣、许伟伟：《宋、夏"丰州"考辨》，《宁夏社会科学》2015年第3期）。

③ 许伟伟、杨浣：《夏辽边界问题再讨论》，《西夏研究》2013年第1期。按《中华人民共和国地图集》（地图出版社1958年版）第35图山西省图，浊轮寨合河路略当于今陕西神木县西南窟野河下游之贺家川。尚在府州西南，与唐龙镇大致方位去相去甚远，则此浊轮部署当指废丰州西北浊轮川一带（陕西神木县西北）为妥。

④ 《辽史》卷一一四《萧迭里得传》："（重熙）十九年，夏人来侵金肃军，上遣迭里得率轻兵督战，至河南三角川，斩候者八人，擒观察使，以功命知夏人行宫都部署事，出为西南面招讨使。"

⑤ 《续资治通鉴长编》卷三五四，神宗元丰八年夏四月庚辰条。

黄河段。

西夏疆域以东与宋朝麟府地区相接。① 宋丰州的位置大体位于今陕西府谷县西北 100 里左右，原属于麟府州的北部地区，是辽朝、西夏、宋朝的交界地带。②

横阳河为夏州与府州的边界，附近有宋方边寨清砦堡、百胜砦等。窟野河西岸为夏州与麟州的界分，距河有 70 里至百余里不等。③

早在定难军时期在窟野河西有谷篱镇及下和市俄支谷、大横水谷、染版谷、泥多谷、榆平岭等，宋方的据点则有横阳堡、临塞堡、横戎寨、银城寨、神树堡、惠宁堡等。④

横阳堡（寨）位于屈野河东，屈野河西土地肥沃，适合耕种，夏人常来此地侵扰，宋天圣初政府将河西职田列为禁地，官私不得耕种。西夏奲都元年，即辽清宁三年、北宋嘉祐二年（1057），宋为防止夏人在此地耕垦畜牧，麟州武戡、通判夏倚新筑二堡，派驻禁兵三千、役兵五百，"从衙城红楼之上，俯瞰其地，犹指掌也"⑤。横阳寨西至故俄枝寨四十里，州城西至大横水六十里，西南至浪爽平五十里。⑥ 北宋早在大中祥符二年（1009）就在屈野河东设置横阳、神堂、银城三寨，以衙前为寨将，使蕃汉义军分番守之。又使寨将与缘边酋长分定疆境。⑦ 西夏毅宗李谅祚奲都五年，即契丹清宁七年、北

---

① 《续资治通鉴长编》卷一三三，仁宗庆历元年九月庚戌条。"时元昊已破丰州，引兵屯琉璃堡，纵骑钞麟、府间，二州闭壁不出。民乏水饮，黄金一两易水一杯。朝廷议弃河外，守保德军，以河为界，未果。"

② 杨蕤：《西夏地理研究》，第 27 页。杨浣、许伟伟：《宋、夏"丰州"考辨》，《宁夏社会科学》2015 年第 3 期。一是唐、辽、宋丰州各有其所。二是宋初与宋中期以后丰州处于同一治所，故址为今内蒙古准格尔旗羊市塔乡二长渠行政村宋代古城。三是西夏丰州之设尚无定论。其若有丰州，更可能为唐丰州之承袭，其址望当在内蒙古巴彦淖尔市五原县东土城乡一带。

③ 《武经总要》卷一七《河东路》：窟野河路，控窟野河一带贼路。西北至麟州，南至银州，以西则地势平易，可行大军。至道中五路出师，一将出窟野河路；《宋史》卷四八五《夏国传上》：初，麟州西城枕睥睨曰红楼，下瞰屈野河，其外距夏境尚七十里。

④ 《武经总要》卷一七《河东路》。

⑤ 《宋史》卷三二六《郭恩传》。

⑥ （清）周春著，胡玉冰校补：《西夏书校补》卷六，中华书局 2014 年版，第 603 页。

⑦ 《续资治通鉴长编》卷一八五，仁宗嘉祐二年二月壬戌条。

宋嘉祐六年（1061），宋河东路与西夏划定边界，丰州、府州、麟州沿横阳河、屈野河新筑界堠、堡寨以御西夏。

西夏石州与宋河东路的丰州、府州、麟州接壤。此时银州（陕西省横山县党岔乡）、葭芦寨（陕西佳县）、绥州（陕西省绥德县）尚属西夏，与宋朝的边界为：东北至屈野河 70 里与宋之麟州、府州为界，沿黄河向南至葭芦寨（陕西省佳县）、吴堡寨（陕西吴堡县城关，东临黄河），折向西南经义合寨（陕西绥德义合镇）、绥州南，又西至栲栳寨（陕西省安塞县郝家坪乡南）。①

绥州于西夏惠宗乾道元年，即辽道宗咸雍四年、北宋熙宁元年（1068），属宋，废为绥德城，隶延州，在州东北 30 里。西夏惠宗李秉常天赐礼盛国庆元年，即辽咸雍五年、北宋熙宁二年（1069），西夏遣使至宋进誓表要求以所获宋的安远、塞门二寨换取绥州，宋神宗应允，但随后西夏秉常提出先得绥州再还二寨，未被采纳。西夏大安三年，即辽大康二年、北宋熙宁九年（1076），西夏拆毁了麟州、府州的界城，并自立界堠。当年底，宋与西夏达成划界协议，在麟府地区以沙河为界。

西夏大安十一年（1084），即辽大康十年、宋元丰七年，以延州米脂、义合、浮屠、怀宁、顺安、绥平六城寨隶绥德城。西夏永安二年，即辽寿昌五年、北宋元符二年（1099），十一月，以绥德城为绥德军，并将暖泉、米脂、开光、义合、怀军、克戎、临夏、绥平寨、青涧城、永宁关、白草、顺寨并隶军。西夏此段疆域退缩至银、夏州南缘，无定河沿岸。

东南、正南、西南至宋鄜延路，大致以"横山"（白于山—横山）山脉为界，与宋延州、保安军（今陕西省志丹县）②、定边军、环州接壤。

西夏初期东南疆域扩大。李元昊向宋发动一连串的军事进攻，自天授礼

---

① 西夏边界研究主要参考鲁人勇《西夏的疆域和边界》，《宁夏大学学报》（人文社会科学版）2013 年第 1 期；又见鲁人勇《西夏地理志》第一章《疆域》，宁夏人民教育出版社 2012 年版，第 1—18 页。

② 《武经总要》卷一八《陕西路》："保安军，旧延州栲栳城。唐为神策军，控扼蕃寇。至太平兴国二年，升为军。"

法延祚二年，即辽重熙八年、宋宝元二年（1039），攻宋保安军，次年破延州金明县（今陕西安塞县南），取塞门（今安塞县西北）、安远、栲栳（今志丹县城）、黑水（今绥德县西）等寨，天授礼法延祚四年，即辽重熙十年、宋庆历元年（1041），攻渭州（今甘肃平凉市），后向东占领宋丰州，次年攻宋镇戎军，宋军惨败，宋夏议和，西夏归还宋的栲栳、南安、承平等地，而丰州和塞门、安远等地堡寨未归还。天授礼法延祚七年，即辽重熙十三年、宋庆历四年（1044），西夏在宋延州界修筑城堡，广占边地，疆域进一步向南推进。①

　　这一段区域，西夏方面龙州（今陕西省靖边县龙州乡），与宋延州接壤。盐州（陕西定边县南）、安州与宋保安军、环州接壤。韦州治所在今宁夏同心县韦州镇，与宋之环州（甘肃省环县）、原州（甘肃省镇原县）、镇戎军（宁夏固原市原州区）接壤。会州（今甘肃靖远），与宋渭州、秦州、德顺军交界，宋沿边界修南北向的边壕，西夏在西市城（甘肃省定西）置保泰军。

　　宋环庆路的辖区相当于今天的陇东地区，环州西北向的宋夏疆界大致与今宁夏、甘肃的省界相当。

　　宋泾源路以镇戎军为防御中心防西夏沿葫芦河（今清水河）南下。

　　西南自卓啰监军司（今甘肃永登县中堡镇罗城滩）以南兰州北界黄河至仁多泉城西至祁连山北麓沿线。与河湟地区、吐蕃诸部交界。

　　西夏的西南部与吐蕃相邻。吐蕃是宋夏争夺的焦点，由于宋朝实行进取熙河的强硬政策，使得西南地区在西夏秉常后逐渐成为西夏与北宋的边界，西夏疆域也有所变动。

　　西夏河西地区的凉、甘、肃、瓜等州南与吐蕃为邻。西夏据有兰州时②，兰州南与吐蕃接壤，在西市城、凫谷、阿干堡（今甘肃兰州市东南郊阿干

---

　　①　王天顺：《西夏地理研究》，甘肃文化出版社 2002 年版，第 60—61 页。

　　②　《续资治通鉴长编》卷三八一，哲宗元祐元年六月甲寅条。元祐元年（1086），文彦博上书称："其兰州本属董毡，夏人得之已三十八九年"。以此上溯，西夏于 1047—1048 年间占有兰州。

镇）、京玉关（今甘肃兰州市西河口巴珍旺，西夏地名把拶宗）一线稍南交界。

北宋取河湟地区之前，西夏与吐蕃边界走向为：沿喀罗川（庄浪河）南岸向西北，再沿扎六岭、雪山南麓至扁都口（在甘肃省民乐县东南，青甘省界处）。再西，以祁连山为界。

西夏毅宗䂻都六年，即辽清宁八年、北宋嘉祐七年（1062），夏攻吐蕃，筑堡于古渭州（今甘肃省陇西东南）。次年，吐蕃禹藏花麻因无力对付北宋秦州钤辖向宝的进攻，把西使城（今甘肃定西南）、兰州（今兰州）一带的土地献给西夏。兰州、定西自古为西北地区的军事重镇，西北通青藏高原、河西走廊，东南沿渭水谷地可抵关中。西夏拱化四年，即辽咸雍二年、北宋治平三年（1066），因战略地位重要，西夏将保泰军治所移到西使城。西夏疆域这次向南扩展并没有维持多久。西夏大安七年，即辽大康七年、北宋元丰四年（1081），宋将李宪率军攻占西使城（宋神宗赐名"定西"）、兰州，在兰州筑城建帅府。西夏多次遣重兵来夺，未能成功。西夏领土退缩，保泰监军司治所因此北徙，监军司管辖的范围随之缩小。

西夏天赐礼盛国庆四年，即辽咸雍八年、北宋熙宁五年（1072），宋神宗命王韶向吐蕃所在的熙河地区挺进，建熙州（治所在今甘肃临洮）、通远军（治所在今甘肃陇西）。西夏天赐礼盛国庆五年，即辽咸雍九年、北宋熙宁六年（1073），宋置河州（治所在今甘肃省东乡县西南）、岷州（治所在今甘肃省岷县城）。西夏永安二年，即辽寿昌五年、北宋元符二年（1099），宋设会州（治所在今甘肃省靖远县），与西夏隔黄河、柔狼山（今甘肃省靖远县东北）相望。后来，北宋又在河湟地区建洮州（治所在今甘肃省临潭）、廓州（治所在今青海省尖扎北）、湟州（后改称乐州，治所在今青海乐都南）、西宁州（治所在今青海省西宁市）、积石军（治所在今青海省贵德县西）、震武军（治所古骨龙城，位置不详）。陇右吐蕃、河湟吐蕃领地全部为北宋所有。宋朝占领吐蕃地区，遏制西夏南下。西夏贞观十一年，即辽天庆元年、北宋政和元年（1111），西夏仁多泉城（今青海省门源县南）为宋军夺取，致使疆土进一步缩减。

正西至玉门关，与回鹘交界。

西夏疆域最西端在沙州西，沙州以南与黄头回纥[①]为邻，西面过古玉门关即是西州回鹘界，北面是辽国的上京道，西夏西北边界地处荒漠带。

## （三）西夏后期的疆域

西夏后期先后与金、宋、吐蕃、西辽、蒙古诸部等政权为邻。金灭辽、北宋，西夏的北、东、南三面与金接壤。南宋初期曾在秦凤路与西夏相邻。随后该地区为西夏、金分割，宋夏不再接壤。西辽灭回鹘后，西夏西端又与西辽相接。[②] 这一时期，夏金关系的好坏直接决定着西夏疆域的变化。

北以黑水、黑山监军司为核心，正北与蒙古诸部、金西京路为交界。

西夏崇宗李乾顺元德六年，即辽保大四年、北宋宣和六年（1124），夏崇宗乾顺遣使向金上誓表，以事辽之礼向金称臣，金割下寨以北、阴山以南、

---

① 谭其骧主编的《中国历史地图集》（第 6 册，中国地图出版社 1982 年版）可以看到西夏前期在西南与黄头回纥、草头达靼以祁连山为界。但汤开建先生在《解开"黄头回纥"及"草头鞑靼"之谜——兼谈宋代的"青海路"》（《青海社会科学》1984 年第 4 期。）中对各类文献史料分析，提出黄头回纥实际上是西州回鹘，而草头鞑靼不是位于祁连山麓，而是位于河西地区北部。此后又有一些不同的观点，最近，白玉冬先生利用鲁尼文文书和木牍文资料解读黄头回纥的起源，提出黄头回纥出自 10 世纪时期活动在塔里木盆地北缘的佛教徒撒里。认为黄头回纥不会退守沙州南，也即祁连山南麓。（《黄头回纥源流考》，《西域研究》2021 年第 4 期。）
② 按《天盛改旧新定律令》卷七《敕禁门》规定：
"一等向他国使人及商人等已出卖敕禁物者出卖敕禁物时，其中属大食、西州国等为使人、商人，已卖敕禁物，已过敌界，则按去敌界卖敕禁物法判断。已起行，他人捕举告者当减一等，未起行则当减二等，举告赏亦按已起行、未起行得举告赏法获得。大食、西州国等使人、商人，是客人给予罚罪，按不等已给价□当还给。此外其余国使人、商人来者，买物已转交，则与已过敌界相同判断。若按买卖法价格已言定，物现未转交者，当比未起行罪减一等。
一等大食、西州国等买卖者，骑驮载时死亡，及所买物甚多，驮不足，说需守护用弓箭时，当告局分处，按前文所载法比较，当买多少，不归时此方所需粮食当允许卖，起行则所需粮食多少当取，不允超额运走。若违律无有谕文，随意买卖，超额运走时，按卖敕禁法判断。"
关于西夏与西辽的关系，文献记载得不多。《天盛改旧新定律令》卷七的法律条文反映了西夏与契丹、西州有良好的贸易往来，西夏与西辽之间可能较为友好。

乙室耶利吐禄泺以西之地给西夏。① 西夏获取了辽天德军西部的部分土地。由此，西夏东北部与金西京路的东胜州、云内州、宁边州隔河为界，也就是今天内蒙古自治区包头市以东的黄河为界。与夏辽时期边界比，西夏获得河南金肃州、河清军地区。

东至河套东段黄河以及府州为界。

西夏元德八年，即金天会四年、宋靖康元年（1126）三月，西夏军自金肃州、河清军北渡黄河攻取金的"八馆"之地。四月，又攻占府州西面的震威城。金背约，遣兀室伴为出猎，带数万骑夺回"八馆"之地，唯金肃、河清二军因在黄河南岸无法收回。九月，西夏又取西安州。西夏崇宗李乾顺正德元年，即南宋建炎元年、金天会五年（1127），金让出陕西北部的部分堡寨，作为西夏失去"八馆"之地的补偿。② 西夏因此重新拥有立国时东部的大片领地。③ 西夏东部由沿黄河西岸向南，过府州、麟州西面的洛阳沟，再沿榆林市屈野河向东南折回黄河西岸，沿河南下，过佳县后再折向西至佳县乌龙镇南面的下高寨。

东南至麟府西南，以及绥州东段黄河。东南、正南、西南至原宋鄜延路。

西夏元德八年，即金天会四年、宋靖康元年（1126），西夏占领震威城（属府州），西夏正德元年，即金天会五年、北宋靖康二年（1127），金划定西夏与伪楚的分界线："自麟府路洛阳沟东距黄河西岸、西历暖泉堡，鄜延路米脂谷至累胜寨，环庆路威边寨过九星原至委布谷口，泾原路威川寨略古萧关至北谷川，秦凤路通怀堡至古会州，自此直距黄河，依见今流行分熙河路尽

---

① 《金史》卷三《太宗纪》。

② 《大金吊伐录校补》，金少英、李庆善校补整理本，中华书局2001年版，第69—70页。《大金吊伐录》记载："若夏国据黄河以东州县，必与昏主合力，危害不细。夏国自去岁以辄占据金肃、河清两军，如欲与此两处，请贵朝度外，其宁边、天德、云内以西并北一带州县土地，合以黄河及汉地为界。"

③ 《金史》卷二四《地理志上》："金之壤地封疆，东极吉里迷兀的改诸野人之境，北自蒲与路之北三千余里，火鲁火疃谋克地为边，右旋入泰州婆卢火所浚界壕而西，经临潢、金山，跨庆、桓、抚、昌、净州之北，出天山外，包东胜，接西夏，逾黄河，复西历葭州及米脂寨，出临洮府、会州、积石之外，与生羌地相错。复自积石诸山之南左折而东，逾洮州，越盐川堡，循渭至大散关北，并山入京兆，络商州，南以唐邓西南皆四十里，取淮之中流为界，而与宋为表里。"

西边以限封域。复分陕西北鄙以易天德、云内，以河为界。"① 西夏李仁孝天盛初年（1150）颁布《天盛律令》中列有绥州，金一度把绥德等地作为"陕西北鄙"划给了西夏，西夏别立监军司统之。西夏正德二年，即金天会六年、南宋建炎二年（1128），取定边军。

西夏元德八年，即金天会四年、宋靖康元年（1126），西夏取西安州破怀德军，从北宋手中夺回部分失地。西夏在泾原路扩张，重新占领了西安州、天都山地区。

西南自卓啰监军司（今甘肃永登县中堡镇罗城滩）以南兰州北界黄河至河湟地区至祁连山北麓沿线。与吐蕃诸部交界。

西夏崇宗李乾顺大德二年，即南宋绍兴六年（1136），再取西宁州、乐州。次年，金正式将积石、乐、廓三州划给西夏。西夏大德五年，即金天眷二年、南宋绍兴九年（1139），西夏又占据府州。西夏人庆三年，即金皇统六年、南宋绍兴十六年（1146），金承认既成事实，将德威城（今甘肃靖远县西南黄河东岸）、定边军、西安州等地划给西夏。此时金已取代宋进入陕西五路与西夏为邻。② 随着西夏版图扩大，西夏仁宗时期，监军司的数量也增加到了17个。西夏南部由暖泉堡、米脂谷（陕西省佳县桃镇至米脂县河谷）至累胜寨（陕西省志丹县西北宋庄村附近），过威川寨（宁夏同心县豫旺乡东南），西抵萧关城，再经通会堡（海原县西安州西南）至古会州（甘肃省靖远县），再向西南，即以黄河为界，直到金原熙河路极边，今青海省的黄河以北，尽

---

① 《金史》卷一三四《西夏传》。这里的"古萧关"应是今宁夏固原市东南萧关。
② 许伟伟：《西夏横山地区若干问题》，《西夏学》第十七辑，甘肃文化出版社，2018年第2期。宋宣和元年（1119）以后，金南下陕西打破了宋一统横山地区的局面，横山地区直到公元1131年都处在夏、宋、金三方分割的状态。金天会五年（1127）灭宋后，自麟府路洛阳沟东距黄河西岸、西历暖泉堡，鄜延路米脂谷至累胜寨，环庆路威边寨过九星原至委布谷口，夏金保持了宋夏时期各占横山一边的状态；当夏金关系缓和时，天会十年（1132）夏向金请环、庆二州之时，宋退出了横山地区甚至陕西地区。西夏仁宗天盛初（1149—1150），陕西北部的绥德等地、定远军已为夏所有；金正隆四年（1159）金夏划边界，金"夺其所与地"，也就是横山地区原属宋的部分地区，至金大定二十二年（1182），金已先后建绥德等州加强边地防御西夏，金朝在大定年间在陕西的设州置县，也表明金所属的横山地区正式纳入金朝的疆域版图。夏金后期在横山地区争夺不断，横山地区的边界处在变动中。

为西夏境土。①

正西沙州西至玉门关，与西辽为邻。

西夏西端沙州监军司，其与瓜州监军司、肃州监军司、黑城监军司等沿线都有烽燧，互为呼应，控扼河西西部交通要道。

西辽占据西州回鹘，与西夏以沙州玉门关西为界。后期，吐蕃势力向瓜沙地区扩张，占据原黄头回纥的领地，与西夏以熙河、瓜沙地区为界。② 西夏与蒙古诸部，在西夏北线东自黄河西、黑山威福监军司，西至黑水监军司，瓜沙二州北端，即原辽上京道与西夏的界线为界。③ 西夏光定八年，即金兴定二年、南宋嘉定十一年、蒙古太祖十三年（1218），蒙古灭西辽，西夏西部瓜沙地区与蒙古诸部为邻。④

---

① 杨蕤在《西夏地理研究》（第 98 页）中提出夏金疆界基本上在葭州—绥州—保安军—瀚海南缘—宋平夏城—会州—兰州—积石州一线波动。

② 谭其骧编：《中国历史地图册》第六册《辽·宋·金时期》，中国地图出版社出版 1982 年版。

③ 谭其骧编：《中国历史地图册》第六册《辽·宋·金时期》，中国地图出版社出版 1982 年版。

④ 俄藏号 инв. №8185《乾定酉年（1225）黑水副将上书》记载有西院、肃州、黑水城对于边境外归降人员的接纳，蒙古可能此时占领了西辽等地区，但在此后的一段时间并没有很好地治理，这些地区继续成为蒙古、西夏争夺的中间地带。

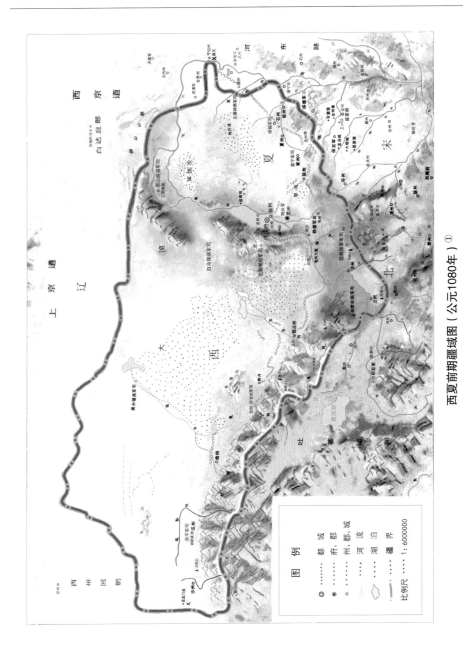

西夏前期疆域图（公元1080年）①

---

　　① 西夏前期疆域图、西夏后期疆域图在《中国历史地图集》（谭其骧）的基础上吸收近年来研究成果，由岳健绘制，特此说明。

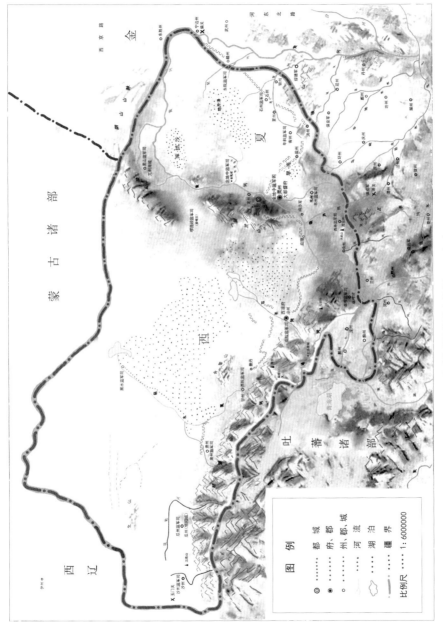

西夏后期疆域图（公元1146年）

# 二、军政区划

西夏政权脱胎于唐末以来的区划层次为治州—支郡—县的定难军藩镇。元昊称帝建国以后，更张衣冠礼乐制度，其区划结构遂变为都（府）—监军司—州—县。至西夏仁宗"典章文物灿然成一代宏规"①，中央在"五等司官署制"的基础上，通过派出机构经略司加强对地方特别是部落豪酋的控制，从而形成了以经略司—监军司制为主体，转运司为辅助的地方行政管理体制。

西夏政权存在近200年中，与周边四邻均发生过战争，特别是与宋、金的战争旷日持久，"可以说是点集不逾岁，征战不虚月"②。在这种情况下，西夏"国小则无所恃而常惧，其军民之势犹一家也"③，表现在行政区划上，军事主导的色彩十分浓厚。

## （一）前期建置

以西夏景宗元昊统治年代为代表，中央"设十六司于兴州，以总庶务"④；

---

① 《西夏书事》卷三八。

② 王天顺：《西夏战史》，宁夏人民出版社1993年版，第1页。

③ 王赏：《送成都席帅序》，（宋）袁说友等编，赵晓兰整理：《成都文类》卷七三，中华书局2011年版，第1990页。

④ 《宋史》卷四八五《夏国传上》。

地方设监军司①，监军司之下有州，州领乡里及堡寨，之外有蕃部。西夏前期主要的政区机构有府、监军司、州、堡寨等。

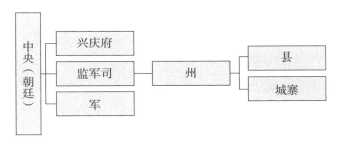

西夏前期行政区划结构示意图

### 1. 府

府起源于唐代，以京师、陪都、道治和皇帝驻跸所在地的州为府；到了宋代，京师，陪都，皇帝诞生、居住、巡游及地位重要的州，均可称府。宋代府隶属于"路"，官署级别虽与州同，但实际地位略高于州。故曰"州郡之名，莫重于府"②。

西夏前期，有二府：兴庆府、西凉府。

**兴庆府**。本宋怀远镇，德明升之为兴州，并营建兴庆府，元昊称帝时，设为都城。都城设有管理都城的衙署机构兴庆府，也作开封府、中兴府，由中央直辖。

① 《续资治通鉴长编》卷一二〇，仁宗景祐四年十二月癸未条。《宋史》卷四八五《夏国传上》作"十二监军司"，有误。参看汤开建《近几十年来国内西夏军事制度研究中存在的几个问题》，《宁夏社会科学》2002 年第 4 期。

② （宋）洪迈撰，孔凡礼点校：《容斋随笔》卷一二："州升府而不为镇"，中华书局 2005 年版，第 773 页。

开封府①。名同宋都东京②，官称"开封府尹"③，或"掌尹正畿甸之事"④。

中兴府，取中道复兴之意。至迟在西夏天安礼定二年，即辽大安二年、宋哲宗元祐元年（1086），兴庆府已称中兴府，⑤ 直至西夏灭亡。

**西凉府**。本唐凉州武威郡，至五代、宋初当地豪酋自置牧守，称为西凉府。西夏夺取河西走廊后，仍为西凉府。西夏天授礼法延祚元年，即辽重熙七年、北宋宝元元年（1038），元昊称帝后"自诣西凉府祠神"⑥。

此外，西夏先世还有西平府，为太祖李继迁攻陷北宋灵州后设置，地在今宁夏吴忠市西南。因五代以来定难军首领拓跋氏世袭西平王爵，故名。在景宗元昊兴州称帝后似已废。至迟在仁宗时期于灵州又置大都督府。

## 2. 监军司

监军司，最初是一种基于部落首领制度的地方军事机构，主管区域内军事行动的机构，后来演变为兼管地方行政事务的一级行政机构。

拓跋元昊分国中兵马为左、右厢，使刚浪崚兄弟分统之；刚浪崚谋反被诛，拓跋元昊更分左、右厢为16监军，各有首领⑦。在兵力分布上，自河北至午腊蒻山七万人，以备契丹；河南洪州、白豹、安盐州、罗落、天都、惟

---

① 《宋史》卷四八五《夏国传上》："其官分文武班，曰中书，曰枢密，曰三司，曰御史台，曰开封府，曰翊卫司，曰官计司，曰受纳司，曰农田司，曰群牧司，曰飞龙院，曰磨勘司，曰文思院，曰蕃学，曰汉学。"陈广恩认为开封府系宋人的误译。（《关于西夏边防制度的几个问题》，《宁夏社会科学》2001 年第 3 期。）

② "（元昊）升兴州为府，改名'兴庆'，广宫城，营殿宇，其名号悉仿中国所传故事。"《西夏书事》卷一一。吴天墀：《西夏史稿》，广西师范大学出版社 2009 年版，第 26 页。

③ 《金史》卷六〇《交聘表上》。"（天德二年，1150）七月戊戌，（夏国）再遣开封尹苏执义、秘书监王举贺受尊号。"

④ 《宋史》卷一一九《职官志六》。

⑤ 宁夏文物考古研究所：《西夏陵区 108 号墓发掘简报》，见白滨主编《西夏史论文集》，宁夏人民出版社 1984 年版，第 519—527 页；《天盛改旧新定律令》卷一〇《司序行文门》。

⑥ 《宋史》卷四八五《夏国传上》。

⑦ （宋）司马光著，李裕民校注：《司马光日记校注》，中国社会科学出版社 1994 年版，第 43 页。

精山等五万人，以备环、庆、镇戎、原州；左厢宥州路五万人，以备鄜、延、麟、府；右厢甘州路三万人，以备西蕃、回纥；贺兰驻兵五万、灵州五万人、兴州兴庆府七万人为镇守，总五十余万。[1]

西夏崇宗乾顺永安初年，即辽寿昌六年、北宋元符三年（1100）前后，监军司数目共有 12 个。[2] 它们是左厢神勇、韦州静塞、西寿保泰、卓啰和南、石州祥祐、宥州嘉宁、右厢朝顺、黑水镇燕、白马强镇、甘州甘肃、瓜州西平、黑山威福。[3]

监军司在西夏各个方向的战略要地均有设置，其中京畿以东的统之于"左厢"，以西的统之于"右厢"，[4] "每有事于西，则自东点集而西；于东，则自西点集而东；中路则东西皆集"[5]，西夏监军司整体上是一个系统的、灵活的军事防御体系。[6]

监军司是西夏地方行政体制中最主要的组成部分[7]，主掌军事，也兼管民户。如左厢监军司，接麟、府沿边地分，管户两万余；宥州监军司，接庆州、保安军、延安府地分，管户四万余；灵州监军司，接泾、原、环、庆地分，沿边管户一万余。[8] 因此，既是军事组织，又是政治组织。[9] 其常驻长官为监军使，负责监军司日常管理，"委豪右分统其众。"[10] 他们基本上是氏族部落的

---

① 《宋史》卷四八五《夏国传上》。

② 《续资治通鉴长编》卷三一八，神宗元丰四年十月丙寅条："种谔言，捕获西界伪枢密院都案官麻女喫多革，熟知兴、灵等州道路、粮窖处所，及十二监军司所管兵数。"十二监军司名目又见于《宋史》卷四八六《夏国传下》、明刊宋本《西夏地形图》（1099 年绘），皆为北宋后期材料。黄盛璋、汪前进：《最早一幅西夏地图——〈西夏地形图〉新探》，《自然科学史研究》1992 年第 4 期。

③ 《宋史》卷四八六《夏国传下》。

④ 高仁：《"左厢"、"右厢"与经略司——再探西夏"边中"的高级政区》，《中国历史地理论丛》2019 年第 2 期。

⑤ 《宋史》卷四八六《夏国传下》。

⑥ 参看鲁人勇《西夏地理志》，宁夏人民教育出版社 2012 年版，第 97 页。

⑦ 李昌宪：《中国行政区划通史·宋西夏卷》，复旦大学出版社 2007 年版，第 693 页。

⑧ （宋）郑刚中：《北山集》卷一三《西征道里记并序》，文渊阁四库全书影印本。

⑨ 陈炳应：《贞观玉镜将研究》，第 8 页。

⑩ 《宋史》卷四八五《夏国传上》。但是从西夏后期的统军司、监军司关系来看，监军使为监军司最高长官，统军使为战时由中央临时派遣，统领诸监军司，非地方常设使职。

统属关系。"大首领谓正监军、伪置郡守之类；次首领谓副监军及贼中所遣伪天赐之类；小首领谓钤辖、都头、正副寨主之类；之外则是蕃丁。"①

### 3. 军

军源于唐初，为防御蕃部扰边，政府在屯驻戍边处设置军、守捉、镇等军事管辖区。经过五代的发展，军的军事色彩逐渐淡化，至宋后成为固定的但不稳定的地方行政区划。宋代的军有"州级军"和"县级军"，州级军隶属本路，长官称知军；若降为县，则隶于州、府，军使兼知县。②

西夏设军，或始于太祖继迁。宋臣称"迁贼包藏凶逆，招纳叛亡，建立州城，创置军额，有归明、归顺之号，且耕且战之基"③。可知西夏最初建州置军是为了安置叛逃而来的宋军"且耕且战"的。所以，"归顺"在《西夏地形图》也作"归顺州"。

西夏毅宗谅祚奲都六年，即辽清宁八年、北宋嘉祐七年（1062），监军司改为军，即西市监军司改为保泰军，威州监军司改为静塞军，绥州监军司改为祥祐军，左厢监军司改为神勇军。④ 这种改称"并不是把其改制成地方州一级行政区划"，而是给这些监军司附以祥和的寓意以向宋朝示好的表现。⑤

西夏前期的军还有清远军、贺兰军、瀚海军、成德军、洪夏军等。

清远军，本在鸡城地，宋太宗以灵武道路艰阻，欲城古威州以通漕挽，转运使郑文宝固请筑此城，以清远军为名。深在瀚海不毛之地，素无井泉，陕西之民甚苦其役。咸平中，都盐段义逾城叛，归属于西夏。⑥ 后来，西夏或设为军。其地在灵州东南 250 里。

---

① 《宋会要辑稿》兵·军赏一八之七。
② 龚延明：《宋代"军"行政区划二重制研究》，《浙江大学学报》（人文社会科学版）2018 年第 5 期。
③ 《续资治通鉴长编》卷五〇，真宗咸平四年十二月丁卯条。
④ 《续资治通鉴长编》卷一九六，仁宗嘉祐七年六月癸未条。
⑤ 杜建录：《西夏政区划分及其相关问题》，《宁夏社会科学》2020 年第 5 期。
⑥ 《武经总要》卷一九《西蕃地里》。

贺兰军，"即唐之丰安军"①，"在灵州西黄河外百八十里"②。

瀚海军，见于《西夏地形图》③，地在"瀚海"，文献多作"旱海"，是通往灵州的要害之路。④

洪夏军，宋政和七年（1117），西夏直鄜延，筑藏丹河，伪号洪夏军。⑤

成德军，宋政和七年（1117），西夏入环庆城佛口谷，伪号成德军。⑥

### 4. 州

州县制是指在中国古代中央集权体制下以州统县的两级地方管理行政制度。

秦朝以来曾有郡县、州郡、州郡县等二级或三级架构。到了隋唐，改郡为州，郡县制也被称之为州县制。宋代于州县之上架设"监司""帅司"，地方行政层由二级变成路—州（府、军、监）—县虚三级。

西夏前期疆土或承之藩镇故土，或夺之于宋"河南地"，或拓之于河西走廊。入夏之前，这些地方的行政区划还维持着唐五代以来的州县二级体制：或州统县，或州统镇；入夏之后，除了京畿地区，地方县级政区消失殆尽，不少堡镇跃升为州级单位。

其藩镇故土包括银、夏、绥、宥四州。

---

① 黄盛璋、汪前进：《最早一幅西夏地图——〈西夏地形图〉初探》，《自然科学史研究》1992年第 2 期。

② 《旧唐书》卷三八《地理志一》。

③ 黄盛璋、汪前进：《最早一幅西夏地图——〈西夏地形图〉初探》，《自然科学史研究》1992年第 2 期。

④ 《续资治通鉴长编》卷四四，真宗咸平二年六月戊午条。《资治通鉴》卷二五八。《胡注〈资治通鉴〉》注云：张洎曰："自威州抵灵州旱海七百里，斥卤枯泽，无溪涧谷。辉德，地名，在灵武南。张舜民云：今旱江平即旱海，在清远军北。赵珣《聚米图经》曰：盐、夏、清远军间，并系沙渍，俗谓之旱海。自环州出青刚川，本灵州大路。自此过美利寨，渐入平夏，旱海中，难得水泉。至耀德、清边镇入灵州。"又见《宋史》卷二五四《药元福传》。《读史方舆纪要》卷六二《陕西一一》。

⑤ （宋）王安中：《初寮集》卷六《定功继伐碑》，文渊阁四库全书影印本。《东都事略》卷一二八附录六。

⑥ （宋）王安中：《初寮集》卷六《定功继伐碑》，文渊阁四库全书影印本。《宋史》卷三五七《刘延庆传》。

宋初（982），定难军首领李继捧奉籍归朝，所领之地多称"四州八县"①。即：夏州，领朔方、宁朔、德静三县，有洪门、石堡二镇；银州，领儒林、真乡、开光、抚宁四县；宥州，领长泽一县；绥州。②绥州原领龙泉、城平、绥德、延福、大斌五县，"自唐末蕃寇侵扰，所管五县并废，或陷在蕃界，亦无乡里，其民皆蕃族，州差军将征科。"③ 其中，城平、绥德、延福、大斌四县皆废为镇。

这些州县不仅载于夏州节度使的纳款地图，也见之于其后宋军征讨西夏的行军路上，有绥州延福县、银州抚宁县。④

五代宋初夏州首领墓志还显示夏州朔方县下有崇信乡、仪凤乡之设。⑤

淳化五年（994）宋太宗下诏废毁夏州旧城，"其州兵徙相州置营，仍曰夏州；迁居民于绥、银州，分官地给之。"咸平六年（1003）李继迁以灵州旱灾故，"籍夏、银、宥州民之丁壮者徙于河外"⑥。

元昊升所属洪门镇为洪州、石堡镇为龙州。之后，夏州建制当被恢复。因为西夏大安八年，即辽大康七年、北宋元丰四年（1081），宋军五路来攻夏，西夏知夏州索九思遁去，种谔入夏州，⑦ 至附近的石州，西夏人"弃积年

---

① 《续资治通鉴长编》卷二三，太宗太平兴国七年五月己酉条。

② 《太平寰宇记》卷三八《关西道十四》。

③ 《太平寰宇记》卷三八《关西道十四》。

④ （宋）沈括：《梦溪笔谈》卷一三《权智》，中华书局 2016 年版，第 136 页。"淳化中，李继捧为定难军节度使，阴与其弟继迁谋叛，朝廷遣李继隆率兵讨之。继隆驰至克胡（寨），渡河入延福县，自铁茄驿夜入绥州，谋其所向。……（继隆）乃引兵驰入抚宁县，继捧犹未知，遂进攻夏州。继捧狼狈出迎，擒之以归。抚宁旧治无定河川中，数为虏所危。继隆乃迁县于滴水崖，在旧县之北十余里，皆石崖，峭拔十余丈，下临无水，今谓之罗瓦城者是也。"

⑤ 夏州拓跋政权首领和僚属墓志铭表明五代宋初这一地区实行的是州县乡里制度。如定难军摄节度判官毛汶葬于"朔方县崇信乡绥德里峻岭原"，夏银绥宥等州观察支使何德璘葬于"朔方县崇信乡绥德里张吉堡之右"，夏州观察支使何公葬于"夏州朔方县崇信乡绥德里"，定难军节度使李光睿葬于"夏州朔方县仪凤乡奉政里乌水原"等。（杜建录：《西夏政区划分及其相关问题》，《宁夏社会科学》2020 年第 5 期）。

⑥ 《续资治通鉴长编》卷五五，真宗咸平六年九月壬辰条。由于人口迁移，夏、银、宥等属县可能被废弃。

⑦ 《续资治通鉴长编》卷三一七，神宗元丰四年十月戊辰条。

文案、簿书、枷械，举众遁走"①。

北宋最初的"河南地"包括灵、盐、会、胜等州。

灵州，原领回乐、怀远、灵武、保静、温池、鸣沙六县，至真宗咸平年间仅存一县名"回乐"。② 入夏之后，回乐一县存续与否史籍不载，但从"元丰四年，宋军深入兴灵腹地，沿途所经，并无一县"③ 的情况来看，回乐也可能不存。

灵州河外还有清远、昌化、保安、保静、临河、怀远、定远、灵武等八镇，其中保静、临河、怀远、定远、灵武五镇，"以灵州都监兼五原镇都巡检使主之"④。入夏之后，此"河外五镇"皆升格为州，其中保静镇改静州、怀远镇改兴州，定远改定州，灵武改顺州，临河所改之州失载，⑤ 有人疑为永州或怀州。⑥

盐州，原领五原、白池二县。入夏之后，领县情况不明。

会州，原领会宁、乌兰二县。后没于吐蕃，乌兰县废。宋雍熙二年（985），李继迁"破会州，焚毁城郭而去"，州或废于此时。⑦

胜州，宋初废州，原领榆林、河滨二县。西夏天授礼法延祚三年，即辽重熙九年、宋康定元年（1040），辖紫河、唐龙二镇。入夏之后，领县情况不明。天授礼法延祚四年，即辽重熙十年、宋庆历元年（1041），夺丰州后，或辖紫河。五年，唐龙镇陷于契丹。

河西地区包括凉、甘、肃、沙、瓜诸州。

---

① 《续资治通鉴长编》卷三一七，神宗元丰四年十月癸亥条。

② 《太平寰宇记》卷三七《关西道十三》。《太平寰宇记》成书在宋真宗咸平年间。

③ 李昌宪：《西夏地方行政体制刍议》，载《宋史研究论文集》第十辑，河北大学出版社 2009 年版，第 240—250 页。

④ 《太平寰宇记》卷三七《关西道十三》；《武经总要》卷一九《西蕃地里》。

⑤ 《武经总要》卷一八《西蕃地里》。

⑥ 鲁人勇：《西夏地理志》，宁夏人民教育出版社 2012 年版，第 38 页；李昌宪：《中国行政区划通史·宋西夏卷》，复旦大学出版社 2007 年版，第 693 页。

⑦ 《太平寰宇记》卷三七《关西道十三》；《宋史》卷四八五《夏国传上》。

河西陇右之地，至五代时，"值中国衰乱，不能抚有，惟甘、凉、瓜、沙四州常自通于中国。甘州为回鹘牙（帐），而凉、瓜、沙三州将吏，犹称唐官，数来请命。自梁太祖时，常以灵武节度使兼领河西节度，而观察甘、肃、威等州，然虽有其名，而凉州自立守将。"①

凉州自称为西凉府。原领姑臧、神乌、昌松、番和、武威、嘉麟六县。②

后唐天成年间，权知西凉府留后孙超遣大将拓跋承海来贡③，五代以来凉州复有知州之设④，并有附郭之县。咸平六年（1003），"李继迁劫西蕃，攻陷西凉府，遂出其居人，知凉州、殿直丁惟清没焉。"⑤ 明道元年（1032），元昊攻陷甘州之后，举兵再拔西凉府。⑥ 天授礼法延祚元年，即北宋宝元元年、辽重熙七年（1038），元昊称帝后"自诣西凉府祠神"⑦。凉州入夏之后，或仍称西凉府。西夏天赐礼盛国庆五年，即辽咸雍九年、北宋熙宁六年（1073），从西夏逃回来的士卒报告说，"夏人恐我大兵至，修筑于凉州，而凉州守乃我顺宁寨供奉王某之子"⑧。"守"一般指郡的知州，可见西夏前期凉州设置了州郡。

甘州，原领张掖、删丹二县。张掖县，陷吐蕃后，废。天圣六年（1028）两度被德明攻占。入夏之后，领县情况不明。

肃州，原领酒泉、福禄、玉门三县。福禄、玉门二县，陷吐蕃后，废。景祐三年（1036），被元昊占领。

---

① 《旧五代史》卷一三八《吐蕃传》。
② 《太平寰宇记》卷一五一《陇右道二》；卷一五二《陇右道三》。
③ 《宋史》卷二五一《吐蕃传》。"凉州东距灵武千里，西北至甘州五百里。旧有郓人二千五百为戍兵，及黄巢之乱，遂以阻绝。超及城中汉户百余，皆戍兵之子孙也。其城今方幅数里，中有县令、判官、都押衙、都知、兵马使，衣服言语略如汉人。"
④ 《武经总要》卷一九《西蕃地里》："五代汉高祖命申师厚为之帅。迄今州郭外数十里，尚有汉民陷没者耕作，余皆吐蕃。宋开宝中复来请帅，以殿直丁惟清领州事。"
⑤ 《续资治通鉴长编》卷五五，真宗咸平六年十一月甲子条；《宋史》卷二五一《吐蕃传》。
⑥ 《续资治通鉴长编》卷一一一，仁宗明道元年十一月壬辰条。
⑦ 《宋史》卷四八五《夏国传上》。
⑧ 《续资治通鉴长编》卷二四四，神宗熙宁六年四月丁酉条。

瓜州，原领晋昌、常乐二县。入夏之后，设有晋昌县。①

沙州，领敦煌、寿昌二县。入夏之后，敦煌县仍为沙州治所。②

另据西夏大安十一年，即北宋神宗元丰七年、辽大康十年（1084），敦煌无名氏西夏文题记《莫高窟清沙记》③ 记载，可知当时西夏设有凉州、沙州。

总而言之，西夏前期"州"普遍存在。元昊称帝，除兴州外，还领有夏、银、绥、静、宥、灵、盐、会、胜、甘、凉、瓜、沙、肃等14州，而洪、定、威、怀、龙、顺、永、静等"即旧堡镇伪号州"④。西夏仁宗初年，河之内外，州郡凡二十有二。河南之州九：曰灵、曰洪、曰宥、曰银、曰夏、曰石、曰盐、曰会、曰南威；河西之州九：曰兴、曰定、曰怀、曰永、曰凉、曰甘、曰肃、曰沙、曰瓜；熙秦河外之州四：曰西宁、曰乐、曰廓、曰积石。余有静州、胜州、龙州、韦州、伊州。⑤

州设刺史。西夏前期，唐宋时期的部落酋长转变为地方官或部门长官，主管民事、军事等诸多要务，同时还保留了刺史的监察职能。⑥ 不过西夏初期由于战事频仍，居民锐减，这些州绝大多数"不具有汉制中中级政区的内涵，而已蜕变为城堡一类的军事要塞"⑦。正如西夏辞典《文海》所释州，"此者阵城也，壁垒之谓也"⑧。随着新兴的监军司机构日益成长为西夏地方的一级政区，作为其治所的州（城）以及被荒废的州也就失去了地方行政区划的意

---

① 《读史方舆纪要》卷六四《陕西一一》。"（瓜州城）西夏亦置晋昌县，元废。"

② 《读史方舆纪要》卷六四《陕西一一》。"（敦煌废县）西夏仍为沙州置。"

③ 史金波、白滨《莫高窟、榆林窟西夏文题记研究》考为夏大安十一年（1084），《考古学报》1982年第2期。"甲丑年五月一日，所在凉州内多石，搜寻治之。经来沙州地界，我城圣宫沙满。为得福利故，我清除二座寺院沙。"

④ 《续资治通鉴长编》卷一二〇，仁宗景祐四年十二月癸未条；《宋史》卷四八五《夏国传上》；章巽：《夏国诸州考》，《河南大学学报》（社会科学版）1963年第1期。

⑤ 《宋史》卷四八六《夏国传下》。伊州，今新疆哈密。唐有伊州，宋失河西，西夏政权势力有染指其地的迹象。章巽：《夏国诸州考》，《河南大学学报》（社会科学版）1963年第1期；杨蕤：《论西夏的西缘疆界及相关问题》，《中国史研究》2020年第1期。

⑥ 刘双怡：《西夏刺史简论——以〈天盛改旧新定律令〉为中心》，《前沿》2014年第1期。陈光文：《西夏时期敦煌的行政建制与职官设置》，《敦煌研究》2016年第5期。

⑦ 李昌宪：《西夏地方行政体制刍议》，《宋史研究论文集》第十辑。

⑧ 史金波等：《文海研究》，中国社会科学出版社1983年版，第474页。

义，以至于到了天盛年间的国家法典中，在正式的官署编制中也难觅其踪迹。

### 5. 城（堡）寨

虽然"夏国之地，广袤仅四五千里，其居民散居于沙漠山野之间，无城郭之固，无营卫守戍之兵，啸之则能聚，既散则难复"①，但这并不是说西夏民众尤其是以耕牧为生的蕃部没有固定的聚居场所与活动区域。事实上，他们的聚落形态主要有两种：族帐与堡寨。

族帐，是指聚族而居的帐落，多分布于山野之间。"以姓别为部，一姓又分为小部落，大者万骑，小数千。"②"居有栋宇，其屋织牦牛尾及羊毛覆之，每年一易。"③族帐多分布在宋夏沿边地区，有党项，有吐蕃，交错杂居，风俗相类，统称蕃部。

族帐以姓氏为单位，虽有首领，但无官署；虽有民众，但无编户；虽行蕃法，但无律令，因此不是地方行政单位。西夏"以山界蕃部为强兵"，宋"以山界属户及弓箭手为善斗"。④宋夏沿边的州县城寨等行政机构通过职官、征科、贡赐、榷市等方式对族帐实行羁縻性质的管理。"其酋长则命之戎秩，赐以官俸，量其材力功绩，听世相承袭。凡大首领得为都军主，自百帐以上得为军主，又其次者皆等级补指挥使以下职名；其立功者，别建为刺史、诸卫将军、诸司使、副使，至借职殿侍，充本族巡检。"⑤

城寨。在北宋西北边疆的政区中，州县之下除乡以外，还有镇、城、堡、寨、关等建置。关、城、寨、堡都属于军事关塞，虽然大小不一，名称互异，但并无严格的区分。"一般而言，城、寨、堡的规模，以城最大，寨次之，堡

---

①《续资治通鉴长编》卷四六九，哲宗元祐七年正月壬子条。

②《新唐书》卷二二一《党项传》。

③《旧唐书》卷一九八《党项传》。

④《续资治通鉴长编》卷一四九，仁宗庆历四年五月壬戌条。

⑤《武经总要》卷一八《陕西路》；《宋史》卷一九一《兵志五》。

又次之，关的数量很少。"①

西夏置城堡寨始于继迁时代，但是这一时期大致是在攫取宋边区后因袭原城寨的建置为主。如至道以后，继迁夺取盐州和灵州以后，盐州辖有下虎寨、人头堡、赤柽寨、苦井堡，灵州有清边寨、清远军威堡、折姜会、青岗寨、白马堡，麟州有独龙寨、军马寨。西夏初期是西夏建置堡寨见于史载最多的时期。② 西夏修建这些城镇堡寨的目的，主要是为了军事上的需要，即扩大边界，控扼要路，绝宋朝与吐蕃的通路，防遏宋朝探骑过界和防守边界等。③

西夏的城寨形制与北宋时期西北的城寨略同，有大寨，有小寨，有栅等。④ 城寨大多归州城管辖。如银、夏、宥三州，辖有城寨塞门寨、细浮屠寨、米脂寨、义合寨、吴堡寨、葭芦寨、白池、石堡、盐城、乌延等。⑤

西夏城寨配置的官吏有寨主、监押、都监和巡检，负责管理军民和防守事宜，巡检在堡寨中负责统率弓箭手，较大的城设知城。⑥ 大的城寨人口数以万计。如熙丰时期宋军种谔部攻破米脂城，守将都钤辖令介讹遇率酋长 50 余人及"城中老小万四百二十一口"请降。⑦

对于不在机构编制中的城寨，北宋一般将其纳入蕃兵蕃官体系。"赍以金帛；籍城砦兵马，计族望大小，分队伍，给旗帜，使各缮堡垒，人置器甲，以备调发"⑧。西夏大概也是如此，在重要的城寨会有官署的设置。如康定元年（1040），宋环庆路副部署任福偷袭西夏白豹城，"凡烧庐舍、酒务、仓草

---

① 李华瑞：《宋夏关系史》，河北人民出版社 1998 年版，第 290 页。
② 李华瑞：《宋夏关系史》，河北人民出版社 1998 年版，第 305 页。
③ 陈炳应：《西夏文物研究》，宁夏人民出版社 1985 年版，第 82—83 页。
④ 杜建录：《西夏政区划分及其相关问题》，《宁夏社会科学》2020 年第 5 期。
⑤ （宋）赵起：《种太尉传》，参看汤开建《熙丰时期宋夏横山之争的三份重要文献》，《宁夏社会科学》2003 年第 3 期。
⑥ 李健超：《北宋西北堡寨》，《西北历史资料》1983 年第 2 期。
⑦ 《续资治通鉴长编》卷三一七，神宗元丰四年十月丁巳条。
⑧ 《宋史》卷一九一《兵志五》。

场、伪太尉衙"①。

西夏的城堡寨作为军民合一的机构，上承州县和监军司，平时组织所属蕃部生产，城堡寨设置的蕃部中间或者以城堡寨为中心，蕃部族帐散布在邻近地区游牧耕种，便于战时聚集。同时又和邻寨以及所属哨卡、口铺、烽燧组织联防，阻止骑探入界和蕃部族帐叛逃，战时则点集战斗或负责本寨人户坚壁清野。②

另外，西夏前期，若干重要的"管蕃部"的北宋堡镇被升格为州。如灵州河外的保静、临河、怀远、定远、灵武五镇，夏州附近的洪门、石堡两镇等。

## （二）后期建置

西夏把全境划分为"京畿"与"边中"两大区域。京畿是指都城所在及其附近地域；"边中"指京畿之外的区域，又分为"地中"与"地边"两个地带。③"地边"也称"边地"，指西夏的沿边地区。

据《天盛律令》，西夏中央对地方行政的管辖方式分为"不附属于经略者，当各自来状"和"附属于经略者，当经经略使处依次转告"④ 两种。其中，"附属于经略者"，也称为"经略地界"⑤，指的经略司—监军司体系，居于行政主导地位，全面负责地方行政和军事管理事务；"不附属于经略者"主要指的是转运司体系，主要负责农业区域的地方赋税事务征管。⑥

以西夏仁宗统治时期为代表，西夏中央在"五等司官署制"的基础上，通过派出机构经略司加强对地方特别是部落豪酋的控制，⑦ 从而形成了以经略

---

① 《续资治通鉴长编》卷一二八，仁宗康定元年九月壬申条。
② 杜建录：《西夏政区划分及其相关问题》，《宁夏社会科学》2020 年第 5 期。
③ 《天盛改旧新定律令》卷六《纳军籍磨勘门》。
④ 《天盛改旧新定律令》卷一七《物离库门》。
⑤ 《天盛改旧新定律令》卷一〇《司序行文门》。
⑥ 许伟伟：《西夏中后期地方管理制度问题探讨》，《西夏学》第二十辑，甘肃文化出版社，2020 年第 1 期。
⑦ 杜建录：《西夏政区划分及其相关问题》，《宁夏社会科学》2020 年第 5 期。

司—监军司制为主体的地方行政管理体制。此外，还设有负责地方赋税事务征管的转运司系统。

西夏后期主要的地方行政机构有经略司、府、军、郡、县、刺史、监军司、城、寨、堡等。①

《天盛律令》卷一〇《司序行文门》较为系统地记录了西夏的五等司官署制。它把中央与地方的正式机构分为"上、次、中、下、末"五个等次。其中具有行政区划性质的职司等级与人事编制情况如下。

次等司：中兴府、大都督府、西凉府、府夷州、中府州。

其中，中兴府所属官吏有"八正、八承旨、八都案、二十六案头"；大都督府、西凉府所属官吏有"六正、六承旨、六都案、六案头"；府夷州、中府州所属官吏有"一正、一副、一同判、一经判、二都案、六案头"。

中等司：边中监军司（石州、东院、西寿、韦州、卓啰、南院、西院、沙州、啰庞岭、官黑山、北院、年斜、肃州、瓜州、黑水、北地中、南地中）、鸣沙军、华阳县、治源县、五原郡、虎控军、威地军、大通军②、宣威军。

石州、东院、西寿、韦州、卓啰、南院、西院、沙州、啰庞岭、官黑山、北院、年斜等12个监军司所属官吏有"二正、一副、二同判、四习判、三都案"；肃州、瓜州、黑水、北地中、南地中等五个监军司所属官吏有"一正、一副、二同判、三习判、二都案"；鸣沙城司所属官吏有"一城主、一副、一经判③、一城守"；华阳县、治源县所属官吏有"四大人、二都案、四案头"；五原郡所属官吏有"一城主、一副、一同判、一城守、二都案"；虎控军、威地军、大通军、宣威军所属官吏有"一安抚、一同判、二习判、一行主"。

---

① 《天盛改旧新定律令》卷一四《误殴打争斗门》；《亥年新法》卷一〇记载军政职官设置"经略、正统及府君、郡守、刺史、军领、习判、大小城堡寨主"。
② 又译"鞑靼军"，见陈炳应：《贞观玉镜将研究》，宁夏人民出版社1995年版，第16页。
③ 《天盛改旧新定律令》汉译本原译作"习判"，翟丽萍博士论文（陕西师范大学2013年博士学位论文）第185页。

下等司：定远县、怀远县、临河县、保静县、灵武郡、甘州城司、永昌城①、开边城、边中转运司（沙州、黑水、官黑山、卓啰、南院、西院、肃州、瓜州、大都督府、寺庙山）、地边城司（永便、真武城②、西宁、孤山、魅拒、末监、胜全、边净、信同、应建、争止、龙州、远摄、银州、合乐、年晋城、定功城、卫边城、富清县、河西县、安持寨）。

大都督府转运司所属官吏有"四正、四承旨、二都案"；南院转运司有"四正、六承旨、二都案"；寺庙山、卓啰、肃州、瓜州、沙州、黑水等转运司所属官吏有"二正、二承旨、二都案"；官黑山转运司所属官吏有"二正、四承旨、二都案"；永便等23种地边城司所属官吏有"一城主、一通判、一城观、一行主"；定远县、怀远县、临河县、保静县、灵武郡所属官吏有"二城主、二通判、二习判、三案头"。

末等司：绥远寨、西明寨、常威寨、镇国寨、定国寨、凉州、宣德堡、安远堡、讹泥寨、夏州、绥州。

讹泥寨所属官吏有"一寨主、一副"；绥远寨、西明寨、常威寨、镇国寨、定国寨、宣德堡、安远堡、讹泥寨、夏州、凉州所属官吏有"一寨主、一寨副、一行主"；绥州城司所属官吏有"一城主"。③

以上五等司编制之外，还有"经略司"也肩负着派驻地方督导军政事务的职能，具有十分重要的政治地位。

西夏所设经略司比中书、枢密低一品，然大于诸司。④ 其所属官吏有经略使、经略副使、经义、都案、案头、司吏等官职。⑤

五等司编制实质上是西夏诸官署的行政级别，它虽然没有直接表明这些

① 汉译本《天盛改旧新定律令》有处错译为"折昌城"。翟丽萍：《西夏职官研究——以〈天盛革故鼎新律令〉卷十为中心》，陕西师范大学2013年博士学位论文，第124页。

② 汉译本《天盛改旧新定律令》误译为"真武县"。翟丽萍：《西夏职官研究——以〈天盛革故鼎新律令〉卷十为中心》，陕西师范大学2013年博士学位论文，第102页。

③ 《天盛改旧新定律令》卷一〇《司序行文门》。

④ 《天盛改旧新定律令》卷一〇《司序行文门》。

⑤ 《天盛改旧新定律令》卷一〇《司序行文门》。

机构之间的隶属关系，但是有一点是明确的，即原则上低等次的职司不能统辖高等次的职司。

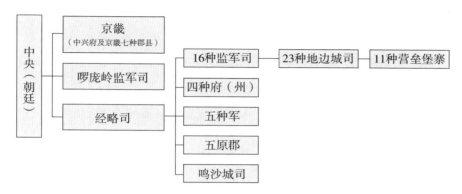

**西夏后期行政区划结构示意图①**

### 1. 中央直辖区

中央直辖的地区包括京畿各地与啰庞岭监军司。

**京畿各地：**

京畿又称"京师（界）"，包括"中兴府、南北二县、五州各地县司"②，其中后两种也称"京畿所属七种郡县"③。

中兴府，原为宋怀远镇，西夏太宗德明时为兴州，景宗元昊升为兴庆府，崇宗乾顺时改为中兴府。

南北二县指华阳县与治远县。④ 前者缴纳的地租是麻褐、黄豆；后者缴纳

---

① 参看刘双怡《西夏地方行政区划若干问题初探》，《宋史研究论丛》第十六辑，河北大学出版社 2015 年版。
② 《天盛改旧新定律令》卷一四《误殴打争斗门》。
③ 《天盛改旧新定律令》卷九《事过问典迟门》。《俄藏黑水城文献》第 8 册，上海古籍出版社 1998 年版，第 300 页。
④ 据前引新补《天盛律令》可知，京畿地区包括华阳县、治远县、定远县、怀远县、临河县、保静县、灵武郡等"七种郡县"，其中定远县、怀远县、临河县、保静县、灵武郡统称"五州各地县司"，因此南北二县必指华阳县与治远县。

的地租是粟。①

五州各地县司，指京畿所属定远县、怀远县、临河县、保静县、灵武郡等"五种郡县"②。由于其前身为定、怀、静、永、顺等五州，故名。③

京畿地区军政事务主要由次等司殿前司④、三司⑤等中央官署直接管辖，边中则由中央派驻地方的机构经略司管辖。⑥ 如"中兴府租院租钱及卖曲税钱等，每日之所得，每晚一番，五州地租院一个月一番，当告三司，依另列之磨勘法施行"⑦。"检得官私畜物数，靠近京城者当经殿前司及所属郡县，边境

---

① 《天盛改旧新定律令》卷一五《催缴租门》。

② 《天盛改旧新定律令》卷一〇《司序行文门》、卷一七《物离库门》。

③ 汪一鸣：《西夏京师政区的沿革地理讨论》，《宁夏大学学报》2005年第3期。

④ 殿前司宋时掌握殿前诸班直及步骑诸指挥官兵名籍，总领其统制、训练、轮班宿卫与戍守、迁补、赏罚之政令。西夏殿前司位列次等司。"殿前司正"是其最高长官，下有殿前太尉、殿前马步军太尉。所属官吏有八正、八承旨、十都案、六十案头。（魏淑霞：《〈金史交聘表〉西夏职官名考述》，《宁夏社会科学》2018年第6期）殿前司主要负责中央禁军诸班人员的续转，如"帐门末宿、内宿外护、神策、外内侍等所有分抄续转，悉数当过殿前司"（《天盛改旧新定律令》卷一二《内宫待命头条门》）。全国军事物资的管理，尤其是年度性的核查。"全国中诸父子官马、坚甲、杂物和武器季校之法：应于每年十月一日临近时，应不应季校，应由殿前司大人表示同意、奏报。当视天丰国稔时，应派季校者，当行文经略司所属者。当由经略大人按其处司所属次序，派遣堪胜任人使为季校队将，校毕时分别遣归，殿册当送殿前司；非系属经略者，当由殿前司自派遣能胜任人，一齐于十月一日进行季校"（《天盛改旧新定律令》卷五《季校门》）。再如"诸大小臣僚、行监、将、盈能等对首领等官马、坚甲应移徙时，当经边境监军司及京师殿前司，当给予注销"（《天盛改旧新定律令》卷六《官披甲马门》）；官私畜物的登记造册，如"检得官私畜物数，靠近京城者当经殿前司及所属郡县，边境当经监军司等，经各自管事处，告者是谁，牲畜老幼、颜色、肥瘦使明，当增记于簿上"（《天盛改旧新定律令》卷三《买盗畜人检得门》）；群牧司、农田司所属人、马的注册注销，如"群牧司、农田司、功德司等三司所有属下人、马所有当注销者，当经由所属，每隔三月报送殿前司一次"（《天盛改旧新定律令》卷六《抄分合除籍门》）；掌管首领、盈能的任命以及外交使节的护卫等。（景永时：《西夏地方军政建置体系与特色》，《宁夏社会科学》2017年第6期；魏淑霞：《〈金史交聘表〉西夏职官名考述》，《宁夏社会科学》2018年第6期）

⑤ 《宋史》卷一六二《职官志》记载宋以盐铁、度支、户部为三司。三司置使、副使、判官、盐铁使、度支使、户部使等。西夏三司与之类似，不过有中枢三司和地方三司之分。中枢三司主要负责土地租税买卖、中央仓库管理、榷场物资供给等。（参看孙继民《西夏汉文乾祐十四年安排官文书考释及意义》，《江汉论坛》2010年第10期；陈瑞青《略论西夏的三司与榷场——以俄藏HHB. No. 348号文书为中心的考察》，《黄河科技大学学报》2013年第5期）京畿地区的中兴府租院、五州地租院（《天盛改旧新定律令》卷一七《物离库门》）、灵武郡租院、大都督府租院、富清县租院等（《天盛改旧新定律令》卷一七《库局分转派门》）均由其掌管。其中"中兴府租院租钱及卖曲税钱等，每日之所得，每晚一番，五州地租院一个月一番，当告三司，依另列之磨勘法施行。"（《天盛改旧新定律令》卷一七《物离库门》）

⑥ 景永时：《西夏地方军政建置体系与特色》，《宁夏社会科学》2017年第6期。

⑦ 《天盛改旧新定律令》卷一七《物离库门》。

当经监军司等经各自管事处，告者是谁，牲畜老幼、颜色、肥瘦使明，当增记于簿上，监军司人使告经略司。"①

### 啰庞岭监军司

啰庞岭②，宋金文献也写作"啰庞背"③"罗庞岭"④。此地监军司或即景宗元昊所设"白马强镇监军司"⑤。其地位于京师兴庆府以西"西界右厢""贺兰山后面"⑥，居灵州、西凉府与甘州之间⑦。其治所或即今阿拉善盟左旗西北巴彦诺日公苏木境内的察汗克日木古城。⑧

啰庞岭监军司的管辖不同于一般监军司。《天盛律令》及光定（1212—1223）初期的《法则》中均有独立的条目"啰庞岭习事判法"⑨。其界内事务由中书、枢密等中央官署直辖。"啰庞岭监军司者，因不在经略，本处管辖种种赏物、军粮、武器、军杂物等于库局分迁转时，本处当磨勘五十日，则派往京师所管事处。"⑩ 啰庞岭监军司不系属于经略司，民事刑法上，自杖罪至六年劳役自行判定。而获死罪、长期徒刑、黜官、革职、军等方面的刑法，

---

① 《天盛改旧新定律令》卷三《买盗畜人检得门》。

② 《西夏书事》第 332 页作"罗博"、四库本《续资治通鉴长编》改译作"娄博贝"西夏监军司。参看邓文韬《西夏啰庞岭监军司再考——从四库本〈续资治通鉴长编〉出发的考察》，《西夏学》第二十三辑，甘肃文化出版社，2021 年第 2 期。

③ 张勇主编：《〈续资治通鉴长编〉四库全书底本》卷四七一，哲宗元祐七年三月丙戌条，中华书局 2016 年版，第 26234 页。

④ 《金史》卷一三四《西夏传》。

⑤ 汤开建：《西夏监军司驻所辨析》，载《历史地理》第六辑，上海人民出版社 2003 年版，第143 页；邓文韬：《西夏啰庞岭监军司再考——从四库底本〈续资治通鉴长编〉出发的考察》，《西夏学》第二十三辑，甘肃文化出版社，2021 年第 2 期。

⑥ 张勇主编：《〈续资治通鉴长编〉四库全书底本》卷四七一，哲宗元祐七年三月丙戌条，中华书局 2016 年版，第 26234 页。

⑦ 元丰五年十一日西夏梁太后"点集河南、西凉府、啰庞界、甘、肃、瓜、沙，十人发九人，欲诸路入寇"。《宋会要辑稿》兵八之二八。"分西南路及灵州、啰庞岭地与得敬自为国，且上表为得敬请封"。《金史》卷一三四《西夏传》。

⑧ 张多勇：《西夏白马强镇监军司地望考察》，载《西夏学》第十一辑，上海古籍出版社，2015年。邓文韬：《西夏啰庞岭监军司再考——从四库底本〈续资治通鉴长编〉出发的考察》，《西夏学》第二十三辑，甘肃文化出版社，2021 年第 2 期。

⑨ 《天盛改旧新定律令》之《名略第九》；王龙：《西夏文献〈法则〉卷九释读与研究》，宁夏大学硕士学位论文，2013 年，第 78 页。

⑩ 《天盛改旧新定律令》卷一七《物离库门》。

需奏报中书、枢密，"回文来时方可判断"①。

### 2. 经略司辖区

经略地界，即经略司辖区。其主体行政区划分为经略司—边中监军司—城司三级。② "其中，监军司发挥着承转的枢纽作用，是西夏地方行政体制中最重要的机构与层级。"③ 此外还有与监军司并行的府、军、郡等。

**经略司**

经略司又称"经略使处"④。文献所载只有两处：东南经略司、西北经略司。⑤ 其中，西北经略司驻于西凉府，⑥ 东南经略司或驻于灵州⑦。

它们很可能脱胎于元昊建国之初统辖东西诸监军司的左右两厢，有时也称之为"路"，如"南路""西南路"等，其长官称为"都统"。⑧ 至迟到夏仁宗仁孝统治时期，路的长官被称为经略使，其执掌也不再局限于治军，并且有了固定的治所。"从西夏的疆域以及境内生态和人口分布来看，设置两个经略司也足以分统京师以外的整个境域了，这也符合西夏简约务实的行政建制

---

① 《天盛改旧新定律令》卷九《司事执集时门》。

② 《天盛改旧新定律令》卷四《修城应用门》："监军司大人一年中往接续提举状，及城主司人说聚集状等，监军司当变，每年正月五日以内，当告经略使处，经略使当一并总计而变。正月五日始东南经略使二十日以内，西北经略使十五日以内，当向枢密送状。"

③ 李昌宪：《中国行政区划通史·宋西夏卷》，第 714 页。

④ 《天盛改旧新定律令》卷一〇《官军敕门》；卷一〇《遣边司局分门》。

⑤ 《天盛改旧新定律令》卷四《修城应用门》。经略司（使）名称见载于史籍文献有四种。也可能只有东南和西北两经略司两种，简称东经略司和西经略司。（参看高仁《"左厢"、"右厢"与经略司——再探西夏边中的高级政区》，《中国历史地理论丛》2019 年第 2 辑。）

⑥ 出土墓记表明天庆年间"西路经略使"即西经略司驻地为西凉府。（陈炳应：《甘肃武威西郊林场西夏墓题记、葬俗略说》，载白滨主编《西夏史论文集》，宁夏人民出版社 1984 年版，第 546—554 页）常岚、于光建：《武威西郊西夏墓墓葬题记述论》，《宁夏社会科学》2014 年第 2 期。俄罗斯圣彼得堡东方学研究所手稿部藏黑水城文献 Инв. No. 117《拔济苦难陀罗尼经》发愿文，西夏乾祐二十四年（1193）仁宗去世后当年"三七"之时，西经略使在凉州组织大法会悼念。可证西经略司确在凉州。（聂鸿音：《西夏佛经序跋译注》，上海古籍出版社 2016 年版，第 109 页）

⑦ 史金波：《西夏时期的灵州》，《西夏学》第十四辑，甘肃文化出版社，2017 年第 1 期。

⑧ 《续资治通鉴长编》卷五〇六，哲宗元符二年二月戊子条；《金史》卷一三四《西夏传》。

特点。"①

西夏经略司的级别仅次于中书、枢密。其行文"当报上等司中。经略自相传导而后曰请，官下手记，然而当置诸司上，末尾当过，日下手记"②。"伪造经略使之笔迹、刻行伪印者徒十年。"③ 下设机构有管事司与六库。④

宋有经略安抚司，掌一路兵民之事。边地职在绥御戎夷，河北及近地，则安抚而已。⑤

西夏经略司与之相仿，是"在广阔地区直接领导对外作战、境土开拓、保卫及民政的军政机构"⑥，管辖除京师及啰庞岭监军司地界以外地区"举凡人事、军事、边防、外事、司法、畜牧，无所不管"⑦。主要包括：

第一，人事职务的调整。如"依法求官者，当报边中一种监军司，经经略使处，依次变转，与不属于经略之京师界等依文武分别报中书、枢密"⑧；"掌库局分人已任职三年迁转者"，隶属于边中经略司的，由"管事处监军司、府、军、郡、县、经略等依次已磨勘，来去已明时，送京师来隶属处磨勘"⑨；盈能、副溜的选拔，先由监军司按照一定的标准进行初选，再"经刺史、司，一起上告改，正副将、经略等依次当告枢密，方可派遣"⑩。

第二，军事物资和设施的查验修治。包括官马、坚甲、杂物、军械、城

① 景永时：《西夏地方军政建置体系与特色》，《宁夏社会科学》2017 年第 6 期。
② 《天盛改旧新定律令》卷一〇《司序行文门》。
③ 《天盛改旧新定律令》卷一一《矫误门》："自造经略之矫手记，刻行伪印，徒十年，使用真手记则徒四年"。
④ 《天盛改旧新定律令》卷一七《库局分转派门》："经略上有管事司及本人处六库等"。关于六库的磨勘规定为：掌库局分人已任职三年迁转者，边中经略所在地方内各司职及经略本人处之六库钱物各由谁管辖、置于何处，管事处监军司、府、军、郡、县等依次已磨堪，来去已明时，送京师来隶属处磨堪。不隶属于经略之边中诸司地方内各住家，直接派遣来至京师管事处磨堪。
⑤ 《宋史》卷一二〇《职官志七》。
⑥ 陈炳应：《贞观玉镜将研究》，第 12 页。
⑦ 李昌宪：《西夏地方行政体制刍议》，载《宋史研究论文集》第十辑。
⑧ 《天盛改旧新定律令》卷一〇《官军敕门》。
⑨ 《天盛改旧新定律令》卷一七《物离库门》。
⑩ 《天盛改旧新定律令》卷六《行监溜首领舍监等派遣门》。

墙等。① 尤其是年度性的季校（貒祝）。每年十月一日开始军马、盔甲、武器校验，由殿前司奏报国主批准，属经略司管辖者，由经略司派遣胜任人为校验队将，校验结束后将典册报送殿前司。不属经略司管辖者，则由殿前司直接派遣胜任人校验。②

第三，违法案件的审理与处置。如发生在边中地区的谋逆案，归"所属经略使、监军司"审理；③ 官吏犯罪"获死及劳役、革职军、黜官、罚马等公事，依季由边境刺史、监军司等报于其处经略，经略人亦再查其有无失误，核校无失误则与报状单接"；④ 叛"无期徒刑及三种长期徒刑等"，"应告经略"；⑤ 使军犯罪戴铁枷，"原判断处司人当增记簿籍上"，如果是"边中者，当向所应经略使等行文引送"；⑥ 因犯等因病、管理不善致死时，所属司报于经略司，然后依文武次第分别报中书、枢密。⑦

第四，谷物与官畜的管理。"边中诸司各自所属重重官畜、谷物"的借领、供给、交还、偿还、催促、损失等，由所属大人检校，然后依"地程远近次第，自三个月至一年一番当告中书、枢密所管事处。附属于经略者，当经经略使处依次转告。不附属于经略使处，当各自来状"⑧。如"诸牧场四种官畜中患病时，总数当明之。隶属于经略者，当速告经略处，不隶属于经略者，当速告群牧司。验者当往，于病卧处验之"⑨。

**监军司**

西夏后期监军司，属中等司，除啰庞岭外，对上受东南、西北经略司领

---

① 《天盛改旧新定律令》卷五《季校门》、卷六《官披甲马门》、卷四《修城应用门》等。
② 《天盛改旧新定律令》卷五《季校门》。
③ 《天盛改旧新定律令》卷一《谋逆门》。
④ 《天盛改旧新定律令》卷九《诸司判罪门》。
⑤ 《天盛改旧新定律令》卷二《不奏判断门》。
⑥ 《天盛改旧新定律令》卷二《戴铁枷门》。
⑦ 《天盛改旧新定律令》卷九《行狱杖门》。
⑧ 《天盛改旧新定律令》卷一七《库局分转派门》。
⑨ 《天盛改旧新定律令》卷一九《畜患病门》。

导，对下管辖（地边）城司。① 其具体职责涵盖行政、军事和司法多个领域。包括遴选官吏尤其是军职人员，管理军籍，审验城防与战具，抓捕违法贩卖敕禁品之人以及外逃人员，处理边防事务，检验兵符确定发兵，处理诉讼与刑事案件，处理涉外事务等。② 如边中诸军职官员任免亦"当报边中一种所属监军司，经经略使处，依次变转"③。而已任职的"边中正副统、刺史、监军、习判及任其余大小职位等完限期时，至二十日以内者，所属经略应酌计宽限期"④。监军司更换武器装备时，"每年正月五日以内，当告经略使处，经略使当一并总计而变。"⑤

西夏后期监军司名目也有变化。西夏崇宗大德年间（1137—1139）曾设龙州、石堡、青池诸监军司⑥。到西夏仁宗天盛年间，《天盛律令》中记载共有 17 个监军司。它们的名称分别是石州、东院、西寿、韦州、卓啰、南院、西院、沙州、啰庞岭、官黑山、北院、年斜、肃州、瓜州、黑水、北地中、南地中。⑦

其中石州、西寿、韦州、卓啰、瓜州、黑水、官黑山（黑山威福）等七个军司与前期重名，西院、南地中、北地中、沙州、啰庞岭、年斜等监军司属于新置或更名，如右厢监军司迁至南院监军司⑧，白马强镇更名北院，甘州

---

① "监军司大人一年中往接续提举状，及城主司人说聚集状等，监军司当变，每年正月五日以内，当告经略使处，经略使当一并总计而变。正月五日始东南经略使二十日以内，西北经略使十五日以内，当向枢密送状。"（《天盛改旧新定律令》卷四《修城应用门》）
② 姜歆：《从〈天盛律令〉看西夏的军事管理机构》，《西夏研究》2013 年第 4 期；刘双怡：《西夏地方行政区划若干问题初探》，《宋史研究论丛》第十六辑，河北大学出版社 2015 年版。
③ 《天盛改旧新定律令》卷一〇《官军敕门》。
④ 《天盛改旧新定律令》卷一〇《失职宽限变告门》。
⑤ 《天盛改旧新定律令》卷四《修城应用门》。
⑥ 《宋朝南渡十将传》卷三《李显忠传》。转引自汤开建《党项西夏史札记》，载汤开建《党项西夏史探微》，商务印书馆 2013 年版，第 412 页。
⑦ 《天盛改旧新定律令》卷一〇《司序行文门》。
⑧ 据天祐民安五年（1094）夏汉合璧《凉州重修护国寺感通塔碑铭》所载西夏文铭文中有"南院"，其所对应的汉文铭文是"右厢"，南院即是设在都城兴庆府西南的西凉府地区的监军司。参看史金波《西夏社会》上册，上海人民出版社 2008 年版，第 315 页。西夏文录文见史金波《西夏佛教史略》（宁夏人民出版社 1988 年版）第 249 页。汉文"行宫三司"也见于《凉州重修护国寺感通塔碑铭》。

甘肃更名肃州监军司，并由甘州移置肃州，左厢神勇更名东院，并由银州东北移置夏州，<sup>①</sup> 甘州置西院监军司。

《天盛律令》记载，监军司所属官吏包括正副监军、同判、习判、都案、案头等。<sup>②</sup> 监军以下为常设职官，多由部落豪酋和大小首领充任，数目略有差别。其中石州、东院、西寿、韦州、卓啰、南院、西院、沙州、啰庞岭、官黑山、北院、年斜等 12 个监军司派"二正、一副、二同判、四习判等九人"，南地中、北地中、瓜州、肃州、黑水等五个监军司"一正、一副、二同判、三习判等七人"。<sup>③</sup> 从黑水城出土《乾定酉年黑水城副统告牒》来看，规模较大的监军司对其邻近的小监军司有勾管之权。<sup>④</sup>

另外，西夏后期在中央设有统军司<sup>⑤</sup>，当自前期的翊卫司改置而来，掌藩卫、戍守及侍卫、扈从诸事。<sup>⑥</sup> 由于西夏境土东西狭长，人口稀少，遇到大的战事不得不采取东西互补的点集制度。这样，就导致中央在战时往往会临时派遣将领统驭相关监军司协调作战，受命领诸监军司兵的将领被称为"统军（使）"。<sup>⑦</sup>

### 城司

城司指纳入行政编制的"城"，绝大部分都是位于边境地区的"地边城司"。

在《天盛律令》中，城司一共有 24 个，除鸣沙城司之外，其余统称"二十三种地边城司"。分别是：永便、孤山、魅拒、西宁、边净、末监、胜全、信同、应建、争止、甘州、龙州、银州、远摄、合乐、真武城、年晋城、定功城、卫边城、永昌城、开边城、富清县、河西县、安持寨。

　① 鲁人勇：《西夏地理志》，宁夏人民教育出版社 2012 年版，第 98 页。

　② 《天盛改旧新定律令》卷一〇《司序行文门》。

　③ 《天盛改旧新定律令》卷一〇《司序行文门》。

　④ 《黑水城出土〈乾定酉年黑水城副统告牒〉》，参看聂鸿音《关于黑水城的两件西夏文书》，载《中华文史论丛》第 63 辑，上海古籍出版社 2000 年版。

　⑤ 《天盛改旧新定律令》卷七《为投诚者安置门》。

　⑥ 陈瑞青：《西夏"统军官"研究》，《宁夏社会科学》2016 年第 1 期。

　⑦ 陈瑞青：《西夏"统军官"研究》，《宁夏社会科学》2016 年第 1 期。

其中永昌城司，今甘肃永昌县境。西宁城司，在西宁州，即旧青唐城，今青海西宁市境。甘州城司在甘州，今甘肃张掖市境；龙州城司，在龙州，原石堡镇，今陕西靖边县南龙州乡境；银州城司，在银州，今陕西省横山县当岔乡。①

这些地边城司位列五等司序中的下等司或下等司官吏派遣表之中。其所属官吏有一城主、一通判、一城观、一行主。

鸣沙城司，与鸣沙军同治一地，但不见于正式的五等司序中。其在官吏配置列表中位居中等司，与边中监军司同级。② 鸣沙城司当由经略司直接管辖。有一城主、一副（城主）、一通判、一城守。地在今宁夏中卫市中宁县鸣沙镇。

城司之外，等级较低的城在《天盛律令》中更为广泛的称呼是"营垒堡城"③。根据规模的不同，它们被分为大小城、营垒、军寨等。④

这些营垒堡城所属官吏不一而足，名称有州主、城守、通判、营垒主管、正副溜、大（正）小首领、舍监、末驱、军士、正军、辅主、寨妇等等。⑤ 他们被要求集中居住，以便随时待命。"守边境营垒军溜等者，当于所定地区聚集而住，退避或变住处时，提出退避之造意者及边检校、营垒主管、正副溜等，一律革军职，徒十二年。其下正首领、舍监、末驱等勿革军职。其中首领徒四年，舍监、末驱一律徒二年"⑥。

《天盛律令》所列末等司中有 11 种堡寨，即绥远寨、西明寨、常威寨、

---

①　许伟伟：《西夏中后期地方管理制度问题探讨》，《西夏学》第二十辑，甘肃文化出版社，2020 年第 1 期。问王刚：《西夏龙州考》，《西夏学》第九辑，上海古籍出版社，2013 年第 1 期。周伟洲：《陕北出土三方唐五代党项拓跋氏墓志考释——兼论党项拓跋氏之族源问题》，《民族研究》2004 年第 6 期。

②　《天盛改旧新定律令》卷一〇《司序行文门》中等司序列中有鸣沙军，无鸣沙城司。

③　《天盛改旧新定律令》卷四《弃守营垒城堡溜门》。

④　《天盛改旧新定律令》卷四《弃守大城门》。

⑤　《天盛改旧新定律令》卷四《弃守营垒城堡溜门》《弃守大城门》。

⑥　《天盛改旧新定律令》卷四《弃守营垒城堡溜等门》。

镇国寨、定国寨、凉州寨、宣德堡、安远堡、讹泥寨、夏州、绥州。其所属官吏有寨主、寨副、行主等。

绥远寨，在定边县南，永安二年，即辽寿昌五年、北宋元符二年（1099），宋筑，在今陕西吴旗县西。西夏正德二年，即金天会六年、南宋建炎二年（1128），金把部分地区划给西夏，绥远寨为其中之一。凉州寨，在凉州，今甘肃省武威市境。夏州寨，在夏州，今陕西省榆林靖边县红墩界乡境。绥州（寨），在绥州，今陕西省绥德县境。①

这些名义上作堡寨及州的机构其实就是行政编制中最低级别的"小城"或者"堡寨"，大率"每寨实有八百余人，马四百匹"②，称之为堡寨更恰当一些。

它们及更多堡寨由相邻的大城管辖。一旦沿边盗贼入寇者来，守检更口知觉，来报堡城营垒军溜等时，州主、城守、通判、边检校、营垒主管、军溜、在上正、副溜等，当速告相邻城堡营垒军溜及邻近家主、监军司等，当相聚。③

堡寨以下设哨卡，由检人巡逻放哨，严密监视敌军或番人叛逃。如果发现敌情，当告"所属军溜及两相接旁检人等，其相接旁检人亦当告自己营垒堡城军溜等"④。

地边城司属大城，由邻近监军司管辖。律令规定守大城者当使军士、正军、辅主、寨妇等众人依所定聚集而往，城司自己□□当提举。有不聚集时，当催促，应依高低处罪，令其守城。假若官家及监军司等派人当提举。仍不聚集时，州主、城守、通判等一律不知，未贪赃……贪赃十分中缺一二分。⑤地边城司主要起到拱卫边境的作用。弃守城堡或造成防守空虚等都是很严重

①　许伟伟：《西夏边防的基层军事建置问题》，《西夏研究》2019 年第 1 期。
②　《续资治通鉴长编》卷四七一，哲宗元祐七年三月甲午条。
③　《天盛改旧新定律令》卷四《敌军寇门》。
④　《天盛改旧新定律令》卷四《弃守营垒城堡溜等门》。
⑤　《天盛改旧新定律令》卷四《弃守大城门》。

的罪行。①

州主、城守、通判平时要对城墙和战具进行维修和整治，并按期将有关情况上报监军司。如果"每年不按期以状告监军司而懈怠时，城主、城守、通判等一律有官罚马一，庶人十三杖，以下局分人一律十杖"②。

在《天盛律令》中，西夏前期大多数的城寨似乎都没有被记录，但这并不是说它们到了西夏后期已不存在。相反，《金史》《元史》及《蒙古秘史》的记载显示即使到了灭国前夕，许多《天盛律令》记载之外的城寨仍然处于军事斗争的前列。这种普遍存在的基层机构在国家法典中通常是不可能被遗漏的。作为建立在部落制基础之上的政权，西夏的部族首领始终拥有强大的势力。很可能大量的堡寨属于这些地方豪强领有，是私人性质的，所以没有出现在国家性质的机构行列中。西夏法律和文献中，频繁出现的"家主"暗示着"族长"对这些非国家体制中的营垒堡寨的监管权力。③

**府**

西夏后期的府有 3 个：中兴府、大都督府、西凉府。另外还有两个"州"即府夷州④、中府州⑤与之平级，也相当于府。

这五府均为次等司机构，级别仅次于经略司，但高于中等司机构监军司。其中除都城中兴府为中央直辖外，其余府州事务当主要隶之于经略司。《天盛律令》规定：不隶属于经略使之种种官畜、谷、钱、物，库局分人边中家所

---

① 《天盛改旧新定律令》卷四《弃守大城门》："守大城者，一城城皆放弃时，州主、城守、通判弃城，造意等有官无官，及在城中之正副溜有官者，一律以剑斩"；"守大城者，州主、城守、通判等局分军卒、寨妇等中，本人不驻守，知其在处，受贿而使人数不缺者，与前述边境检校、营垒主管等局分军卒、寨妇中受贿令在别处之罪相同判断"。

② 《天盛改旧新定律令》卷四《修城应用门》。

③ 聂鸿音：《关于黑水城的两件西夏文书》，《中华文史论丛》第六十三辑，上海古籍出版社2000年版。

④ 《天盛改旧新定律令》卷一〇《司序行文门》史金波等音译为府夷州。陈炳应译为"富夷州"，黄振华译为"镇夷州"，此依据或来自《西夏书事》"以甘州为镇夷郡"。

⑤ 《天盛改旧新定律令》卷一〇《司序行文门》史金波等音译为中府州。陈炳应译为"长富州"，黄振华译为"番和州"。

住处之府、军、郡、县、监军司等未磨勘，因是直接派者，自迁转起十五日以内，当令分析完毕而派遣。依地程远近次第，沿途几日道宿，以及京师所辖处一司司几日磨勘当明之。①

经略使所辖之种种官畜、谷、物，边中监军司、府、军、郡、县等各库局分人自迁转起十五日以内分析完毕，监军司、府、军、郡、县等本处已磨勘，则派送经略处。其已磨勘，已明高下，而后经略本处种种库局分等，一并由经略司一番磨勘。②

中兴府，本宋怀远镇，德明升之为兴州，元昊称帝改名兴庆府，又曰开封府③，至迟在西夏崇宗西夏天安礼定二年，即辽大安二年、宋哲宗元祐元年（1086），已称中兴府。④

大都督府，省称"督府"⑤。本宋初灵州。唐肃宗在此即位，曾升大都督府。这里"地方千里，表里山河，水深土厚，草木茂盛，真放牧耕战之地"⑥。太祖继迁攻占后改为西平府，毅宗谅祚于此设翔庆军监军司，总领威州静塞、绥州祥祐、左厢神勇等监军司兵马。⑦ 至迟在仁宗天盛年间升为大都督府。西夏神宗遵顼曾以宗室策试进士及第，为大都督府主。⑧ 高智耀曾祖曾为西夏大

---

① 《天盛改旧新定律令》卷一七《物离库门》。

② 《天盛改旧新定律令》卷一七《物离库门》。

③ 陈广恩：《关于西夏边防制度的几个问题》，《宁夏社会科学》2001 年第 3 期。认为"开封府"系宋人的误译。

④ 宁夏文物考古研究所：《西夏陵区 108 号墓发掘简报》，见白滨主编《西夏史论文集》，宁夏人民出版社 1984 年版，第 519—527 页；《天盛改旧新定律令》卷一○《司序行文门》。

⑤ 西夏汉文《杂字》"地分部"中有"督府"，应是西夏"大都督府"的简称。史金波：《西夏汉文本〈杂字〉初探》，载白滨、史金波等编《中国民族史研究》（二），中央民族学院出版社 1989 年版，第 176—185 页。

⑥ 《续资治通鉴长编》卷四四，真宗咸平二年六月戊午条。

⑦ 《西夏书事》卷二○。"兹遵刘温润《西夏须知》，以翔庆军补之。"以大观二年（1108）蓝本为底本的《西夏地形图》也绘有翔庆军。参看彭向前《谅祚改制考论》，载《西夏学》第一辑，宁夏人民出版社 2006 年版。

⑧ 《宋史》卷四八六《夏国传下》；《金史》卷一三四《西夏传》。"遵顼先以状元及第，充大都督府主。"

都督府尹①。这里也是东南经略司（也称东经略司）的所在。②

西凉府，本唐凉州武威郡，至五代、宋初当地豪酋自置牧守，称为西凉府，西夏夺取河西走廊后亦称为西凉府。宋人评价"夏贼之为国，奄有西凉，开右厢之地，其势加大"③；西夏《凉州重修护国寺感通塔碑碑铭》亦赞"武威当四冲地，车辙马迹，辐辏交会，日有千数"，"大夏开国，奄有西土，凉为辅郡，亦已百载。"西夏在此设有西北经略司，掌管右厢朝顺监军司及沙州、瓜州、黑水等地。

府夷州，疑即《宋史》所载镇夷郡，本唐甘州张掖郡，至迟到西夏乾祐七年，即金大定十六年、南宋淳熙三年（1176），改郡号为镇夷郡④。因为抚夷之抚即宣化之意，所以府夷州很可能就源于镇夷郡。夏襄宗安全曾有"镇夷郡王"之封，此地可能为北院监军司所在。⑤ 另，《元史》载，西夏有一府，名曰"宣化府"，设于甘州镇夷郡。⑥

中府州，设置不详，或为西夏北院监军司所在地。⑦

## 军

西夏后期设有鸣沙、虎控、威地、大通、宣威五军，属中等司机构，与监军司处相同级别，地位当略高于宋代的军。⑧

与宋代军的长官称"知军"不同，西夏的军首长称"安抚（使）"。

---

① 《元史》卷一二五《高智耀传》。"曾祖逸，大都督府尹。"
② 史金波：《西夏时期的灵州》，《西夏学》第十四辑，甘肃文化出版社，2017年第1期。
③ 《续资治通鉴长编》卷四六〇，哲宗元祐六年六月丙午条。
④ 见于《黑河建桥敕碑》记载。王尧：《西夏黑水桥碑考补》，《中央民族大学学报》1978年第1期；《宋史》卷四八六《夏国传下》载："（开禧二年）镇夷郡王安全立"；《元史》卷六〇《地理志三》载西夏改甘州郡号"张掖"为"镇夷"，又立宣化府。《黑水城出土汉文西夏榷场文书》，参见杜建录、史金波《西夏社会文书研究》，上海古籍出版社2010年版，第223—240页。
⑤ 史金波：《西夏时期的张掖》，《西夏学》第七辑，上海古籍出版社，2011年第1期。
⑥ 《元史》卷六〇《地理志三》。
⑦ 刘菊湘：《西夏地理中几个问题的探讨》，《宁夏大学学报》1998年第3期；李学江：《〈天盛律令〉所反映的西夏政区》，《宁夏社会科学》1998年第4期。认为中府州在高油坊遗址。
⑧ 有学者认为西夏五军可能接近于宋代的军。陈炳应：《贞观玉镜将研究》，宁夏人民出版社1995年版，第16页。汤开建：《党项西夏史札记》，载《党项西夏史探微》，商务印书馆2013年版，第415页。

安抚（使）在宋"掌一路兵民之事"，属经略安抚司长官。西夏与之相似的机构是经略司，但长官称"经略使"，部属有正副监军等。或许，西夏军的职责主要是军事方面。

从同级别鸣沙城司的磨勘关系来看，鸣沙等五军可能由经略司管辖。

## 郡、县

文献所见西夏的郡有两种性质：一种如宋代的州保留下来的前代的雅号，如甘州张掖郡、凉州武威郡等；一种是带有行政区划意义的建置，有仁宗天盛年间的中等司五原郡、下等司灵武郡。这两个郡的长官均作"城主"，表明郡的辖区可能也就是城的范围。

灵武郡，在灵州，为京畿所属"七种郡县"及"五州各地县司"之一，由中央直辖。

五原郡，在盐州，即今陕西定边、宁夏盐池一带，以盛产青白盐著称。①或归经略司管辖。

此外，至迟在仁宗乾祐二年，即金大定十一年、南宋乾道七年（1171），有"安化郡"②，乾祐七年，即金大定十六年、南宋淳熙三年（1176），有镇夷郡③。镇夷郡的设置主要是为了加强对甘州回鹘等民族的统治。④

西夏后期，天盛年间的县有华阳县、治远县、定远县、怀远县、临河县、保静县，以及地边城司中的富清县、河西县；乾定年间黑水城附近有伊朱房

---

① 唐代盐州管四池：曰乌池、白池、瓦窑池、细项池。其中乌、白两池出青白盐，亦曰青、白盐池，在盐州北，官府颇赖之。宋至道二年（996），夏州、延州行营言两路合势，破贼于乌、白池。贼首李继迁遁去。既而西羌擅以为利。（《读史方舆纪要》卷六二《陕西一一》）。

② 西夏汉文本《杂字》第十七《地分部》，史金波：《西夏汉文〈杂字〉初探》，载《中国民族史研究》（二），中央民族学院出版社 1989 年版，第 39 页。

③ 王尧：《西夏黑水桥碑补考》，《中央民族大学学报》1978 年第 1 期；《宋史》卷四八六《夏国传下》载："（开禧二年）镇夷郡王安全立"；《元史》卷六○《地理志三》载西夏改甘州郡号"张掖"为"镇夷"，立宣化府。《黑水城出土汉文西夏榷场文书》，参见杜建录、史金波《西夏社会文书研究》，上海古籍出版社 2010 年版，第 223—240 页。

④ 吴天墀：《西夏史稿》，广西师范大学出版社 2009 年版。《西夏书事》卷一二记载，西夏还有蕃和郡之设，在肃州，但是已知宋元文献均未见载。

安县；① 亡国前夕还有搠罗、河罗、应里等县。②

华阳县、治远县、定远县、怀远县、临河县、保静县属京畿南北二县及五州各地县司，归中央直辖，其中华阳县、治远县长官称"大人"，其余称"城主"。

地边城司富清县、河西县长官也称"城主"，归邻近监军司管辖。

伊朱房安县由黑水城监军司及西院监军司管辖。③

从郡县长官多称为城主的情况看，与中原以郡（州）统县的制度不同，西夏的郡、县，也许还包括府、军等，之间没有隶属关系。西夏中后期，地方建置中的府、州、郡、县等只是名称，不具有区分级别和表明隶属关系。④

它们大多位于兴灵地区，少数处于边境地带。设立郡县的地区多属于农业发达地区，其赋税事务分别由京师都转运司和边中转运司管辖。⑤

县以下是西夏的基层管理组织，主要由乡、乡里、农迁溜、社、坊等形式。其中乡、里、坊、社是直接承继中原王朝的基层管理组织，农迁溜则是在传统部族管理制度"溜"⑥ 的基础上，借鉴中原王朝乡里组织，特别是北宋保甲法而设置的具有西夏特色的基层管理组织。⑦ 它们不是政府机构，而是社区组织；其负责人不是政府官员，而是从民间遴选的管理人员。其社会职责主要有协助政府征收赋税；协助政府赈恤民众，实行生活互助；解决民众纠

---

① 《黑水城出土〈乾定酉年黑水城副统告牒〉》，参看聂鸿音《关于黑水城的两件西夏文书》，载《中华文史论丛》第六十三辑，上海古籍出版社2000年版。

② 《元史》卷一《太祖纪》。二十一年，太祖伐夏，"二月，取黑水等城。夏……取甘、肃等州。秋，取西凉府搠罗、河罗等县，遂逾沙陀，至黄河九渡，取应里等县。……冬十一月庚申，帝攻灵州"。

③ 《黑水城出土〈乾定酉年黑水城副统告牒〉》，参看聂鸿音《关于黑水城的两件西夏文书》，载《中华文史论丛》第六十三辑，上海古籍出版社2000年版。

④ 景永时：《西夏地方军政建置体系与特色》，《宁夏社会科学》2017年第6期。

⑤ 潘洁：《试述西夏转运司》，《西夏研究》2018年第2期。

⑥ 《续资治通鉴长编》卷一三二，仁宗庆历元年五月甲戌条："西贼首领，各将种落之兵，谓之'一溜'，少长服习，盖如臂之使指"。

⑦ 《宋史》卷四八六《夏国传下》："其民一家号一帐，男年登十五为丁，率二丁取正军一人，每负赡一人为一抄"，"十户遣一小甲，五小甲遣一小监，二小监遣一农迁溜"。

纷，调节邻里矛盾等。①

　　西夏后期的基层行政组织是 10 户 1 小甲，5 小甲 1 小监，2 小监 1 农迁溜（里溜）。② 可能是仿照部落军事组织制度而略有变动。而在出土的西夏户籍文书记载中，迁溜所管辖的民户大多为党项族，实际上 1 迁溜人户不足 100 户。③ 坊老与家主、迁溜都是西夏社会基层组织的重要组成部分，一方面，西夏基层组织呈现军事性，另一方面，管理的对象有家民和部族。

　　此外，西夏后期地方巡检体系设置比较突出。巡检涉及地方的军事、治安、行政三个方面。西夏边地军事巡检之外，还有西夏地方府郡州县捕盗巡检，由巡检勾管统领大小巡检。一些属经略司管辖，不属经略司者直辖于中书、枢密，巡检人员由枢密派遣臣僚、官吏、独诱类种种担任。④ 西夏还设有民政方面的渠水巡检，隶属于转运司，按军事分抄，巡查大小渠事；池巡检，隶属于本处所属库局分。⑤

　　**刺史**

　　经略司—监军司体系以外，西夏还设有中央派出的监察机构"刺史"⑥。

---

　　① 　史金波：《西夏户籍初探——4 件西夏文草书户籍文书译释研究》，《民族研究》2004 年第 5 期；郝振宇：《西夏基层社会管理组织问题探究》，《内蒙古社会科学》2019 年第 2 期。参看梁松涛、张玉海《黑水城出土西夏文〈法则〉卷九新译及其史料价值论述》，《西夏研究》2014 年第 1 期；李学江：《〈天盛律令〉反映的西夏政区》，《宁夏社会科学》1998 年第 4 期。
　　② 　《天盛改旧新定律令》卷一五《纳领谷派遣计量小监门》。
　　③ 　史金波：《西夏户籍文书初探——4 件西夏文草书户籍文书译释研究》，《民族研究》2004 年第 5 期。
　　④ 　《天盛改旧新定律令》卷一三《派大小巡检门》。
　　⑤ 　《天盛改旧新定律令》卷一五《渠水门》、卷一七《库局分转派门》。
　　⑥ 　聂鸿音：《〈贞观政要〉的西夏文译本》，《固原师专学报》（社会科学版）1997 年第 1 期。"刺史"可能是修订《天盛律令》的时候才从汉语中借来的，而之前西夏人则习惯把"府""州""郡""县"的首长一律称为"城主"。《贞观政要》的西夏文译稿可能草创于《天盛律令》尚未颁布之时，没能正确反映后来西夏官制中"刺史"和"城主"的差别。刘双怡认为：在《天盛律令》中出现州主的地方均是与边境堡寨有关，其应是守城官员中的一员。监军司管理州主、城守、通判等人员。刺史地位均高于州主，刺史分布范围也很广泛。（刘双怡：《西夏刺史简论——以〈天盛改旧新定律令〉为中心》，《前沿》2014 年第 1 期）赞同刘双怡所说的西夏刺史的职能承袭汉唐刺史制度，尤其是监察功能，但否认其地方行政机构人员设置属性，而是派遣，如同经略使。经略使有经略司机构，刺史则相对简单，随员的配置都可以是临时的征调。

其"与中等司平级传导"，甚至"诸人监军司之刺史者，当坐所隶属大人以上位"①，但"无帐，无旗鼓"②。西夏天盛年间有刺史 20 名，分别设置于东院、韦州、西寿、卓啰、南院、西院、肃州、瓜州、沙州、黑水、啰庞岭、官黑山、北院、年斜、南地中、北地中、石州等 17 监军司及五原郡、大都督府、鸣沙军。

西夏的刺史"并没有仿照宋朝"，"西夏的刺史仍保持汉代设置刺史的属性，负有监察之职。"③

刺史职责范围相当宽泛，但凡边中地区的军事、民事和司法狱政等都在其监督之中，而且监督的对象从经略使到一般官吏。

### 转运司

西夏的转运司体系大致分为转运司与郡县两级。④

西夏立国初期，地方收入主要归部落首领为代表的各级官府所有，中央财政主要靠青白盐等专卖和对外贸易收入支撑。"元昊数州之地，财用所出，并仰给于青盐"⑤。中期以后，随着中央集权的加强，在天盛年间（1149—1169）或此前，开始设置转运司，负责"所属郡县"⑥ 财赋的征收和转运。

西夏转运司有两类：一为京师都转运司，居中等司，官吏有六正、八承旨、八都案、十案头；一为边中转运司，居下等司，多在监军司所在地，其数有十：南院、西院、肃州、瓜州、沙州、黑水、官黑山、卓啰、大都督府、寺庙山。

南院转运司设四正、六承旨、二都案；西院、大都督府转运司设四正、四承旨、二都案；寺庙山、卓啰、肃州、瓜州、沙州、黑水转运司各设二正、

---

①　《天盛改旧新定律令》卷二〇《罪则不同门》。

②　《宋史》卷四八六《夏国传下》。

③　刘双怡：《西夏刺史简论——以〈天盛改旧新定律令〉为中心》，《前沿》2014 年第 1 期。陈光文：《西夏时期敦煌的行政建制与职官设置》，《敦煌研究》2016 年第 5 期。

④　李昌宪：《中国行政区划通史·宋西夏卷》，第 714 页。

⑤　（宋）包拯撰，杨国宜校注：《包拯集校注》卷一《论杨守素》，黄山书社 1999 年版，第 42 页。

⑥　《天盛改旧新定律令》卷一五《催缴地租门》。

二承旨、二都案；官黑山转运司设二正、四承旨，二都案。①

宋代转运使（司）"掌经度一路财赋，而察其登耗有无，以足上供及郡县之费。岁行所部，检察储积，稽考帐籍，凡吏蠹民瘼，悉条以上达，及专举刺官吏之事"②。

西夏转运司，职掌赋税，包括催缴租役草、监管赋税征收的各个环节，管理土地、丈量顷亩数量和核实所有者的信息、及时变更地册，掌管地方财权，负担公共设施的维护，并参与相关事务，其职能没有超出宋代转运司的范围，集中在催科征赋以足上供、出纳钱物以足郡县之费等方面。③ 尤其是租役草的征缴管理。

西夏转运司体系虽然受宋代"路"制度的影响，但却只掌管地方上财赋的征收与转运，其军事、司法、农业依然由州郡府县和监军司负责，因而不是地方一级政区。④

西夏行政区划，具有以下基本特征：

第一，"设官之制，多与宋同"⑤。

由于西夏版图大多承袭唐末以来中原方面领有的西北封疆，政权也主要脱胎于唐末以来中原王朝的藩镇体制，所以其职官制度包括行政区划制度也不可避免地受到唐末以来中原王朝制度尤其是宋制的强烈影响。

首先是职官分文武班，枢密分宰相之权。

"宋初，循唐、五代之制，置枢密院，与中书对持文武二柄，号为二府。"⑥

西夏立国，"其官分文武班，曰中书，曰枢密，曰三司……"⑦ 其中，

---

①　《天盛改旧新定律令》卷一〇《司序行文门》。

②　《宋史》卷一六七《职官志七》。

③　潘洁：《试述西夏转运司》，《西夏研究》2018 年第 2 期；景永时：《西夏地方军政建置体系与特色》，《宁夏社会科学》2017 年第 6 期。

④　杜建录：《西夏政区划分及其相关问题》，《宁夏社会科学》2020 年第 5 期。

⑤　《宋史》卷四八六《夏国传下》。

⑥　《宋史》卷一六二《职官志二》。

⑦　《宋史》卷四八五《夏国传上》。

"中书主民，枢密院主兵，三司主财，各不相知。"① 到后期 "诸人袭官、求官、由官家赐官等，文官经报中书，武官经报枢密，分别奏而得之"②。

其次是行政区划为虚三级，以路为地方最高级政区。

宋代地方行政区划分为路—州—县三级。其中路级单位帅、漕、宪、仓诸司的治所与辖区均不一致，"导致军、政、财、监四权分散，与州县之间没有明确的统属关系，所以不是真正意义上的地方政府。"③

西夏地方行政区划分为经略司—监军司—地边城司三级。其中，经略司只有东南、西北两处，且 "不在五等司体制内，说明它的特殊性，即具有中央派出机构的性质，负责监察地方，而不是地方最高行政机构，相当于唐代的道"④。

再次是中原政区名称多有保留，州仍然是地方行政区划观念的主体。

宋代政区名称有经略安抚司、转运司、府、州、军、监、县、城、堡、寨等。其中，州的设置是最广泛的。州的长官多称 "知州"，另有 "通判" 一人，负责掣肘知州的权力。知州发出的文件，必须通判联署，才有效力。比州地位略高的是府，包括国都、陪都，皇帝诞生、居住和巡游过的地方，以及地位重要的州。

西夏政区名称有转运司、经略司、监军司、府、州、军、郡、县、城寨等。其中，府的地位日益突出，州的地位逐渐降低。从西夏前期的 "即旧堡镇伪号州"，到后期州在法律上几乎已经失去行政编制的资格。但这并不意味着州在西夏人的观念和实践中不再稳定地存在，相反，西夏后期的战争记录及洞窟题记一再表明州的设置仍然是普遍的。⑤

最后就是通过削弱地方加强中央集权。

---

① 《文献通考》卷二四《国用考二》。
② 《天盛改旧新定律令》卷一〇《官军敕门》。
③ 韩茂莉：《中国历史地理十五讲》，北京大学出版社 2015 年版，第 201 页。
④ 杜建录：《西夏政区划分及其相关问题》，《宁夏社会科学》2020 年第 5 期。
⑤ 史金波、白滨：《莫高窟、榆林窟西夏文题记研究》，《考古学报》1982 年第 2 期。

和宋朝一样，西夏职官制度同样有官（军）、职、差遣等类别。宋职官制度规定：官以寓禄秩、叙位著，职以待文学之选，而别为差遣以治内外之事。其次又有阶、有勋、有爵。故仕人以登台阁、升禁从为显宦，而不以官之迟速为荣滞；以差遣要剧为贵途，而不以阶、勋、爵邑有无为轻重。① 西夏的官类似中原王朝的爵位加勋官；军指军籍，就是军人的身份；职是指职事官，就是在军政机构中担任的职务；差遣指的是临时差遣。② 在西夏，官（军）有官阶，职有职等，上下有别，等级森严。

西夏监军司长官统军由中央临时派出，负责战时的指挥；次官监军为常设官员，负责平时的军政，由此形成了"兵无常帅，帅无常师"的局面。其上有经略之设，代表中央分别统筹东南、西北两路的军政事务；其下有军抄之法，"其民一家号一帐，男年登十五为丁，率二丁取正军一人，每负赡一人为一抄"③，将部族之民纳入军籍，平时生产，战时聚集。④

第二，以战立国，以军统政。

西夏立国近两个世纪，与周边四邻均发生过战争，特别是与北宋的战争旷日持久，"可以说是点集不逾岁，征战不虚月"⑤。在这种情况下，西夏"国小则无所恃而常惧，其军民之势犹一家也"⑥，表现在行政区划上，军事主导的色彩十分强烈。

一是监军司成为地方行政的主体。西夏把全境分为十几个战区，由监军司常驻管理，久而久之，演变为既管征戍，也管民户的地方一级政区。战区之内原有的幅员大小不等的州，因为汉族人口的锐减，大多蜕变为仅仅拥有

---

①　《宋史》卷一六一《职官志一》。

②　史金波：《西夏的职官制度》，《历史研究》1994 年第 2 期。

③　《宋史》卷四八六《夏国传下》。

④　史金波：《西夏文军籍文书考略——以俄藏黑水城出土军籍文书为例》，《中国史研究》2012年第 4 期。

⑤　王天顺：《西夏战史》，宁夏人民出版社 1993 年版，第 1 页。

⑥　王赏：《送成都席帅序》，《成都文类》卷七三。

一座城池的堡垒。在西夏文中，州长官的字面含义仅仅是"一城之主"①。西夏的州城有不少还是监军司的治所。发展到后期，州在西夏法律上差不多丧失了行政编制的资格。

二是经略司成为地方政务的中枢。按照宋制，经略司掌一路兵民之事。西夏有东南和西北两经略司，脱胎于左右厢统军体制。它们主管除啰庞岭监军司之外的"边中"地区，包括瓜州、沙州、肃州、黑水、西院、官黑山、北院、卓啰、南院、年斜、石州、北地中、东院、西寿、韦州、南地中等十六个监军司和鸣沙军、大都督府。

三是城堡寨成为基层普遍的政区。由于州县制分布范围的萎缩，以部族制度为基础的城堡寨上升为西夏基层最普遍的政区设置。仅在天盛年间国家正式法典中出现的城、堡、寨就有 35 个之多。已发现的"首领"即城寨之主的官印实物也有 100 余枚，出土地点遍及西夏全境。② 这些以防御为主的城堡寨一般都有辖区，都有官属配制，是名副其实的政区。③

四是各级机构政务以军务最重要。枢密院、经略司、正统司、统军司、殿前司、监军司、地边城司等主要政府机构都以军事事务为主要工作。转运司、郡县等物资储备以补充军事为优先。军抄名籍在政府的各类名册中最为重要，每年都须审核。军队的武器装备、军事防御是国家头等大事，各政区内的军事事务成为行政管理的重要内容，因此西夏政区多是军政合一。

第三，因地制宜，在政区级别上适时调整。西夏在重要的城邑设府州；灌溉农业区设郡县；境内军事、交通要地多设监军司，在边境地区多设城、堡、寨。西夏政区的分布表明当时的宁夏平原地区人口众多，经济水平最高，政区设置也最稠密；河西走廊经过长期开发，灌溉发达，所以政区设置较多。

① 孙伯君：《西夏文献中的"城主"》，《敦煌学辑刊》2008 年第 3 期。

② 史金波：《西夏官印姓氏考》，载《中国民族古文字研究》第 3 辑，天津古籍出版社 1993 年版。

③ 李学江：《〈天盛律令〉反映的西夏政区》，《宁夏社会科学》1998 年第 4 期。

横山地区有无定河、明堂川、大里河、屈野河等河流，不仅是西夏的农业区和交通要地，还是边界地带，因而设置监军司的数量不少。生态环境恶劣的今巴丹吉林、腾格里、毛乌素等沙漠区，除极少数城堡外，几乎没有政区建置。在西夏仁宗时期的《天盛律令》中，这些形形色色的军政建置出现在等级化的行政序列中，表明西夏的地方行政制度看起来复杂，但实际上却是有章法的，甚至是更有实效的，因为它不以缛节繁音的名号作为排序的根据，而是"根据其地对于国家的重要性决定其等级高低"①，正符合西夏"忠实为先，战斗为务"②的立国精神。

---

① 李学江：《〈天盛律令〉反映的西夏政区》，《宁夏社会科学》1998 年第 4 期。
② 王天顺：《西夏战史》，宁夏人民出版社 1993 年版，第 1 页。

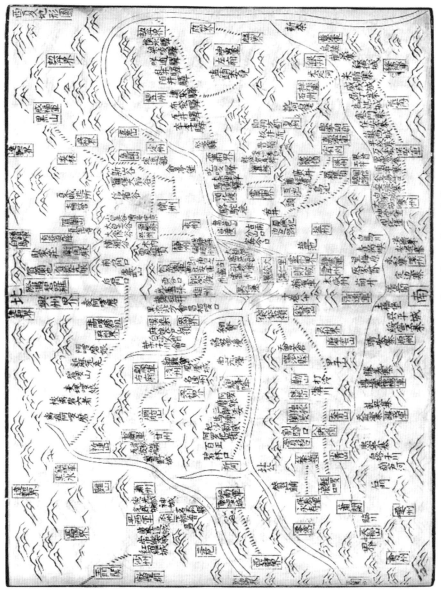

《宋文正范先生文集》附《西夏地形图》①

① 明万历三十六年刊，日本内阁文库藏本。

## 西夏诸州名目表①

| 序号 | 名称 | 治所 | 备注 |
|---|---|---|---|
| 1 | 兴州 | 怀远县（今宁夏银川市） | |
| 2 | 定州 | 宁夏平罗县东南 | |
| 3 | 怀州 | 宁夏银川市东南 | 疑为"怀远县"，西夏建立后取县名首字而来。 |
| 4 | 永州 | 宁夏永宁县 | |
| 5 | 静州（前） | 陕西米脂县 | |
| 6 | 静州（后） | 宁夏灵武市 | |
| 7 | 雄州 | 宁夏中宁石空镇 | 《音同》作"胸州" |
| 8 | 顺州 | 宁夏永宁县境 | |
| 9 | 凉州 | 甘肃武威市 | 也称西凉州 |
| 10 | 甘州 | 甘肃张掖市 | 有甘肃监军司 |
| 11 | 肃州 | 甘肃酒泉市 | 《蒙兀儿史记》作戈州 |
| 12 | 瓜州 | 甘肃安西县东 | |
| 13 | 沙州 | 沙州城（今甘肃敦煌市） | |
| 14 | 伊州 | 新疆哈密 | |
| 15 | 灵州 | 回乐（今宁夏吴忠市） | |
| 16 | 洪州 | 陕西靖边县南 | |
| 17 | 宥州 | 长泽（今陕西靖边县东） | 宋初领长泽县、归仁县 |
| 18 | 银州 | 儒林（今陕西米脂县西北八十里） | |

---

① 据章巽《夏国诸州考》（《开封师院学报》（社会科学版）1963 年第 1 期）、吴天墀《西夏史稿》之《西夏州名表》（第 216—224 页）、李昌宪《西夏疆域与政区论述》（《历史地理》第 19 辑）等编制。

| 序号 | 名称 | 治所 | 备注 |
|---|---|---|---|
| 19 | 夏州 | 朔方统万城（今陕西靖边县） | |
| 20 | 绥州 | 龙泉（今陕西绥德县） | 虏人称之李主心 |
| 21 | 静州 | 保静县 | |
| 22 | 石州 | 陕西绥德县西北 | |
| 23 | 龙州 | 陕西志丹县北三十里 | 也作隆州（《杂字》地分部） |
| 24 | 盐州 | 五原（今宁夏盐池县北） | 即五原郡 |
| 25 | 南威州 | 韦州（今宁夏同心县） | |
| 26 | 韦州 | 宁夏同心县 | 即威州 |
| 27 | 胜州 | 榆林（今陕西榆林市） | 西夏前期之州 |
| 28 | 会州 | 会宁（今甘肃靖远县东北） | |
| 29 | 南平州 | 无考 | 也作南平洮（《长编》卷三一九） |
| 30 | 安盐州 | 宁夏盐池县北 | |
| 31 | 宽州 | （旧）石城清涧在中华文明形成之际，大禹时代属西河雍州；殷商时代属鬼方；西周春秋时代属白狄；战国之际，并于魏国；秦汉时代，归为上郡；魏晋南北朝，置石城；隋朝统一，初归绥德县，后改制延福县；唐太 | 延州延安郡，古白翟地，唐置州，升为总管府。徙吐谷浑部落，立浑州、宽州、浩（音诰）亹（音门）府，寄治州界（凉州有浩亹河六谷，吐浑所居，唐初迁部族在州界，乔立浑州、宽州，即浑州、宽州川也），迄今蕃汉杂处。（《武经总要》卷一八） |

续表

| 序号 | 名称 | 治所 | 备注 |
|---|---|---|---|
| 31 | 宽州 | 宗贞观年间，先置浑州，又置宽州。由此，清涧定名宽州，延续至今。 | 《元和郡县志》：石城县本汉圜阴县地。魏晋不立郡县，后魏时置石城县。<br>《太平寰宇记》：旧石城废，在绥德县东三十里，今宽州是也。<br>《杜氏通典》：唐贞观中，李靖、侯君集破灭吐谷浑，其子慕容顺归降。（廖志云：唐初，徙吐谷浑部落于此，置浑州。又于浑州之宽川，置宽州，番汉杂居） |
| 32 | 安州 | 陕西吴起县 | |
| 33 | 南州 | 无考 | |
| 34 | 柏州 | 无考 | |
| 35 | 西宁州 | 青海西宁市 | |
| 36 | 乐州 | 青海乐都县 | |
| 37 | 廓州 | 青海西宁市东南 | |
| 38 | 积石州 | 青海贵德县境 | |
| 39 | 容州 | 无考 | |
| 40 | 兰州 | 甘肃兰州市 | |
| 41 | 丰州 | 内蒙古巴彦淖尔市五原县东土城乡一带 | 疑为故唐丰州 |

续表

| 序号 | 名称 | 治所 | 备注 |
|------|------|------|------|
| 42 | 归顺州 | 顺州，怀远镇南，保静镇西 | 《西夏地形图》 |
| 43 | 弥峨州 | 疑为弥峨川 | |
| 44 | 宁州 | 定安（今甘肃宁县） | 唐兀朵儿赤，西夏宁州人。 |
| 45 | 西安州 | 宁夏海原县西 | |

## 西夏监军司名目表①

| 序号 | 名称 | 治所 | 备注 |
|------|------|------|------|
| 1 | 左厢神勇 | 明堂川，夏州弥陀洞 | 初在银州，后移夏州。 |
| 2 | 石州祥祐 | 门口流，陕西米脂县西北 | 门口流，石州监军司。（《种太尉传》） |
| 3 | 宥州嘉宁 | 城川城，宥州，陕西靖边县东 | |
| 4 | 韦州静塞 | 韦州，宁夏同心县 | |
| 5 | 西寿保泰 | 韦州迁西使城，回迁韦州 | 《地形图》作"永寿保泰军" |
| 6 | 卓啰和南 | 卓啰城，喀罗川 | |
| 7 | 右厢朝顺 | 疑为"啰庞岭"，克夷门？ | 后期"南院"西凉府 |
| 8 | 甘州甘肃 | 甘州城 | 后期"肃州" |
| 9 | 瓜州西平 | 锁阳城还是安西县双塔堡？ | 《地形图》作"平西军" |

---

① 本表据杨蕤《西夏地理研究》（第154—155页）"西夏十七监军司的范围（表）"补正。

续表

| 序号 | 名称 | 治所 | 备注 |
|---|---|---|---|
| 10 | 黑水镇燕 | 黑水城 | |
| 11 | 白马强镇 | 娄博贝 | 又作"罗庞岭""罗博" |
| 12 | 黑山威福 | 兀剌海城 | 又称"官黑山" |
| 13 | 洪州 | 陕西靖边县 | |
| 14 | 绥州 | 陕西绥德县 | |
| 15 | 银州 | 陕西米脂县西北八十里 | |
| 16 | 盐州 | 陕西定边县 | |
| 17 | 龙州 | 陕西志丹县北三十里 | |
| 18 | 天都 | 天都山 | |
| 19 | 翔庆 | 灵州 | |
| 20 | 中寨 | 灵州? | |
| 22 | 东院 | 无考 | |
| 23 | 西院 | 甘州 | |
| 24 | 南地中 | 灵州? | |
| 25 | 北地中 | 无考 | |
| 26 | 沙州 | 沙州城 | |
| 27 | 啰庞岭 | 无考 | |
| 28 | 年斜 | 可能在宁西峰 | |
| 29 | 弥峨州 | 弥峨川 | |
| 30 | 石堡 | 陕西绥德县西北 | |
| 31 | 青池 | 疑为乌池 | |
| 32 | 剗子山 | 剗子山，地望不确，约在兰州的东北面。 | |

# 三、山川形势

"天下之形势，视乎山川，山川之绌络，关乎都邑。"① 西夏立国之所以持久，山川形便构成的地理条件至关重要。② 西夏"初有夏、绥、银、宥、灵、盐等州，其后遂取武威、张掖、酒泉、燉煌郡地"③。其境"东据（黄）河，西至玉门，南临萧关，北控大漠，延袤万里"④，略当今宁夏大部、甘肃西部、陕西北部与内蒙古、青海部分地区。西夏坐拥陕北，尽收河西，关中之势三有其一。⑤

西夏地形狭长，东西倍于南北，地势高亢，坐西北而望东南。东部为沟壑纵横的陕北高原，以横山为屏障；南部为丘陵延绵的陇东高原，以六盘山

---

① 《读史方舆纪要》凡例。

② 过去30年来，学者们基于区域史的研究方法，分别从地形地貌、气候植被、地缘环境、经济军事等角度对此问题作出了许多卓越的阐述。主要包括：王天顺：《西夏战史》，宁夏人民出版社1993年版，第14—55页；《西夏与周边各族地缘关系述论》，《宁夏大学学报》2003年第1期；《西夏地理研究》，甘肃文化出版社2002年版，第6—30页。宋乃平：《西夏兴衰史中的地理环境》，《宁夏大学学报》1997年第2期；《试论西夏分立的地缘条件》，《中国历史地理论丛》2001年第1期。杨蕤：《论地理环境与西夏的经济类型及其相关问题》，《宁夏社会科学》2003年第4期；《西夏地理研究》，人民出版社2008年版，第257—312、367—390页。杜建录：《西夏的自然环境》，《宁夏社会科学》1999年第4期；《西夏经济史》，中国社会科学出版社2002年版，第31—41页。宋乃平、何彤慧：《西夏的地理环境与农牧业生产》，《宁夏社会科学》1997年第2期。

③ 《金史》卷一三四《西夏传》。

④ 《读史方舆纪要》卷七《历代州域形势七》。

⑤ 《读史方舆纪要》陕西方舆纪要序。

为藩篱；西部为绿洲串联的河西走廊，以祁连山为梁脊；北部为富甲天下的河套平原，以阴山为限隔，贺兰山犹如一块蓝色宝石镶嵌其间。①

西夏地区"土宜三种"②，"地饶五谷，尤宜稻麦"③。"自汉、唐以水利积谷食边兵，兴州有汉（延）、唐（徕）二渠，甘、凉亦各有灌溉"④，所以"岁无旱涝之虞"⑤。西夏民众在这片丰美之地，有宜于畜牧之水草，有宜于耕种之腴土，在民俗上强梗尚气，重然诺，敢战斗。

西夏境内山地、荒漠多，可以作为天然屏障。⑥所以西夏"土境虽小，能以富强，地势然也"⑦。都城兴州地区，阻大河而负贺兰山，天险地利，可战可守。⑧

然而，西夏所居，氐羌旧壤，所生产的主要是羊马毡毯，与他国的贸易，也主要依赖宋朝，羊马毡毯之所输，而茶彩百货之所自来。⑨西夏所据有的数州，不过北宋陕西路"十二分之二，校其人众，七八分之一，虽兼戎狄，亦不过五六分之一"⑩。因此，"虽骁悍如元昊，所有土地过于五凉，五凉只有河西五郡，无灵、夏也。然不过与诸蕃部落杂处于旱海不毛之地，兵戈之犀利，财货之殷富，俱不能如昔时，是以北事辽，南事宋，仅足以自守。"⑪至"（宋）神宗始用师于西方，历哲宗、徽宗，遂渐夺其横山之地，又旁取熙河

---

① 史金波：《西夏社会》上册，上海人民出版社 2007 年版，第 21 页。
② 《金史》卷一三四《西夏传》。
③ 《宋史》卷四八六《夏国传下》。
④ 《金史》卷一三四《西夏传》。
⑤ 《宋史》卷四八六《夏国传下》。
⑥ 《续资治通鉴长编》卷一二四，仁宗宝元二年九月丁巳条："地多带山，马能走险，翰海弥远，水泉不生，王旅欲征，军需不给。穷讨则遁匿，退保则袭追，以追扰为困人之谋，以迟久为匿财之计。元昊恃此艰险，得以猖狂。"
⑦ 《金史》卷一三四《西夏传》。
⑧ （清）戴锡章：《西夏纪·赵尔巽序》，宁夏人民出版社 1988 年版，第 1 页。"其立国朔方，固天下劲兵处也，阻大河而负贺兰，雄踞上游，直有席卷关中之势；拥海子盐池之富，抱蒲柳畜牧之饶，天险地利，可战可守，王霸业之所资也。"
⑨ （宋）司马光：《司马温公集编年笺注》卷五〇，巴蜀书社 2009 年版，第 229 页。
⑩ 《续资治通鉴长编》卷一四六，仁宗庆历四年二月丙辰条。
⑪ 《文献通考》卷三二二《舆地考八》。

湟鄯以制之"①。

在宋元文献中，关于西夏的区域分野大致有四种说法，分别是"河之内外""京畿边中说""左右厢（经略司）说"及"五种地相说"。其中，第一种说法来自中原，其他三种说法都是西夏人的观点。

河之内外说根源于中原王朝区分黄河流域的方位观念，即河南（内）、河北（外）、河东、河西、河曲等，并大多见于《宋史·夏国传》记载。②

"河南之州"，史籍也作"河南地"。本为匈奴之故壤，后为秦始皇所并。学界主流意见认为其最初的地理范围是"秦始皇狄道—枹罕段长城以北，秦昭襄王长城以西、以北，阴山下黄河以南，赵国九原郡以西，西面直抵黄河这一广阔地区。在秦始皇夺取'河南地'之后，其地域范围进一步扩大，包括黄河'几'字形内的所有地区"③。这个概念和明代人讲的"河套"大体相当。④

在宋代文献中，西夏占据的河南之地前后是有变化的。景德初年，西夏赵德明请命于朝，宋将曹玮说："继迁擅河南地二十年，边不解甲，使中国西顾而忧。今方其国危子弱，不即擒灭，后更盛强难制。愿假臣精兵，出不意，捕德明送阙下，复以河南为郡县，时不可失。"⑤ 此"河南地"者，"东薄银、

---

① （宋）李心传：《建炎以来朝野杂记》下册，商务印书馆 2000 年版，第 846 页。
② 《宋史》卷四八六《夏国传下》："夏之境土，方二万余里。……河之内外，州郡凡二十有二。河南之州九：曰灵、曰洪、曰宥、曰银、曰夏、曰石、曰盐、曰南威、曰会。河西之州九：曰兴、曰定、曰怀、曰永、曰凉、曰甘、曰肃、曰瓜、曰沙。熙、秦河外之州四：曰西宁、曰乐、曰廓、曰积石。"
③ 肖珺、肖爱玲：《秦汉时期"河南地"与"新秦中"地域范围考辨》，《唐都学刊》2013 年第 4 期。
④ 《明史》卷一七一《王越传》："河套者，周朔方、秦河南地，土沃，丰水草。东距山西偏头关，西距宁夏，可二千里。三面阻河，北拊榆林之背。《明史纪事本末》卷五八议复河套。河套周围三面阻黄河，土肥饶，可耕桑。密迩陕西榆林堡，东至山西偏头关，西至宁夏镇，东西可二千里；南至边墙，北至黄河，远者八九百里，近者二三百里。"
⑤ 《续资治通鉴长编》卷六三，真宗景德三年五月辛亥条。

夏，西并灵、盐，南趋鄜、延、北抵丰、会，迤逦平夏，幅员千里。"① "厥土多荒隙，是前汉呼韩邪所处河南之地。"② 西夏控制的这一区域，除夏、银、绥、宥、静、灵、盐、会等州一级政区之外，还包括"即堡镇号州"③ 的洪、石、韦等地。

崇宁时期，宋河中知府钟傅建说："河南要地，灵武为根本。其西十五州，六为王土。其东由清远距罗山走灵州不及百里，夏以五监军统焉。若选将简师先击之，以趋韦州，可断其右臂。徐当拊纳离畔，渐规进取，讫城萧关，可断其左臂。"④ 此"河南要地"似乎又把西夏在河西走廊的诸州（甘、肃、凉、瓜、沙）囊括在内，是以"河南"地域指代西夏政权。

"河西之州"，又称"河西"。在宋代，其地理范围有广狭两义。狭义是指关内道之河西，即山陕黄河以西、甘宁黄河以东诸州，即唐代的鄜、坊、银、灵、夏、盐、延、绥、同、丹等州之地。与"河南诸州"多有重叠。广义是指唐河西道之河西，即黄河上游甘肃武威乌鞘岭以西地区，即今河西走廊。此即汉武帝北逐匈奴，所立张掖四郡之地。西夏占据的河西诸州范围较之略广，即甘肃、宁夏两省区黄河以西，曾包括兴、定、怀、永、静、顺、雄、凉、甘、肃、沙、瓜诸州。⑤

"熙秦河外之州"，也可称"河湟诸州"，意思是黄河与湟水相邻之区。熙秦河外之州主要指宋金时期的熙州（今甘肃临洮）洮河和秦州（甘肃天水）渭河一线西边的区域。原本这里属于唃厮啰吐蕃的领地，自西夏天赐礼盛国庆四年，即辽咸雍八年、北宋熙宁五年（1072）之后逐渐被宋朝夺取。熙河

① 《续资治通鉴长编》卷一二三，仁宗宝元二年六月丙子条。
② 《续资治通鉴长编》卷三五，太宗淳化五年春正月甲寅条。
③ 《宋史》卷四八五《夏国传上》。
④ 《宋史》卷三四八《钟传传》。
⑤ 董振华、毛曦：《"河西"何在：政治地理变迁与河西范围演变》，《历史教学》2019 年第 3 期。

路的开拓经营历宋神宗至徽宗共三朝。宋神宗时期通过熙河之役和元丰五路伐夏先后建立和收复熙州、河州、岷州、通远军、兰州；哲宗亲政后绍述神宗之志，发动绍圣、元符开边，收复了会州、湟州、鄯州、宁塞城；徽宗时继续执行积极进取的拓边政策，先后收复西宁州、廓州、洮州，新建立积石、震武两军，实现了对河湟地区的完全占领。①

西夏正德元年，即金天会五年、宋靖康二年（1127），金宗翰、宗望奉诏伐宋。灭宋之后，划分西夏疆界，自麟府路洛阳沟距黄河西岸，西历暖泉堡，鄜延路米脂谷至累胜寨，环庆路威边寨逾九星原至委布谷，泾原路威川寨略古萧关至北谷，秦凤路通怀堡至古会州，自此距黄河，依见流分熙河路尽西边。② 西夏大庆三年，即金皇统二年、南宋绍兴十二年（1142），改秦凤路为熙秦路。西夏人庆四年，即金皇统七年、南宋绍兴十七年（1147），以积石、乐州、廓州等"河外三州赐夏人"③。至此，西夏实际上控制了湟水、黄河谷地，④ 领有西宁州、积石州、乐州（湟州）、廓州及兰州、会州等地界。

京畿边中说是一种以距离政治中心路程远近作为标准的区域等级划分，内为"京畿"，外为"边中"。⑤

西夏仁宗时期的京畿包括京师中兴府，华阳县、治远县南北二县，灵武郡、定远县、怀远县、临河县、保静县及灵武大都督府等五州各地县司。

边中是"地中""地边"的合称，近者为地中、远者为地边。地中有府、军、郡者七，曰西凉府、鸣沙军、五原郡、虎控军、威地军、大通军、宣威军等府军。监军司者十七，曰石州、东院、西寿、韦州、卓啰、南院、西院、

---

① 崔红风：《北宋熙河路名变迁考》，《西夏研究》2016 年第 1 期。
② 《金史》卷二六《地理志下》。
③ 《金史》卷七八《刘筈传》。
④ 杨蕤：《西夏地理研究·边疆历史地理学的探索》，人民出版社 2008 年版，第 91 页。
⑤ 刘双怡：《西夏地方行政区划若干问题初探》，《宋史研究论丛》第十六辑，河北大学出版社 2015 年版。

沙州、啰庞岭、官黑山、北院、年斜、南地中、北地中、瓜州、肃州、黑水等。

地边有城司者二十三，曰永便、孤山、魅拒、西宁、边净、末监、胜全、信同、应建、争止、甘州、龙州、远摄、合乐、真武城①、年晋城、定边城、卫边城、永昌城、开边城、富清县、河西县、安持寨；堡寨者十一，曰绥远寨、西明寨、常威寨、镇国寨、定国寨、宣德寨、安远寨、讹泥寨、夏州、凉州、绥州。②

左右厢（经略司）说是一种基于战争状态的战区或防区划分。它源自北方游牧民族的"两翼制度"，又称左右翼制度，是指在分封制基础上，最高首领居中控制，两翼长官侧翼拱卫的一种军政合一的地方统治制度。西夏左右厢大体以首都兴庆府为中轴线分东西两部，统领除京畿以外区域的所有兵马。"左厢"统东部神勇军司、祥祐军司、嘉宁军司、静塞军司、西寿保泰军司、卓啰和南军司等；"右厢"统西部朝顺军司、白马强镇军司、甘州甘肃军司、瓜州西平军司、黑水镇燕军司、黑山威福军司等。两厢的建制于崇宗亲政之后被废，而以东、西经略司替换之，由单纯的统兵体制演变为军政合一性质的地方行政体制。③

五种地相说是对西夏不同地质地貌及其利用价值的观察与描述。据西夏类书《圣立义海》描述：

　　　　托载诸物，地相五种。

　　　　第一山林。种植诸种树草，金银宝物出处。野兽依蔽：九兽中，豹、虎、鹿、獐居，种种野兽凭山隐蔽，众鸟筑巢树上。畜兽宜居；四畜中，牦牛、羊等居山得安。土山种粮：待雨种稻，地多不旱，

---

① 汉译本《天盛律令》误译为"真武县"。翟丽萍：《西夏职官研究——以〈天盛革故鼎新律令〉卷十为中心》，陕西师范大学博士学位论文，2013年，第102页。

② 《天盛改旧新定律令》卷一〇《司序行文门》。

③ 高仁：《"左厢"、"右厢"与经略司——再探西夏"边中"的高级政区》，《中国历史地理论丛》2019年第2辑。

床、粟、麻、荞相宜。

第二坡谷。诸禾流彩，坡着艳装。野兽伏匿：九兽中，顽羊、山羊、豺狼等隐处也。畜类饶逸，坡谷草药。四畜中，白羊放牧易肥，每年产羔乳汁美，向柔择种：坡谷地向柔，待雨宜种荞麦也。

第三沙窝。坡窝生蓬，地软草茂。小兽虫藏：蝎、蛙、小鼠及沙狐多藏伏；畜类牧肥：沙窝长草、白蒿、蓬头厚草，诸杂草混，四畜中，骆驼放牧得宜也；不种禾熟：沙窝种处不定，天赐草谷、草果，不种自生。

第四平原。九兽中白黄羊、红黄羊居平谷，食水草而长。畜兽多居。四畜中宜马，多产驹，为战具也。迎雨种地，平原地沃，降雨不违农时，粮果丰也。

第五河泽。草泽浩浩，远观腾雾，近视青玄，未有旱兆。野兽居多；□鸡不少，野兔多居。四畜中宜牛羊。不种生菜；草泽不种谷粮，夏菜自长，赈济民庶。郊园见□，看地势头，平青接壤，男知巧心，地园直生。①

古人的这些区分对于大致了解西夏地理情况有一定的帮助，但是均未能准确把握住西夏之所以立国长久的空间原因。

按照现代历史地理学的观点，西夏极盛时期疆域的基本构造可以概括为"两山系一河湾"。"两山系"在外侧，一个是指祁连山—贺兰山—阴山一系，另一个是指陇砥—横山一系。前者把荒漠地带与草原农耕地带划分开来，后者则把典型的农耕区与半农半牧区划分开来。"一河湾"在中间，是指位于这两组山系之间的黄河中上游河段。这一流域堪称是西夏最富庶的地区，分布有河西走廊、兴灵平原及河套平原等重要农牧基地。②

---

①　［俄］E. И. 克恰诺夫等：《圣立义海研究》，宁夏人民出版社 1995 年版，第 36 页。
②　王天顺：《西夏地理研究》，甘肃文化出版社 2002 年版，第 5—6 页。

西夏地形图（公元1146年）①

---

① 西夏地形图由岳键绘制，特此说明。

在这个框架之内，根据山川河流的走势，大致又可以分为"五大区域"①：一是祁连山及河西走廊，二是贺兰山及宁夏平原，三是阴山及河套平原，四是横山及其山界，五是拉脊山及河湟谷地。②

## （一）祁连山及河西走廊

河西地区以平坦的河西走廊为中轴，其南为巍峨的"南山"即祁连山山脉，其北为低矮的"北山"丛山即马鬃山、合黎山、龙首山等。

南山，也就是祁连山，是今甘肃和青海两省的界山，由多条西北—东南走向的平行山脉和山间盆地组成。它西起当金山口，东至乌鞘岭，东西长800公里，南北宽200—400公里，海拔4000—6000米，共有冰川3306条，面积约2062平方公里。其中许多山峰终年积雪，冰川众多，是河西走廊农耕区的"高山水库"，也是内陆河的源泉。河西走廊的主要河流石羊河、黑河（又称弱水、张掖河）、疏勒河、党河、大哈勒腾河等均发源于祁连山北麓。③

河西走廊，东起乌鞘岭，西抵疏勒河，南依祁连山，北靠马鬃山、合黎山、龙首山等，全长约1000公里，宽度从几公里至200公里不等。因其位于黄河以西的南山（祁连山）与北山（合黎山、龙首山）之间，地形狭长如带，故名"河西走廊"。这里地势平坦，一般海拔1500米左右。自东向西又可分为焉支山（又名大黄山）—石羊河流域的武威、永昌平原；黑山—黑河（又

---

① 学术界对于西夏区域的分法略有不同：杜建录区分为鄂尔多斯高原、贺兰山与河套平原、阿拉善高原、祁连山与河西走廊以及横山至天都山山界五区（杜建录：《西夏的自然环境》，《宁夏社会科学》1999年第4期；杜建录：《西夏经济史》，中国社会科学出版社2002年版，第31—41页）；王天顺区分为祁连山及河西绿洲水系、贺兰山及银川平原水系、阴山及河套平原水系、横山及黄土丘陵水系、河湟谷地及其水系五区（王天顺：《西夏地理研究》，甘肃文化出版社2002年版，第6—30页）；杨蕤区分为鄂尔多斯、宋夏沿边、河套平原、阿拉善高原、河西走廊五区（杨蕤：《西夏地理研究》，人民出版社2008年版，第257—312页）。此外，王天顺从军事史角度分为横山鄜延、灵环陇山、河西陇右、熙河兰廓四大战区（王天顺：《西夏战史》，宁夏人民出版社1993年版，第14—55页）；杨蕤从经济史角度鄂尔多斯与阿拉善畜牧区、河西走廊和宋夏沿边半农半牧区、宁夏平原农耕区三大经济区（杨蕤：《西夏地理研究》，人民出版社2008年版，第367—390页）。

② 王天顺：《西夏地理研究》，甘肃文化出版社2002年版，第4—20页。

③ 李孝聪：《中国区域历史地理》，北京大学出版社2004年版，第17—19页。

称弱水）流域的张掖、酒泉平原；宽台山—疏勒河流域的玉门、敦煌平原。①
这些地区自古以来就是盛产粮食和马匹的著名绿洲。绿洲之间，由于风力和
干燥剥蚀作用，戈壁和沙漠广泛分布。

　　甘州和凉州是河西走廊的两大重镇，民间流传有"金张掖、银武威"的
说法，水草丰饶，宜于屯牧。②

　　甘州即今甘肃省张掖市。甘州东据黄河，西阻弱水，南跨青海，北控居
延，绵亘数千里。通西域，扼羌瞿，水草丰美，畜牧孳息。汉窦融尝谓：河
西殷富，带河为固，张掖属国，精兵万骑。一旦缓急，杜绝河津，足以自守，
岂非以山川扼塞负隅易固哉！晋张氏世有其地，并于苻坚后，张掖为沮渠蒙
逊所都。唐嗣圣中，甘州积谷至四十万斛，瓜、沙以西，皆仰其餫。贞元后，
吐蕃据之，遂以富强。今德明得之，恃其形势，制驭西蕃，灵、夏之右臂
成矣。③

　　凉州即今甘肃省武威市，也称"西凉府"。"大夏开国，奄有系土，凉为
辅郡"④。西凉南界横山，西通西域，东距河西，土宜三种，善水草，凉州畜
牧甲天下者也。西夏德明立国兴、灵，不得西凉，则酒泉、敦煌诸郡势不能
通，故其毕世经营，精神全注于此。⑤ 唐朝最盛时，河西、陇右三十三州，凉
州最大。凉州土沃物繁而人富乐。西夏得凉州，故能以其物力侵扰关中，大
为宋患。凉州既是河西之根本，也是秦陇之襟要。⑥

　　北山，是河西走廊北面多座山的总称，是一个海拔两三千米，呈西北—
东南走向的台地，地理学上名叫"阿拉善—马鬃山地台边缘隆起"。北山丛山

　　① 李孝聪：《中国区域历史地理》，北京大学出版社 2004 年版，第 17—19 页。
　　② 《读史方舆纪要》卷六三《陕西十二》："尝考河西水草丰饶，训兵足赋，于屯牧为宜。昔人
云：屯修于甘（州），四郡半给；屯修于甘（州）、凉（州），四郡粗给；屯修于四郡，则内地称
甦矣。"
　　③ 《西夏书事》卷一一。
　　④ 陈炳应：《西夏文物研究》，宁夏人民出版社 1985 年版，第 108 页。
　　⑤ 《西夏书事》卷一一。
　　⑥ （清）张澍：《凉州府志备考》，三秦出版社 1988 年版，第 18 页。

的北面东为腾格里沙漠，西为巴丹吉林沙漠，自古以来就是人迹罕至的地区。

显而易见，平坦的河西走廊是河西地区的命脉和枢纽，高寒的南山和干旱的北山则是河西地区的天堑与屏障。历史上争夺河西地区的战争往往从河西走廊的东西两端发起，并且东面的势力由于黄河打开的缺口从而获得了远远超过西面的胜率。

以强汉盛唐为代表的中原王朝，除非内乱分裂以致鞭长莫及，一般都把控制河西地区作为最低的战略需求。之外，便是以之为基础经营西域。西夏也是由于夺取了河西走廊东面的重镇灵州以后才有了把统治权延伸到河西地区的行动。

北宋前期，"河西没于夏，夏以富强"①。具体表现在以下三个方面：

首先，军事上使西夏无后顾之忧。

从中原的角度看，"欲保秦陇，必固河西；欲固河西，必斥西域。"② 两汉列置河西诸郡，目的在于隔绝羌胡，"断匈奴右臂"③。从西夏的角度看，自从获得凉州，在河西的势力得到扩张，国力增强。④ "盖平夏以绥宥为首，灵州为腹，西凉为尾。有灵州则绥宥之势张，得西凉则灵州之根固。"⑤ 不仅如此，"元昊既得甘凉，遂有窥陇蜀之志"⑥。

其次，经济上为西夏足食强兵之本。

河西地区雪山众多，水草丰美，耕牧两便。"甘、凉之间，则以诸河为溉"⑦。著名的"夏国三大山"即贺兰山、积雪山、焉支山中有两座就位于这一区域。其中"积雪大山"即祁连山主脉，"山高，冬夏降雪，雪体不融。边

---

① 《读史方舆纪要》卷六三《陕西十二》。
② 《读史方舆纪要》卷六三《陕西十二》。
③ 《汉书》卷九六《西域传》。
④ 《续资治通鉴长编》卷四六〇，哲宗元祐六年六月丙午条："自奄有西凉，开右厢之地，其势加大。"
⑤ 《西夏书事》卷七。
⑥ 《续资治通鉴长编》卷三六六，哲宗元祐元年二月乙亥条。
⑦ 《宋史》卷四八六《夏国传下》。

融，南河水势涨，夏国灌水，谷成也"；"焉支山"则"冬夏降雪，炎夏不化。民庶灌耕，地冻，大麦、麦九月熟。利养羊马，饮马奶酒也"。①《史记·匈奴列传》引《西河旧事》所载，有"匈奴失二山，乃歌云'亡我祁连山，使我六畜不蕃息；失我燕支山，使我妇女无颜色'"②。西夏夺取了豪杰辈出的河西走廊，父祖所谓的"西掠吐蕃健马，北收回鹘锐兵"便成为现实。

河西走廊连接中西，互通有无，商旅如织，是丝绸之路的必经之路。自唐至宋，中原通西域的道路大致有五条，有夏州道、灵州道、泾原道、熙兰道、青唐道，其中经过河西走廊的就有4条之多。③"古往今来在河西立国的政权，往往都要利用其控制西域诸国入华咽喉的地理位置，专擅中继贸易的利益，西夏自然也不会独为例外，它也要通过经营中继商品交易和引领转道使节而致富强。"④

　　西夏为了守备河西地带，慎重考虑了监军司的配置，而交通路上的要地无一遗漏地均置于其管辖之下。瓜州西平监军司控制着从瓜州到罗布泊方面及伊州、高昌方面的河西西端交通路的分叉路口等重要地域；黑山威福监军司则配置于自伊州东行从河西北侧到达阴山山麓的途中要地——古代汉朝之故居延城地方，从而控制了沿额济纳河的河西纵断路的北部出口。与此相对，卓啰监军司则将其根据地卓啰城建在今之庄浪河，当时的喀啰川下游流域，从而控制河西纵断路南面的出口。黑水镇燕监军司被设置在贺兰山北部与阴山之间，扼制了南下灵、兴州方面的道路及自额济纳河方面向东行至阴山山麓和鄂尔多斯沙漠的路线；而甘州甘肃监军司则控制着通

①　[俄] Е. И. 克恰诺夫等：《圣立义海研究》，宁夏人民出版社1995年版，第58页。

②　《史记》卷一一〇《匈奴列传》。

③　王天顺：《西夏战史》，宁夏人民出版社1993年版，第40页。

④　[日] 藤枝晃：《李继迁的兴起与东西交通》，载《日本学者研究中国史论著选译》，中华书局1993年版，第455页。

向肃州、凉州的古代河西路及甘州、灵州之间的道路。①

再者，文化上使西夏成为区域佛教中心。

佛教自汉晋入华以来，在河西地区始终保持着发展的态势，从未经历过类似中原地区"三武一宗灭佛"的重大打击。即便如安史之乱陷于吐蕃，然而佛教仍然是民众的普遍信仰。"西夏统一河西走廊地区之后，不遗余力地振兴佛教。"② 西夏崇宗时期勒刻的《凉州碑》形容彼时盛况为"近自畿甸，远及荒要，山林磎谷，村落坊聚，佛宇遗址，只椽片瓦，但仿佛有存者，无不必葺"③。这样做的主要目的在于通过佛教的忍耐学说，"麻醉人民，以便维护他们的统治。同时，也为他们自己购买进入西方极乐世界的门票"④。

除此而外，河西地区的获得也使西夏跻身于区域佛教中心之列，对于吸引和凝聚境内外信徒的认同起到重要的作用。确定西藏纳入元朝版图的凉州会盟证明河西地区藏传佛教的巨大影响。

河西走廊负山阻河，地理环境既特殊，又优越，易守难攻，北宋与夏周旋，惨淡经营 100 多年，最后能够蚕食横山，收复兰会，甚至能够以数路大军包围灵州，却始终不能对西之河西加一矢、临一卒而攻之。这和西夏占尽河西走廊的地利关系极大。⑤

## （二）贺兰山及宁夏平原

贺兰山是祁连山东端北折的余脉，南北长 200 多公里，东西宽 15—50 公里，平均海拔 2000 米以上，地势南高北低，主峰居中段，海拔 3556 米。其东侧巍峨壮观，峰峦重叠，崖谷险峻，向东俯瞰银川平原和鄂尔多斯高原；其

---

① ［日］前田正名著，陈俊谋译：《河西历史地理学研究》，中国藏学出版社 1993 年版，第 571 页。

② 刘建丽：《西夏时期河西走廊佛教的兴盛》，《宁夏大学学报》1993 年第 5 期。

③ 陈炳应：《西夏文物研究》，宁夏人民出版社 1985 年版，第 108 页。

④ 史金波：《西夏佛教史略》，宁夏人民出版社 1988 年版，第 26 页。

⑤ 王天顺：《西夏战史》，宁夏人民出版社 1993 年版，第 45 页。

西侧地势平缓，渐渐没入戈壁荒漠为主的阿拉善高原。著名者如贺兰口、苏峪口、三关口、拜寺口等，自古以来就是东西交通要道。①

贺兰山山脉绵延不绝，历史上对各段落有不同的称呼。直至晚清，此山尚有数名。如黑山、西瓜山、黄草山、老虎山、卑移山、宁罗山、省嵬山、石嘴山、麦垛山等。②

西夏时期，此山北端即今宁夏石嘴山市与内蒙古自治区交界地方的贺兰山—卓子山山地叫"省嵬山"，其得名与西夏"省嵬城"有关。明清学者谈及宁夏卫（府）战略形胜时首推省嵬与贺兰。汪绂说："北行宁夏，西贺兰，东省嵬。"③ 王夫之亦说"左省嵬，右贺兰，赫连兀卒之自雄其都，灵武之所由收关、洛也"④。

在明代《宁夏固兰边图》与清代《大清广舆图》中，贺兰山龙盘于府城西，省嵬山虎踞于府城东北，同为拱卫宁夏平原的主要屏障，堪称是宁夏府境的两大地标。⑤

宁夏平原北起石嘴山，南止黄土高原，东到鄂尔多斯高原，西接贺兰山，黄河斜贯其间，交通辐辏，水渠纵横，富甲一方。以青铜峡为界，北曰银川平原，南为卫宁平原。

银川平原南起青铜峡，北至石嘴山，延展 165 公里，西依贺兰山，东傍鄂尔多斯台地，宽 40—50 公里，海拔 1100—1200 米，面积 1.7 万平方公里。这里地势高而不寒，气候干而不旱。"其地饶五谷，尤宜稻麦。甘凉之间，则以诸河为溉，兴灵则有古渠曰唐来，曰汉源，皆支引黄河。故灌溉之利，岁无旱涝之虞。"⑥ 银川平原发展灌溉农业，形成渠道纵横、阡陌相连的"塞上

① 王天顺：《西夏战史》，宁夏人民出版社 1993 年版，第 12 页。
② （清）李诚纂：《万山纲目》上卷，国家图书馆出版社 2017 年版，第 158 页。
③ 中国兵书集成编委会编：《戊笈谈兵》，解放军出版社 1990 年版，第 372 页。
④ （清）王夫之：《黄书》，岳麓书社 2011 年版，第 516 页。
⑤ 杨浣、付强强：《省嵬城与省嵬山》，《宁夏社会科学》2019 年第 2 期。
⑥ 《宋史》卷四八六《夏国传下》。

江南"。

贺兰山及宁夏平原是西夏的基本经济区和政治核心区。它不仅是首善之区都城兴庆府的依托，也是富可敌国之重镇灵州的所在。这里被山带河，形势险固，既可"西取秦界之群蕃"，也可"北掠回鹘之健马"①，素有"关中之屏蔽，河陇之噤喉"② 之称。宋人何亮评论说：

> （灵武）地方千里，表里山河，水甘土厚，草木茂盛，真牧放耕
> 战之地。一旦舍之以资西戎，则以豺狼之心，据广饶之地，以梗中
> 国，此西戎之患未可量者一也。自环、庆至灵武仅千里，西域戎人
> 剖分为二，故地隘势弱，不能为中国之大患。如舍灵武，则西域戎
> 人合而为一，此西戎之患未可量者二也。冀之北土，马之所生，自
> 契丹分据之后，无匹马南来，备征带甲之骑，独取于西戎之西偏。
> 如舍灵武，复使西戎合而为一，夏贼桀黠，服从诸戎，俾秦、泾、
> 仪、渭之西北，戎人复不得货马于边郡，则未知中国战马从何而来，
> 此西戎之患未可量者三也。③

## （三）阴山及河套平原

阴山山脉横亘于内蒙古自治区的中部，绵延起伏 1000 多公里，把蒙古高原和山前的河套平原隔开。④ 自西向东，包括狼山、色尔腾山、乌拉山、大青山、灰腾梁山、大马群山、苏木山、桦山等。南北宽达 30—200 公里不等，一般海拔在 1300—2200 米，呼和浩特以西更是地势高峻，脉络分明。

> 自阴山而北，皆大碛。碛东西数千里，南北亦数千里，无水草
> 不可驻牧。中国得阴山，则乘高一望，寇出没踪迹皆见，必逾大碛

---

① 《宋史》卷二五七《李处耘传》。
② 《读史方舆纪要》卷六二《陕西十一》。
③ 《续资治通鉴长编》卷四四，真宗咸平二年六月戊午条。
④ 王天顺：《河套史》，内蒙古大学出版社 2007 年版，第 26 页。

而居。其北，去中国益远，故阴山为御边要地。阴山以南，即为漠南。彼若得阴山，则易以饱其力而内犯。此秦、汉、唐都关中，必逾河而北守阴山也。①

"自阴山出入河套，必由山中纵谷穿行。古来著名的道路有四条"：一是磴口狼山哈隆格乃山口，古名"鸡鹿塞"；一是乌拉特中后旗狼山石兰计山口，古名"高阙"；一是包头昆都仑河谷，古名"石门水"；一是呼和浩特至武川县通道，古名"白道"。② 其中以高阙最为险要：山下有长城，长城之际，连山刺天，其山中断，两岸双阙，善能云举，望若阙焉。及状表目，故有高阙之名也。自阙北出荒中，阙口有城，跨山结局，谓之高阙戍，上古迄今，常置重捍，以防塞道。③

阴山以南不远即为黄河，黄河以南纵深即为"河套"。河以套名，主形胜也。河流自西而东，至灵州西界之横城，折而北，谓之出套。北折而东，东复折而南，至府谷之黄甫川，入内地迂回 2000 余里，环抱河以南之地，故名曰河套。④

史家称："河套南望关中，控天下之头项，得河套者行天下，失河套者失天下，河套安，天下安，河套乱，天下乱。"⑤ 其"周回六七千里，其土肥沃，可耕桑。三面阻河，敌难入寇而我易防守。故自古帝王及前明皆保有其地，以内安外攘而执其要也"⑥。

河套四面环山，东、北、西三面环河。东西南北方位的吕梁山、贺兰山、横山、阴山、东面构成了河套地区南北略长的矩形轮廓。受山势所限，黄河呈现"几"字形大弯曲，形似绳套，河套地区由是得名，也因此成为区域性

---

① 《读史方舆纪要》卷六一《陕西十》。
② 王天顺：《河套史》，内蒙古大学出版社 2007 年版，第 27 页。
③ （北魏）郦道元：《水经注》卷三《河水》。
④ 武善树编著：《陕西金石志·艺文志》卷二，三秦出版社 2016 年版，第 20 页。
⑤ 《读史方舆纪要》卷六一《陕西十》。
⑥ （清）顾炎武：《天下郡国利病书》卷六，上海古籍出版社 2011 年版，第 3880 页。

地理特征的显著标志。①

　　河套地区自西北向东南，大致可以三分为河套平原区、鄂尔多斯高原区和黄土丘陵沟壑区。② 其中，河套平原区蒙两山之遮蔽，享黄河之安流，草场丰美，沃野千里，农牧发达，故俗有"黄河百害，唯富一套"之说。

　　河套平原亦有广狭之说。广义指今宁夏青铜峡至内蒙古喇嘛湾之间的黄河两岸平原，主要有两大区域，即宁夏青铜峡至石嘴山之间的银川平原，俗称"西套"；内蒙古巴彦淖尔至包头、呼和浩特一带的黄河平原地区，俗称"东套"。狭义指东套平原，东套平原又分为西部的"后套"——巴彦高勒与西山嘴之间的巴彦淖尔平原，与东部的"前套"，指包头、呼和浩特、喇嘛湾之间的土默特平原。③

　　阴山山脉和河套平原地理上门户相接，军事上休戚与共。阴山对河套来说，是唇亡齿寒之所，无阴山之屏障，河套终难自安；河套于阴山而言，为相得益彰之地，无河套之水草，阴山仅能果腹矣。大体上，五代以前，中原王朝以关中为本位，阴山—河套平原距其近，被视为腹心之患，须昼警夕惕；五代已降，中原王朝以河北北部为重心，阴山河套平原距其远，被视为肢体之疾，可置之度外。

　　西夏则不同。其立都中兴府（今银川），依贺兰山为固，升西套平原（今银川平原）为首善之区，视阴山—后套平原为卧榻之侧，控险制要，以防他人觊觎。"自（黄）河北至午腊蒻山（今乌拉山山脉）"布防，设立黑山威福监军司，疑在今内蒙古临河东北狼山口附近高油房古城，④ 置兵七万人"以备契丹"⑤。

　　契丹则不然。尽管领有前套平原（今土默特平原），但是"契丹的军事和

---

① 王天顺：《河套史》，内蒙古大学出版社 2007 年版，第 25 页。
② 王天顺：《河套史》，内蒙古大学出版社 2007 年版，第 25 页。
③ 王天顺：《河套史》，内蒙古大学出版社 2007 年版，第 46 页。
④ 宋耀良：《西夏重镇黑山城址考》，《宁夏社会科学》1993 年第 5 期。
⑤ 《宋史》卷四八五《夏国传上》。

政治重心在东部，立国以后，其主要争取对象也是中原地区，并没有像崛起于漠北的游牧帝国把河套作为其进军中原的跳板，因此也没有着意经营河套"①。

西夏手中的后套平原，既有畜牧之盛，又有灌溉之利。其山地"丧乱之世，可以隐遁；太平之世，可以驻牧"②。其平原一马平川，盛产五谷，直到元初"舟自中兴沿河四昼夜至东胜，可通漕运，及见查泊、兀郎海古渠甚多"③。

此外，唐末以来河套地区的民族分布格局也发生了重大变化。阴山以北游牧强权已不复见，代之以"无所统一"的阻卜各部；阴山以南多为党项诸族，常以拓跋号令是从。"西夏利用河套地区的地理优势，击败了来自宋辽方面的进攻。其诱敌深入之策就是建立在对河套地缘的控制上。"④ 不过到了西夏末期，蒙古自漠北蹿起，统一诸部，攻拔阴山要隘力吉里寨，入套之门打开，兴灵遂成为坦途。

## （四）横山及其山界

横山"或曰千里，或曰二千余里，或曰绵亘数百里，或曰沿边七八百里，更有包括银、夏、宥三州的说法，其范围众说纷纭，并不确定。但是大致可以分两种：一种是在六盘山北麓、长岭和麟、府二州之间的广阔山地，包括延州、清涧城、麟州、府州、保安军、环州、庆州、原州等区域；另一种范围狭小，指白于山主峰东部山地，至无定河流域。在宋人脑海中留下深刻印

---

① 薛智平：《论河套地区在宋、辽、西夏对峙中的地位和作用》，《宋史研究论丛》第十辑，河北大学出版社 2010 年版。
② 朱风、贾敬颜译：《汉译蒙古黄金史纲》，内蒙古人民出版社 1985 年版，第 25 页。
③ 《元史》卷一六四《郭守敬传》。
④ 薛智平：《论河套地区在宋、辽、西夏对峙中的地位和作用》，《宋史研究论丛》第十辑，河北大学出版社 2010 年版。

象的横山概念多指后者的狭小范围"①。

广义的横山"东至麟、府，西至原、渭，二千余里"②，东起毛乌素沙地南缘的白于山，西至六盘山山麓一带，有时甚至包括六盘山北麓向北延伸的海拔1500米的长岭（积石岭）。③ 其间涵盖数段实际上不同的山脉，自东向西主要有白于山、桥山、六盘山、积石岭等。

白于山，也就是狭义的横山，横亘在今陕西省北部定边县、靖边县、横山县与吴起县、志丹县、安塞县的接壤地区，向西可延伸至宁夏回族自治区的盐池县东部，向南延伸至甘肃省华池县北部边缘。其"人物劲悍善战，多马，且有盐铁之利，夏人恃以为生"④。

白于山主峰以东至无定河流域的梁状山地，⑤ 东西绵延逾200公里，南北宽10公里到30公里不等，西高东低，沟谷深陡，平均海拔1600—1800米，"是无定河与洛河、延河、清涧河的分水岭，也是黄土丘陵沟壑地区与鄂尔多斯风沙草原的分界线。"⑥ 这一地区很长时期都由西夏控制，"其范围用宋将种谔的话去概括，大体上包括银（今陕西米脂县西北八十里）、宥（今陕西靖边县境）、夏（今内蒙古自治区和陕西省交界处，俗称白城子，原属陕西横山县，现改属靖边县）三州之内。"⑦

桥山，就是著名的子午岭所在山脉。其东北部与白于山、崂山相望，南部与渭北高原相连，北部从甘肃华池以北延展至黄陵境内的蚰蜒岭以南分成

① ［日］前田正名著，杨蕤、尹燕燕译：《陕西横山历史地理学研究》，中国社会科学出版社2018年版，第10—16页。
② 《续资治通鉴长编》卷一四九，仁宗庆历四年五月壬戌条。
③ ［日］前田正名著，杨蕤、尹燕燕译：《陕西横山历史地理学研究》，中国社会科学出版社2018年版，第9—16页。
④ 《续资治通鉴长编》卷三二八，神宗元丰五年七月丙戌条。
⑤ ［日］前田正名著，杨蕤、尹燕燕译：《陕西横山历史地理学研究》，中国社会科学出版社2018年版，第15页。
⑥ 穆渭生：《唐蕃战争后期盐州军事地理述论》，《陕西师范大学继续教育学报》2006年第2期。
⑦ 李蔚《宋夏横山之争述论》（《民族研究》1987年第6期）与杜建录《西夏时期的横山地区》（《固原师专学报》1992年第3期）所考据的横山的范围。

近乎东西两支，伸入洛河和泾河源地，并构成泾洛两大水系的分水岭。

桥山在北宋是环庆路与鄜延路的交界地带。宋代文献中常常提到的"横山之险"指的是"桥山北垂"的白于山。

六盘山，坐落于宁夏和甘肃南部、陕西西部，长约 240 公里，呈东南—西北走向，平均海拔逾 2500 米，南端也称陇山、陇坻。其主峰在宁夏固原、隆德两县境内，海拔 2928 米。此山"山高而长，北连沙漠，南带汧、渭"，以曲折盘旋和高峻险峭而著称，"关中四塞，此为西面之险。"①

六盘山山脊有关隘萧关，是中国历史上卫戍关中的四大名关之一。其位置自汉代以来多有变迁，宋夏时期的萧关在今宁夏固原市东南。②

西夏长期占据的天都山，是六盘山西北的余脉，即今宁夏海原县的西华山至南华山等山地。③ 这一带地势较为开阔，土地平整，是"畜牧耕稼膏腴之地，人力精强，出产良马，夏人得此则能为国，失此则于兵于食皆有妨阙"④。积石岭，"去灵、环皆三四百里"⑤，是灵州的南界，"清远在旱海中，不毛之土，素无井泉"⑥，"略当今甘肃环县、宁夏灵武、盐池一带的南北走向的山地，严格来讲，并不位于六盘山北麓。"⑦ 这里地势高亢，是环州同怀德军之间的自然分界线。北宋的清远军就设置在积石岭上。北宋时，清远军正当隘险，可以屯聚兵粮，合依旧置军，增修城垒。其韦州在横山之北，西人恃此为险扼，故立监军司屯聚兵马，防拓兴、灵等州。⑧

---

① 《读史方舆纪要》卷五二《陕西一》。

② 《读史方舆纪要》卷五二《陕西一》："萧关，亦名陇山关。襟带西凉，咽喉灵武，实为北面之险。……宋自天圣以后，西夏多事，萧关南北，筑城置戍，几无虚日。明初，徐达繇静宁、隆德至萧关，遂取平凉。萧关诚控扼要地矣。"

③ 刘华：《西夏南牟会遗址暨天都山今考》，《宁夏社会科学》1999 年第 2 期。

④ 《续资治通鉴长编》卷五〇四，哲宗元符元年十二月己卯条。

⑤ 《宋史》卷二七七《张鉴传》。

⑥ （宋）司马光：《司马温公集编年笺注》卷三八，巴蜀书社 2009 年版，第 509 页。

⑦ ［日］前田正名著，杨蕤、尹燕燕译：《陕西横山历史地理学研究》，中国社会科学出版社 2018 年版，第 9 页。

⑧ 《续资治通鉴长编》卷三一九，神宗元丰四年十一月庚子条。

旱海，即今宁夏黄河以东"灵盐台地"上的"河东沙区"。

这些山脉断续构成的"横山"，其北是毛乌素沙地，其南是黄土高原，处于农、牧交界过渡地带，是除了阴山山脉外，关中地区第二座隔绝南北的大山。历史上，这里曾是中原政权经略河套的基地，也是游牧民族南侵中原的前沿。

宋夏至金夏时期，横山山地绵延所及的地域泛称"山界"。西夏自德明时期据有横山，至乾顺时期尽失横山之地，历百年之久。金朝建立后，西夏并没有放弃对横山地区的争夺，可以说，横山是西夏与北宋、金朝的界山。大体上，横山以北，尽为西夏所有，以南则为宋（金）所有。① 直到西夏乾祐十三年，即金大定二十二年、南宋淳熙九年（1182），这一地区才被正式纳入金朝的疆域版图。②

纵观西夏兴衰历史，横山的得失具有指标意义。南宋史家李焘曾说："夏人百年强盛，力足以抗中国者，其势在山界。"③ 西夏之兴在得横山。

夏国之先，本非强盛，自灵武失守，奄有横山之地，其俗犷悍，其民勇鸷，长于弓马，驰骤山岭溪谷之间，如践平地，此其能取胜于汉兵也。自元昊举兵逆命，敢以猖狂妄行者，横山之众，良有助焉。又其地蹊险，其土饶衍，西贼所恃以为固，所仰以为生者，皆横山也。④ 西夏之衰，在失横山。"元昊若失横山之势，可谓断其右臂矣。"⑤

北宋熙宁之初，宋将种谔提出：今之兴功，当自银州始。其次迁宥州，又其次修夏州，三郡鼎峙，则横山之地已囊括其中。又其次修盐州，则横山强兵战马，山泽之利，尽归中国。其势居高，俯视兴、灵，可以直覆巢穴。

---

① 李蔚：《宋夏横山之争述论》，《民族研究》1987 年第 6 期。
② 许伟伟：《西夏时期横山地区若干问题探讨》，《西夏学》第十七辑，甘肃文化出版社，2018年第 2 期。
③ 《续资治通鉴长编》卷三二八，神宗元丰五年七月乙未条。
④ 《续资治通鉴长编》卷四六九，哲宗元祐七年正月壬子条。
⑤ 《续资治通鉴长编》卷一四九，仁宗庆历四年五月壬戌条。

又其次，修筑兰会，以尽横山之地。[①]

此后的事态发展不断证明这一策略的有效。最初，西夏恃横山诸族帐强劲善战，故用以抗中国。种谔谋取横山，故兴灵州之师，及王师失利，李宪始献进筑之议。神宗厌兵，不克行。童贯旧常从李宪，得其仿佛，故献议进筑，遂领六路边事，将诸路兵六七年，进筑军垒，建立堡砦，遂得横山之地。夏人失所恃，遂纳款。夏国自是少衰矣。[②]

如果没有金人崛起，西夏很可能就亡于北宋进筑横山、旁取河湟的策略。横山于西夏犹如压舱之石，有如下几个方面的原因：

第一，从政治上看，横山所在银夏诸州是西夏政权的崛起之地，统治者世代经营，在政治上和情感上有着高度的归属感。清代西夏史家吴广成说：

> 当是时（指唐末五代），中原鼎沸，阐帝图者，八姓十三君；郡邑瓜分，秉节旄者，九州数十主。间阎多诛求之困，行间切锋刃之忧。独银、夏、绥、宥、静五州，兵不事战征，民不睹金革，休养生息，几及百年。西夏之昌，早基于此。[③]

长兴四年（933），后唐政权武力胁迫定难军移镇延州，夏州节度使李彝超拒不奉调。理由是"夏州贫瘠，非有珍宝蓄积可充朝廷贡赋也，但以祖父世守此土，不欲失之"[④]。太平兴国七年（982），宋太宗削藩，定难军节度使李继捧入朝，献银、夏、绥、宥、静五州地。其弟李继迁奔入蕃落地斥泽，联姻大族，复谋自立。

元昊称帝建国后，政治中心西移至兴灵地区，但横山地区又作为宋夏政治交聘的门户不断载于史册。[⑤]

第二，从经济上看，横山地区是西夏的半农半牧区，境内山岳绵延，河

---

① 《续资治通鉴长编》卷三二八，神宗元丰五年七月丙戌条。
② （宋）陈均：《皇朝编年纲目备要》，中华书局 2006 年版，第 728 页。
③ 《西夏书事》卷二。
④ 《资治通鉴》卷二七八，明宗长兴四年三月壬辰条。
⑤ 杜建录：《西夏时期的横山地区》，《固原师专学报》1992 年第 3 期。

流错综，如无定河、大理河、吐延水、白马川等，沿河的一些州县多受其利，因而农牧业生产相当发达。西夏的经济命脉盐铁也出产在这一地区。①

首先，农业上，夏国依赖河南膏腴之地，以及横山、天都、马衔山一带。② 其中尤以"无定河东满堂、铁笊平一带地土，最为膏腴，西人赖以为国"③。

其次，牧业上，横山地区之马匹是北宋马市的大宗物资，尤以横山东段的府州所出为佳。④

再次，经济上，西夏人赖以为生的"盐铁之利"也出自横山地区。

在银、夏之北，千里不毛，但以贩青白盐与边民博来粟麦充食。⑤ 不仅如此，青白盐还是西夏对外贸易的优势物产。"盖盐中国之大利，又西戎之盐，味胜解池所出，而出产无穷。既开其禁，则流于民间，无以堤防矣。"⑥ 所以，西夏十分重视青白盐池的经营。⑦

"传闻葭芦山以北一带，茶铁财用之饶，贼界所恃。"⑧ "（夏州东弥陀洞）又次东七十里有铁冶务，即是贼界出铁制兵器之处。"⑨

第三，从军事上看，一方面横山山界地形险要，易守难攻；⑩ 另一方面横山蕃部勇悍善战，为西夏诸军之冠。⑪

---

① 杜建录：《西夏时期的横山地区》，《固原师专学报》1992 年第 3 期。

② 《续资治通鉴长编》卷四六六，哲宗元祐六年九月壬辰条。

③ 《续资治通鉴长编》卷二二八，神宗熙宁四年十二月甲寅条。

④ 《宋会要辑稿》之《兵·马政四之一》："凡马所出以府州为最，盖生于黄河之中洲，曰子河汉者，有善种，出环、庆者次之。秦、渭马虽骨骼高大，而蹄薄多病。文、雅诸州为下，止给本处兵及充铺马，契丹马骨骼颇劣。"

⑤ （宋）彭百川：《太平治迹统类》，广陵书社 1990 年版，第 49 页。

⑥ 《宋史》卷二九五《孙甫传》。

⑦ 《续资治通鉴长编》卷四四，真宗咸平二年六月戊午条："乌、白盐池，夏贼洎诸戎视之犹司命也。"

⑧ 《续资治通鉴长编》卷二二〇，神宗熙宁四年二月乙酉条。

⑨ （宋）范仲淹：《范仲淹全集》，四川大学出版社 2002 年版，第 917 页。

⑩ 杜建录：《西夏时期的横山地区》，《固原师专学报》1992 年第 3 期。

⑪ 李蔚：《宋夏横山之争述论》，《民族研究》1987 年第 6 期。

横山山地，山崖高峻，连延千里，① 西夏可以"凭高据险，下瞰沙漠，各列堡障，量以戎兵镇守，此天险也"②。西夏因山设险，修筑了一系列堡寨，使横山蕃部把守，以逸待劳，邀击宋军，致使深入夏境的宋军往往损兵折将，无功而还。③

西夏"苦战倚山讹，山讹者横山羌，平夏兵不及也"④。宋夏战史上赫赫有名的骑兵"铁鹞子"和步兵"步跋子"，就是由横山羌组成。⑤

第四，从战略上看，横山地区的自然环境相对有利于地方土著相持周旋，不利于中原大军跋涉奔袭。

"从银夏至青、白两池，地惟沙碛"⑥，在很大程度上，"横山，朔方大碛也"⑦。西夏身处其中，来入侵宋时，每每凭借横山来点集兵力和运粮，所以能每战获利。⑧

横山诸州之中，以"深在沙漠，本奸雄窃据之地"⑨ 的夏州最为重要。《读史方舆纪要》载：

---

① 《读史方舆纪要》卷五七《陕西六》。

② 《宋史》卷三二五《刘平传》。

③ 杜建录：《西夏时期的横山地区》，《固原师专学报》1992年第3期。

④ 《宋史》卷四八五《夏国传上》；《续资治通鉴长编》卷一四九，仁宗庆历四年五月壬戌条："元昊巢穴实在河外。河外之兵，懦而怯战。惟横山一带蕃部，东至麟、府，西至原、渭，二千余里，人马精劲，惯习战斗之事，与汉界相附，每大举入寇，必为前锋。故西戎以山界蕃部为强兵，汉家以山界属户及弓箭手为善斗。"

⑤ 《宋史》卷一九〇《兵志四》："西贼有山间部落谓之'步跋子'者，上下山坡，出入溪涧，最能逾高超远，轻足善走。有平夏骑兵谓之'铁鹞子'者，百里而走，千里而期，最能候往忽来，若电击云飞。每于平原驰骋之处遇敌，则多用铁鹞子以为冲冒奔突之兵；山谷深险之处遇敌，则多用步跋子以为击刺掩袭之用。此西人步骑之长也。"

⑥ 《续资治通鉴长编》卷三五，太宗淳化五年正月甲寅条。

⑦ 《读史方舆纪要》卷五七《陕西六》。

⑧ 《续资治通鉴长编》卷三二六，神宗元丰五年五月丙午条："历观前世本路强敌与中国限隔者，利害全在沙幕。若彼率众度幕入寇，则彼先困；我度幕往攻，则我先困。然而先代常能为边患者，以漠南有山界之粟可食，山界之民可使，有山界之水草险固可守。我师度漠而北，则须赢粮载水，野次穷幕，力疲粮窘，利于速战，不幸坚城未拔，大河未渡，食尽而退，必为所乘，此势之必然也。"卷五〇〇元符元年七月甲子："西人之来，虽已涉沙碛，乃在其境内，每于横山聚兵就粮，因以犯塞，稍入吾境，必有所获，此西人所以常获利。"

⑨ 《续资治通鉴长编》卷三九，太宗至道二年四月癸未条。

（榆林）镇截河套之卫，固延绥之守。主父偃言：河南地肥饶，外阻河，蒙恬城之以逐匈奴，内省转输戍漕，广中国，备边之本也。盖自秦至唐，御戎上策，恒在大河以北也。唐末，拓跋恭据有夏州。延及宋世，强狄益甚，陕西六路皆为困弊。历祚三百余年，始为蒙古所并。岂非关中上游，恒在朔方之验欤？[①]

## （五）拉脊山及河湟谷地

"河湟"是历史上沿袭下来的地域概念。"河"指黄河，"湟"指湟水。顾名思义，所谓的"河湟谷地"，即指黄河与湟水之间的峡谷走廊。其确切的位置在今青海省东部的日月山、拉脊山、达坂山之间，是一片由湟水及其支流河谷和积石峡以西的黄河河谷所组成的三角形地带，包括今湟水流域的民和、乐都、平安、互助、西宁、大通、湟中、湟源、海晏等县，以及黄河流域的循化、化隆、尖化、贵德等县境。历史上，这一地区"河湟环带，山峡纡回。扼束羌、戎，屹为襟要"[②]。其东结陇右，南通巴蜀，北依祁连，是古代中原地区与河西走廊、西域地区交通往来的桥梁。[③]

拉脊山，又称小积石山或唐述山，西北起青海省西宁市西侧青海湖，东南至青海省界循化县境积石峡，山峰多在海拔 4000—4500 米之间，最高峰是野牛山，海拔 4832 米。它是湟水河谷与黄河干流河谷的分水岭，其北为湟水谷地，南为黄河谷地。这两个冲击小平原历史上都是农业较为发达的地区。

达坂山，也作大坂山，又称青石岭，西北起自北川河干流，东南至大通河下游，北高南低，平均海拔 4000 米左右，主峰仙密大山海拔 4354 米。它是湟水河谷与浩亹（也作浩门）河谷（今作大通河）的分水岭。其南为山体低缓的湟水谷地，牧草丰盛；其北为地势陡峭的浩亹河谷，森林茂密；再北就

---

① 《读史方舆纪要》卷六一《陕西十》。
② 《读史方舆纪要》卷六四《陕西十三》。
③ 李孝聪：《中国区域历史地理》，北京大学出版社 2004 年版，第 28 页。

是冷水岭，著名的祁连山之所在。

日月山，也叫"赤岭"，是拉脊山的余脉，位于河湟谷地的西端，地在今青海省会西宁市西、青海湖东，呈南北走向，长 90 公里，平均海拔 4000 米左右，是青海省牧区与农业区的自然分界，是中原地区和河西走廊通往青藏高原腹地的必经之路。

河湟谷地，由黄河谷地和湟水谷地两大区域构成。黄河谷地指青海省共和县合乐寺以下至民和县峡口为止的 321 公里黄河干流沿岸地区，包括贵德谷地、尖扎谷地、循化谷地和官亭谷地四段。平均海拔在 2000 米左右，年降水量在 300—400 毫米，土壤肥沃，灌溉便利。湟水谷地由湟水干流区和支流浩门河（今大通河）流域组成。其中湟水在南，是黄河上游最大的支流。它源出大坂山南麓青海省海晏县噶尔藏岭，东南流经西宁州，至甘肃兰州市西达家川汇入黄河，海拔 4000 米，长 349 公里。浩门河在北，是湟水的最大支流。它源出于祁连山及大通山间的山谷，东南流经门源，称为"浩门河"，至青甘两省交界处，则称为"大通河"，在今青海省民和县汇入湟水，长 554 公里。

宋夏时期，河湟谷地主要由青唐城（今青海西宁）为中心的吐蕃唃厮啰政权统治。随着西夏侵入并控制河西走廊之后，吐蕃唃厮啰所在的河湟谷地即"青海道"逐渐跃升为西域与中原交通的主要孔道，并且成为宋夏双方竞相争夺的战略目标。[①]　"熙河一路危，则中国无临制之形，而夏贼有跋扈之势。"[②]

北宋前期，对河湟吐蕃主要采取支持和羁縻的政策，以便联合因应西夏崛起的政治现实。到了后期，改采征伐与统治的政策，目标直指西夏政权的灭亡。熙宁到崇宁年间，北宋断续发动两次"河湟之役"，基本控制了河湟地

---

① 《读史方舆纪要》卷六四《陕西十三》："（唐代）天宝以后，吐蕃乘中国之乱，蚕食河湟，东及秦陇。于是，唐之边备，近在邠、岐、泾、原之境。西平，诚西面之保障矣。宋关中戍守，不越秦凤。熙宁以后，始务远略，图复河湟以制西夏。"《宋史》卷四八五《夏国传上》："党项、吐蕃唃厮啰、董毡、瞎征诸部，夏国兵力之所必争者也，宋之威德亦ેੁ其地，又间获其助焉。"

② 《续资治通鉴长编》卷四六〇，哲宗元祐六年六月丙午条。

区的大部分地域，并且设置了新的军政区划"熙河路"，辖区包括熙州（今临洮县）、河州（今临夏市）、洮州（今临潭县）、岷州（今岷县）、巩州（今陇西县）、兰州（今兰州市）、廓州（今尖扎县）、乐州（今乐都县）、西宁州（今西宁市）、震武军（今门源回族自治县）和积石军（今贵德县）等。[①]

由此北宋获得了重要的战马补给地。宋在熙河路置"买马场六"，将马匹贸易转移到宋王朝控制的吐蕃地区，以致在很长一段时期内，宋廷"岁买马二万匹，而青唐十居七八"[②]。

西夏前期夺取河西走廊，"遂有窥陇蜀之志"[③]。西夏将谋寇宋，恐唃厮啰制其后，复举兵攻兰州诸羌，南侵至马衔山，筑城瓦川、凡川会，留兵镇守，绝吐蕃与中国相通路。[④] 马衔山是祁连山的余脉，在今兰州榆中县以南，东西走向，主峰海拔 3670 米。西夏在此筑城驻兵，目的在于切断北宋和河湟吐蕃的交通线。[⑤]

西夏后期，乘北宋垂亡之危染指河湟。先后攻取乐州、西宁州，后又获得金朝赐地积石州、廓州。其北面越过祁连山与河西走廊相连；东面越过大通河，沿庄浪河，通凉州与会州；西面限于日月山，南面限于小积石山。[⑥] 由此西夏右臂之势得以加强。

孟子说"天时不如地利，地利不如人和"。西夏立国长久的道理也是如此。其"天时"在，于宋辽、宋金等大国长期对峙格局的夹缝中求生存，"视三国之势强弱以为异同焉。"如抗宋，"援契丹为亲，私自相通，共谋寇难，缓则指为声势，急则假其师旅，至有犄角为奇，首尾相应。彼若多作牵制，

---

① 张虽旺：《"河湟"区域的历史变迁》，《赤峰学院学报》（汉文哲学社会科学版）2018 年第 4 期。

② 连菊霞：《北宋经制西北民族对生态环境造成的影响》，《敦煌学辑刊》1999 年第 2 期。

③ 《续资治通鉴长编》卷三六六，哲宗元祐元年二月丙子条。

④ 《续资治通鉴长编》卷一一九，仁宗景祐三年十二月辛未条。

⑤ 曾瑞龙：《拓边西北——北宋中后期对夏战争研究》，浙江大学出版社 2019 年版，第 248 页。

⑥ 王天顺：《西夏地理研究》，甘肃文化出版社 2002 年版，第 29 页。

我则困于分张，盖先已结大敌之援，方敢立中原之故。"① 其"地利"在，"阻河依贺兰山为固"，于要害之地，"置十二监军司，委豪右分统其众"②。其"人和"在，"国小则无所持而常惧，军民之事犹如一家也，相恤相救，谋虑日深，故其弱难犯"③。

　　① 《续资治通鉴长编》卷一一九，仁宗宝元二年九月丁巳条。
　　② 《宋史》卷四八五《夏国传上》。
　　③ 《东都事略》卷一二八《西夏传》。

# 四、交通道路

西夏长期据有河西走廊、朔方地区，控制着当时东亚陆地上最主要的东西交通线。河西走廊自汉唐以来是中原与西域交通的主线干道。西夏东部的夏州是向北通往天德军、贝加尔湖的大同云中道、参天可汗道所必经之地，宥州是向西前往西域的回鹘道上的一个大站，灵州是唐末宋初中西陆路交通主线的孔道。此外，西夏中期之后据有的河湟地区曾是北宋通西域的青唐路。西夏所辖疆域存在着历史上的诸多交通线路。

西夏政权地理空间上处于宋、辽、金、回纥、吐蕃等诸多政权的中间地带，各民族、政权之间交往多数要经过西夏，使得西夏的贸易、外交条件优越。此外，西夏周边国家和民族，也可借道西夏与第三国或地区来往，所以是大食、西州、回纥、吐蕃等政权的朝贡通道。西夏地区在对外交通方面处于十分重要的地位。

西夏立国，都城兴庆府成为中国西北地区新的政治中心，也是西夏境内的交通核心枢纽。以兴庆府为中心，既保留了原本存在的以凉州、灵州等为中心的连接周边邻国的政治、贸易路线，又新开辟了西夏四通八达的国内交通线。在这个交通网中，兴庆府是中心，有通向境内的主干道；灵州、夏州、丰州、凉州、甘州、西宁州等地是次一级的交通中心，各自又有道路通向各地。兴庆府与次一级交通中心的连接线，组成西夏交通的骨架；次一级交通中心之间及相邻州、监军司、军、县、城、寨、堡间的连接线，组成西夏交通的脉络。①

西夏时期新开辟的交通路线既有通往宋都汴京的国信驿路，又有通辽都城临潢府的"直路"，还有《西夏地形图》中的境内军用大道等。其他还有翻越贺兰山的九条谷道，通往贺兰山、天都山离宫的御用道路，由盐州通往环庆地区的车箱峡路、淮安路，等等。

同时，西夏作为游牧与农耕杂处的国家，牛、羊、驼、马蓄养与水渠兴修并重，陆路之外，还存在桥梁和渡口等其他交通设施，交通工具也沿用了当地的传统水陆交通工具。

## （一）境内交通

### 1. 兴庆府连通各地道路②

西夏由都城兴庆府通往全国监军司、军、府、郡、县，有一些重要的交通道路。主要有：

（1）南至灵州、韦州道路。由兴庆府向南，至永州、静州，南渡黄河至灵州，又南至浦洛河，由浦洛河向西南即为西夏静塞军司驻地韦州；向南入宋环州、庆州南下。

（2）北至丰州、黑山监军司等道路。由兴庆府向北至定州，再北至克危山（今石嘴山西）沿黄河外侧北上，东渡黄河可至丰州（今内蒙古乌拉特东之土城子），再沿乌加河（当时黄河主流）北岸可至黑山监军司（今乌拉特中旗新忽热古城）。

（3）西北至黑水镇燕军司道路。兴庆府向西，过贺兰山西口，沿贺兰山北上，过阿拉善平原西抵达黑水监军司。

---

① 王天顺：《西夏地理研究》，甘肃文化出版社2002年版，第182页。
② 西夏交通道路参考鲁人勇《西夏地理志》（2012）。

（4）西至白马强镇监军司道路。由兴庆府向北至定州，再西经啰保大陷谷越贺兰山至白马强镇监军司。

（5）东至盐州道路。由兴庆府向东渡黄河至灵州，过旱海，东南至盐州。

（6）贺兰山东麓道路。银川平原农耕区与贺兰山麓边缘地区，形成一条南北交通大道。《西夏地形图》也有标示，在贺兰山西侧与沙漠边缘间，有一条南北大道，将黑山威福军司、白马强镇军、黑水镇燕军与兴庆府连接起来。①

（7）西南至卓啰和南军司道路。由兴庆府向西南沿黄河外侧，乌鞘岭西，再沿折河（今甘肃庄浪河）至卓啰城。

（8）南至西寿保泰军司道路。兴庆府向南，在吴仁瀑（今青铜峡）上游过黄河，经黛黛岭（今牛首山）北侧至鸣沙县（今中宁县鸣沙镇），再经勒山、妹把山、尝哆口至西寿保泰军司②或会州。③

## 2. 各地之间的连通道路

（1）以灵州为中心的交通线路。

灵州从唐朝以来，一直是河套地区的中心。西夏建都立国后，兴庆府的交通地位超过灵州，但灵州作为西平府，又是翔庆军所在地，西夏中后期设有大都督府，仍然是重要的交通中心。从灵州通往各地的道路有：

北至顺州路。北渡黄河至顺州。

东至盐州路。东行约300里至盐州。

西至凉州路。由灵州西渡黄河，折向西南经雄州至凉州共900里。其走向"自灵州过黄河，行三十里始涉沙入党项界，曰细腰沙、神点沙，至三公沙，宿月支都督帐。自此行四百余里，至黑堡沙，沙尤广。遂登沙岭。沙岭，

---

① 鲁人勇：《西夏地理志》，宁夏人民教育出版社2012年版，第217页。
② 《西夏地形图》只标示了这条道路的鸣沙以南段。
③ 鲁人勇：《西夏地理志》，宁夏人民教育出版社2012年版，第217页。

党项牙（帐）也。其酋曰捻崖天子。渡白亭河至凉州"①。

（2）以夏州为中心的交通线路。

夏州在唐代已是由关中去漠北的门户，作为西夏的发祥地，在西夏时期是一个较为重要的交通中心。通往各地的道路主要有：

东南至绥州路。由夏州沿无定河东行至银州，经龙泉寨、米脂寨行至绥州。

东北至石州、胜州路。夏州东北至西夏宥州路之石州，又北行为宋麟州，再北可抵胜州。

西至盐州路。夏州西南为宥州，再西行可至盐州。

（3）以凉州为中心的交通线路。

凉州（今甘肃省武威市）设有西凉府，是西夏的陪都和辅郡，天盛时期设有南院监军司。凉州是河西地区的政治、经济、文化中心，自古以来是控扼西域与中原、东西交通的枢纽。凉州向西连接甘州，通往肃州、瓜州、沙州；向东连接都城兴庆府；南院监军司向南连通境内卓啰监军司。

（4）以甘州为中心的交通线路。

甘州（今甘肃省张掖市）处河西走廊中部。除去是东通凉州，西通瓜、沙等州的中西交通主线外，西夏时期还有以下两条重要交通线：一是甘州青唐路。由甘州向南越祁连山，经大斗拔谷（今青海与甘肃交界的扁都口），沿浩门河（大通河）北岸至震武城（今青海门源县克图），从通济桥跨浩门河，度星岭至鄯州（今青海省乐都县）、青唐城（西宁州）。二是甘州至黑水城大道。从甘州西北过黑河桥（此处立有夏仁宗亲撰敕文的黑河桥敕碑），沿西岸北行至黑水监军司驻地黑水城（今内蒙古额济纳旗黑城）。②

---

① 《新五代史》卷七四《于阗传》。

② 天盛时期的西院监军司可能设在甘州。（许伟伟：《西夏边防的基层军事建置问题》，《西夏研究》2019 年第 1 期）黑水城出土军事文书中，西夏西院至肃州，再至黑城，沿路筑烽燧，传递信息。[日] 佐藤贵保著，冯培红、王蕾译：《西夏末期黑水城的状况——从两件西夏文文书谈起》，《敦煌学辑刊》2013 年第 1 期。

（5）以青唐城为中心的交通线路。

西汉至唐代，从长安西行至临洮进入今青海，形成一条西通西域的大道，即古青海路。唐中后期直到五代、北宋时期，青海全境被吐蕃占据。公元1032年，唃厮啰以青唐城（今青海西宁市）为王城，扩大其统治区域。此时一般将青海路改称青唐路，西可通西域，南可入逻些城（今西藏拉萨）。此后，北宋、金先后进入青海地区。西夏天盛十七年，即金大定五年、南宋乾道元年（1165），西夏几乎全部控制整个河湟地区，其中的西宁州仍是其交通中心，通往各地的主要道路有：

东至卓啰和南军司路。由西宁州沿湟水岸东行，经通湟寨、通川堡至京玉关（今甘肃兰州西河口镇），再沿庄浪河谷西北行至卓啰城。京玉关再东，则可经西关堡至兰州。西北至甘州即甘州青唐道。

（6）以天都山为中心的道路。

天都山（位于今宁夏海原县南部），嵬名元昊曾在这里修建南牟会城，营造宫殿，与其宠妃没啳氏居住；修建有巨大的府库，驻重兵，还在这里指挥了定川、好水川战役。宋人称天都山"介五路间。羌人入寇，必经彼点集，然后议其所向"①。西夏有点集制度，天都山为中路军事兵力汇集点。西夏大安八年，即辽大康七年、北宋元丰四年（1081），宋将李宪攻破南牟会，毁其殿宇，后来宋又重筑城垣并建西安州。南宋初，西安州又复归西夏。以天都山为中心的道路有3条。其一，长安—凉州北道是中西陆路交通线的一段，西汉至唐中叶成为丝路主线。唐广德元年（763）后被吐蕃控制，北宋初年曾一度通畅，后又被西夏阻断。永安二年，即辽寿昌五年、北宋元符二年（1099），宋置西安州，并开通镇戎军至西安州驿道，设4个驿站：镇戎军在城驿（今宁夏固原市城关）；北行至石门，在平夏城（今宁夏固原市三营镇黄锋堡村）；西北行至秋苇驿，在临羌寨（今宁夏海原县贾埔乡马营村西）；又西北行至南

---

① 《宋史》卷三五三《张叔夜传》。

牟驿，驿站设在西安州城内。由西安州越堀（嵝）山，从会宁津（今甘肃靖远东北 90 公里石门村）西渡黄河，抵河西乌兰县（今甘肃景泰）西北至凉州。西南至会州、兰州由南牟会西越堀（嵝）山，经通会堡、会州至兰州。西夏大安八年，即辽大康七年、北宋元丰四年（1081），宋"五路西征"，兰会熙河路李宪即沿此路进兵。其二，南至宋德顺军。好水川之战，元昊率骑兵至牧隆城全歼宋军，即走此路。其三，东至萧关。萧关向北至灵州境。

（7）以监军司为点的交通网络。

西夏天盛时期，设十七监军司，运输官畜、谷、钱、物时，如不属于经略使范围，由当地运送来京的时间规定：沙州、瓜州四十日，肃州、黑水三十日，卓啰、南院、西院、啰庞岭、官黑山、北院、年斜、石州二十日，北地中、东院、西寿、韦州、南地中、鸣沙、五原郡十五日。① 《西夏地形图》有连接黑水、官黑山等监军司的军用大道。西夏军事行动前的点集制度，是监军司之间的军事联动，西夏时期存在监军司之间的交通通道。

## （二）对外交通

### 1. 以兴庆府为中心的对外交通驿道

（1）"国信驿路"。西夏都城兴庆府与北宋都城开封府之间通使、通商及战争的主要道路。《西夏地形图》标出了此路的具体走向，即由都城兴庆府，东南行，经吕渡，东渡黄河，经过从分山口、古雨、苦井、人头、白池、万全寨等驿站，抵宋保安军（今陕西志丹县）。宋人由保安军入夏路，也称为"长城岭路"。其所经道路是"自（保安）军北归娘族六十里过长城的，此至秦（一作奈）王井驿入平夏，经柳泊岭、并铁市、白池、人头堡、苦井、三分山、谷口、河北九驿，至故灵州怀远镇七百里。此路自军至秦王井在山谷口，行险狭，自秦王井地势渐宽平，经沙碛少水泉，可掘沙为井……保安军

---

① 《天盛改旧新定律令》卷一七《物离库门》。

至贼界三十里，此路可行师"①。

这条"国信"驿道在李德明时期就已形成，为宋运送岁赐，以及两地使臣、信使来往之路，也是双方行军之道。西夏与北宋交好时期，宋廷岁赐中的茶的运送，就是从临近西夏边境的保安军运转西夏。由于宋朝在保安军设有榷场，因而其商业作用也很大。② 从宋京师至西夏的沿途驿路是西夏使臣和商队贸易的重要场地。

（2）由兴庆府经夏、绥二州至汴京的驿道。夏州、绥州在兴庆府东，原属定难军五州之地，"其地东西二十五驿，南北十驿。自河以东，北十有二驿而达契丹之境"③，是西夏建国前已置的驿道。李德明"以中国恩礼优，天使频临，遂于绥、夏建馆舍二，曰承恩，曰迎辉。五百里内道路桥梁修治整饬，闻朝使至，必遣亲信重臣迎道左"④。《西夏地形图》标注这条驿道的走向是：由兴庆府向东，在顺化渡（今银川黄河大桥附近）过黄河，沿鄂尔多斯沙漠南缘至夏州，顺着无定河谷经石州、银州、绥州，至宋边境，沿宋驿道抵达开封。开封城西设有专门接待夏国使节的"蕃驿"⑤。

（3）兴庆府通辽"直路"。是由兴庆府通往辽都城临潢府的驿道。西夏初期向辽国称臣后，由兴庆府开"直路"直达辽上京临潢府（今内蒙古巴林左旗南）。⑥ 从都城兴庆府东过黄河向东北，"北十有二驿，而达契

---

① 见《武经总要》卷一八《陕西路》。此处共记载9个驿站。《西夏地形图》仅标出5个：白池、人头、苦井、分山口、古雨。

② 杨富学：《西夏与周边民族关系研究》，甘肃民族出版社2012年版，第30页。

③ 《隆平集》卷二〇《夷狄传》。

④ 《西夏书事》卷九。

⑤ 《宋会要辑稿》方域十之一一四："（大中祥符三年）正月十九日，内侍副都知阎承翰使夏州还，上言赵德明于绥、夏州界各建馆舍以待王人，望于洛浦峡（即溥乐河，今宁夏灵武县西南——编者注）置驿。九年四月七日，以京城西旧染院为夏州'蕃驿'。"

⑥ 《辽史》卷四一《地理志五》："河清军，西夏归辽，开直路以趋上京。重熙十二年（1043）建城，号河清军。"河清军在今内蒙古东胜稍北，与西夏边界很近。《辽史》卷三七《地理志一》。上京临潢府："西南同文驿，诸国信使居之。驿西南临满野，以待夏国使。"又《辽史》卷三九《地理志三》。中京大定府："来宾馆待夏使"。

丹之境"①。《西夏地形图》标注的这条驿道，呈直线，共有 12 个驿站，分别为：马练驿、吃罗驿、启哆驿、卒李驿、布袋驿、连袋驿、陌井驿、乳井驿、哶通驿、梁唛驿、横水驿。其中吃罗、哶通、梁唛都是党项部落之名。② 经过 12 驿站至辽国的河清军境内，然后再经辽境驿道抵辽都城。

（4）夏金贸易道路。辽灭亡后，西夏向金称臣，以直道为交通线的贡使贸易为主体，直道成为夏金贸易大道。贡使贸易之外，沿边榷场贸易在夏金贸易中占有重要地位。金灭北宋，夏金边境线较北宋时期有进一步的延长。《金史·交聘表》记载了西夏频繁地出使金的情况，西夏出使除了正常的使节团，还有一些商人团体跟随，便利于在金境内沿途的贸易。

（5）兴庆府通西域的河西走廊驿道。河西走廊是传统的中西交通路线中的一环。宋初前往西域交通的主线由咸阳向北，改经庆州、环州至灵州，再西渡黄河，经过应理至甘肃武威入河西走廊，此即灵州西域道。西夏立国后，兴庆府成为新的交通中心，有正式驿道通河西。从兴庆府西至贺兰山东麓向南，沿黄河西岸至雄州（今宁夏中卫市），再经勒鸡会至凉州，然后经甘州、肃州、瓜州、沙州通西域。③ 夏金时期，西夏借着地理优势开展中转贸易，将西域回鹘等地的特产卖到金朝，将金的丝绸、茶叶转卖到西域。

---

① 《隆平集》卷二〇《夷狄传》。

② 李雪峰、艾冲：《西夏与辽朝交通干线"直路"的开辟与作用》，《甘肃社会科学》2016 年第 6 期，第 211—216 页。"直路"是西夏李继迁至元昊时期，为便于与辽朝建立同盟、完善全国道路交通网、构筑西夏东部军事驻防体系，开辟的一条从其统治中心至辽国临潢府城（今内蒙古巴林左旗南）的驿道。李继迁叛宋附辽后开辟起自地斤泽的"直路"，沿唐代"夏丰干道"北上至辽境；赵德明将"直路"南段由地斤泽向西南延伸至灵州城（今宁夏吴忠市利通区古城湾村西侧），布设十二驿站；元昊将"直路"北段由地斤泽转向东北延伸至胜州城（今内蒙古准格尔旗天顺圪梁古城），增设四个驿站。"直路"是西夏与辽交通往来的干道，也是西夏东部道路交通网的轴心，西夏东北驻防体系的基石。十二个驿站与《西夏地形图》所绘十二个驿站并非完全吻合。《隆平集》所述载十二个驿站的名称因失记载，至今尚未弄清楚。

③ 鲁人勇：《西夏地理志》，宁夏人民教育出版社 2012 年版，第 216 页。《西夏书事》卷一〇："德明使守信守凉州，有兵七千余，马五千匹。诸蕃畏其强，不敢动，回鹘贡路悉为阻绝。"
"大食，波斯别种，其入贡路由沙州，涉夏境，抵秦州。德明思掠其进奉物，上表请敕使者道其国中。时仁宗新立，知其诈，不许。诏大食：自今入贡取海路由广州入京师。"
"天禧初，宗哥族酋长马波叱腊等与伏羌寨蕃部厮鸡波连结为乱，知秦州曹玮率神武军破之野吴谷，余众遁走沙漠。至是，举众侵夏州，德明治兵相攻杀，西州贡路不通。"
这些从反面证明贸易道路的存在。

（6）兴庆府通吐蕃道。由兴庆府向西南沿黄河外侧，乌鞘岭西，再沿折河（今甘肃庄浪河）至卓啰城，然后经西宁州入唐蕃古道可抵逻些城（今西藏拉萨）。① 西夏通河湟道路是其中一段。金灭北宋，② 西夏崇宗李乾顺于大德二年，即金天会十四年、南宋绍兴六年（1136），取西宁州、乐州。次年，金以积石、乐州、廓州等"河外三州赐夏人"③，西夏据有河湟地区。

（7）西夏通漠北道路由兴庆府出发，经夏州或凉州，向北抵漠北，通"阻卜"诸部。

## 2. 西夏地方对外道路

西夏与宋鄜延、环庆、泾原、秦凤、熙河路毗接。与辽朝、吐蕃、回鹘以及后来的金朝都为比邻。西夏与外交通的州、监军司主要有：

（1）灵州南至环州路，④ 即《武经总要》所称"灵武大路"。由灵州向南，经清远镇、圣泉、浦洛河、清远军、美利寨，然后过青冈峡至洪德寨，再至环州。环州再南，则经庆州、邠州、咸阳至长安。这条路在北宋初年仍十分重要，既是中西使臣、商旅的必由之路，又是朔方军镇与关中联系的纽带。

（2）灵州、盐州入宋环州路。浦洛河、耀德、盐井、清边镇入灵州，约五百里，本灵环州大路，咸平中陷清远军，明年陷灵州，弃美利寨。此路经瀚海中，无水泉。一路至洪德寨，东北入归德川上，过西界虾蟆寨、骆驼会，取双堆峰至盐州，约三百余里。洪德寨至骆驼会，系归德川浆水谷，甚为险狭，多泥泞。自骆驼会至盐州路，路平，人马易行。西夏大安八年，即辽大

---

① 《西夏地形图》标示这条道路的起点是"和南军，卓啰城"，止点是"西蕃界"。
② 《西夏书事》卷三四。
③ 《金史》卷七八《刘筈传》。
④ 《西夏书事》卷四："灵州橐驼口，夏州入中国要路。诸蕃由此贡马京师，继迁兵扼之，不得达。环州右班都知周仁美率骑士赴援，继迁兵乃退。卷七：咸平五年（1002）春正月，保吉置市于赤沙、橐驼等路。赤沙川、橐驼口两路，为灵、夏二州蕃族屯聚处，保吉各置会贸易，以诱熟户。于是归者日众，中国禁之不止。……保吉尝言：'我与西凉自来无事，向为万山等族所诱，与之构隙。今六谷众盛，难以加兵，不复进取。'蕃部信之。是时，境内日窘，抄掠鲜获，尽籍五州丁壮，大会诸族于盐州，声称分屯橐驼、车箱峡两路入攻环、庆。"

康七年、北宋元丰四年（1081），五路伐夏。宋环庆经略使高遵裕将步骑八万七千、泾原总管刘昌祚将卒五万出庆州，遵裕至灵州南清远军。

（3）灵州入宋庆州路。灵州至韦州，经灵威（韦）道至宋庆州清远军不及百里。

（4）灵州经鸣沙可至宋朝秦凤路的怀德军、镇戎军（今宁夏固原）和渭州（今甘肃平凉）。

（5）宥州、夏州入保安军路。① 盐夏路，自州北过塞门砦，度卢子关，由屏风谷入夏州界，石堡、乌延、马岭入平夏，至盐州，约六百里，其路自塞门至石堡、乌延，并山谷中行，最为险狭。② 比诸路最甚。③

（6）夏州、绥州、宥州入延州道路。④ 延州东北延川县入夏州，延州正北金明县经芦关、平夏城入夏州南界。延州西北经万安镇、永安城、洪门至夏州。基本上也是延州入绥州、宥州的道路。⑤ 夏州，南经延安至关中。由夏州向南至龙州，再经乌延口过芦子关、塞门、龙安寨、金明寨，至延州。然后经鄜州、坊州、同官、泾阳至长安。

大致以延州为顶点，由今延水、无定河等呈放射状的数条河谷川道组成，有东、中、西三条分支道路。⑥

东路在延州东北，即定难军东南，从夏州至绥州界至延川县，达丰林县

---

① 兴州至保安军路。《武经总要》卷一八《陕西路》。"长城岭路，自军北归娘族六十里，过长城岭，北至秦王井驿，入平夏，经柳泊岭、并铁市、白池、人头堡、苦井、三分山、谷口、河北九驿，至故灵州怀远镇七百里（后建兴州）。"

② 《武经总要》卷一八《陕西路》。

③ 《武经总要》卷一八《陕西路》。

④ 《武经总要》卷一八《陕西路》。"通塞川大路，宋凤川镇子午岭路至夏。平戎镇控洛河一带西界路。九星原路，大岘山入灵州路。"

⑤ 《续资治通鉴长编》卷三五，淳化五年正月甲寅朔条："从延州入平夏有三路：一、东北自丰林县苇子驿至延川县，接绥州入夏州界；一、正北从金明县入蕃界，至芦关四五百里，方入平夏，是夏州南界；一、西北历万安镇经永安城，出洪门，至宥州四五百里，是夏州西界。我师如入夏州之境，宜先招到接界熟户，使为向导，其强壮有马者，令去官军三五十里，踏白先行。缘此三路，土山、柏林、溪谷相接，而复临狭不得成列，蹑此向导踏白，可使步卒多持弓弩枪锯随之，以三二千人登山侦逻，俟见坦途宁静，可传号勾马，遵路而行，我皆严备，保无虞也。"

⑥ 韩茂莉：《宋夏交通道路研究》，《中国历史地理论丛》1988 年第 1 期。

苇子驿，称"延夏道"或"无定河路"①。

丰林县，"西至（延）州三十里"，故址在今延安市东 17.5 公里处周家湾村。苇子驿，在今丰林故城东北 46 公里处延川县苇子村。

延川县，"西南至（延）州一百八十里"，在今延安市东北 80 公里处与绥州交界。

延川县境有"吐延水"，"北自绥州绥德县流入"②，宋代叫"清涧川"③，系无定河下游；又绥德县"北至（绥）州一百里"，"后魏文帝分上郡南界邱尼谷置绥德县，隋不改。皇朝因之，武德二年移于吐延水北，即今理是也"④，可知延川县与绥州交界当在绥德县吐延水（清涧川）南一带，具体的地名或为"远川"。⑤

由此向东，至宋河东路永和关，又有一道（组）山地，即铁茄平⑥—定仙岭—满堂川⑦路，"最为要害"⑧，构成了绥延边界的最东段。这里位于无定河东岸，"最为膏腴"⑨，北宋于此自南向北设置了白草寨、南安寨、长宁寨、永平寨、青化寨、龙安寨等边防要塞⑩。

延夏东路即延州自丰林县、苇子驿、延川县接绥州的具体行程为：

延州东行 30 里至丰林镇，东北行约 90 里至苇子驿，又 60 里至延川县、绥德县交界处"邱尼谷"，之后沿吐延水（清涧川）—无定河北上至绥州 100 里。

---

① ［日］前田正名著，杨蕤、尹燕燕译：《陕西横山历史地理学研究——10—11 世纪鄂尔多斯南缘自于山区的历史地理学研究》，中国社会科学出版社 2018 年版，第 153、155 页。
② 《元和郡县图志》卷三《关内道三》。
③ 《武经总要》卷一八《陕西路》。
④ 《元和郡县图志》卷四《关内道四》，第 104 页。
⑤ 《武经总要》卷一八《陕西路》：新寨，控延州东北疆远川一带。
⑥ 今绥德县城南 25 公里处有铁茄坪村。
⑦ 今绥德县城东 17 公里处有满堂川乡。
⑧ 《武经总要》卷一八《陕西路》。
⑨ 《续资治通鉴长编》卷二一六，神宗熙宁三年十月乙亥条："无定河东满堂、铁茄平一带地土，最为膏腴，西人赖以为国，自修绥德城，数年不敢耕凿，极为困挠。"
⑩ 《武经总要》卷一八《陕西路》。

"这是一条由延州北上，沿无定河畔西行入夏的通道。"①

延夏中路在延州正北，即定难军正南。从金明寨入蕃界，过芦关，至夏州南界。这段路程也是盐夏路的重要组成部分。

金明即宋初金明寨，"南至延州四十里"，"控金明一川之口"，② 地在今延安市西北约 25 公里延河与杏子河交汇处的东侧安塞县沿河湾镇古城遗址③。

芦关，即芦子关，"去延州百八十里"，地在土门山，今延安市北 90 公里处靖边县东南与安塞县邻界城河村古城遗址④，以 "两崖峙立如门，形若葫芦，故谓之芦子"⑤。关北有要隘木瓜岭⑥、青岭门。其中 "青岭门，盖汉上郡桥山之长城门也，东北过奢延泽至夏州"⑦。

塞门寨，北距芦子关 15 里，⑧ 在今延河上游安塞县北镰刀湾乡政府所在地延河西岸塞木城遗址。⑨

淳化五年（994），宋金明县都监 "（李）继周以阿都关、塞门、芦关等寨最居边要，遂规修寨城。在磨卢家、媚咩、拽藏等族居近卢关，未尝内顺。继周夜率所部往袭，焚之，斩首俘获甚众"⑩。可知，塞门之南尚有阿都关一处最为边要之地。

金明寨到夏州界的具体行程为：

延州北行 48 里至金明县，在金明川东，此道沿河 "屈曲，涉者十三度"，又北 128 里至延昌县，经阿都关，又西北 20 里至塞门镇，又北 18 里至芦子

---

① 韩茂莉：《宋夏交通道路研究》，《中国历史地理论丛》1988 年第 1 期。

② 《武经总要》卷一八《陕西路》。

③ 吕卓民：《宋代陕北城寨考》，载吕卓民：《西北史地论稿》，中国社会科学出版社 2011 年版，第 52—53 页。

④ 吕卓民：《宋代陕北城寨考》，载吕卓民：《西北史地论稿》，中国社会科学出版社 2011 年版，第 55 页。

⑤ 《读史方舆纪要》卷五七《陕西六》。

⑥ 《旧唐书》卷一七《敬宗纪上》；《新唐书》卷三七《地理志一》。

⑦ 《资治通鉴》卷二七八，明宗长兴四年（933）二月丁亥条。

⑧ 《资治通鉴》卷二七八，明宗长兴四年（933）二月丁亥条。

⑨ 吕卓民：《宋代陕北城寨考》，载吕卓民：《西北史地论稿》，中国社会科学出版社 2011 年版，第 55 页。

⑩ 《宋史》卷二五三《李继周传》。

关，当延水源头。出关经屏风谷入夏州界，经石堡城，凡66里或46里至宁朔县。又北10里出秦长城，盖乌延口也。关北又有木瓜岭、青岭门，当要冲。疑当在长城南北大道。乌延口又北盖经乌延城、马岭寨，凡110里至夏州。[①]

"塞门至金明二百里"[②]，"自芦关南入塞门，谓之金明路"[③]。出芦关后，入平夏，西去盐州约600里，称之为"盐夏路"。

在延夏中路上，自南向北，北宋最远的关隘是位于屏风谷口的芦子关，定难军方面则有马岭、乌延、石堡等寨，其中"古乌延城，正据山界北垠，旧依山作垒，可屯士马，东望夏州且八十里，西望宥州不过四十里，下瞰平夏，最当要冲"[④]。

延夏西路在延州西北。从延州西北历万安镇，经永安城，出洪门（镇），至宥州，可称"长城岭路"或"延水西岸路或周水河路"[⑤]。

万安镇，又作万安寨，"东控五龙川入延州路。东至延州八十里，西浑州川路至招安寨，北至保安军八十里"[⑥]，地在今安塞县西南西河口乡西川河上游北岸的宋家沟村。[⑦]

永安城，即保安军，"太平兴国二年以延州永安镇置军"[⑧]，"旧延州栲栳城，唐为神策军，控扼蕃寇。""东至延州百五十里，经敷政、敷绝二县界，山谷不通车轨"[⑨]，地在今延安西北150里处志丹县周河川古城。[⑩]

---

① 严耕望：《唐代交通图考》，上海古籍出版社2007年版，第236—238页。
② 《续资治通鉴长编》卷一二六，仁宗康定元年（1040）二月庚申条。
③ 《资治通鉴》卷二七八，长兴四年（933）二月丁亥条。"赵珣《聚米图经》曰：芦关在延州塞门寨北十五里"；"赵珣《聚米图经》曰：自芦关南入塞门，即金明路。陈执中曰：塞门至金明二百里。"
④ 《续资治通鉴长编》卷三二六，神宗元丰五年五月丙午条。
⑤ ［日］前田正名著，杨蕤、尹燕燕译：《陕西横山历史地理学研究——10—11世纪鄂尔多斯南缘白于山区的历史地理学研究》，中国社会科学出版社2018年版，第155页。
⑥ 《武经总要》卷一八《陕西路》。
⑦ 吕卓民：《宋代陕北城寨考》，载吕卓民：《西北史地论稿》，中国社会科学出版社2011年版，第53页。
⑧ 《元丰九域志》卷三《陕西路·永兴军路》；《宋朝事实》卷一八保安军："太平兴国二年，以延州永安镇置军。天禧四年，置建子城。天圣元年，改为德靖寨。庆历四年，置顺宁寨。"
⑨ 《武经总要》卷一八《陕西路》。
⑩ 吕卓民：《西北史地论稿》，第63页。

洪门镇，"本夏州地，唐邠宁节度张献甫筑洪门镇城，置兵以防蕃寇。宋雍熙中废夏州，其地后伪号为洪州"①，地在今陕西靖边县西部中山涧乡附近红柳河与西湾河汇合处。

宥州，本夏州长泽县，"东夏州界六十里，西盐州界二百里，南保安军界约百里"②，北至神堆泽 50 里为界，南至洪门镇 80 里为界，西至五原郡盐池 180 里为界，以北属夏州，南东至古长城 60 里，属夏州界，西南至盘堆 80 里，西北至黄堆 80 里为界，以西北至故宥州 120 里为界属。③

这里的"南东"即东南，"古长城"指的是著名的"长城岭"，地在今在吴起县长城镇。黄堆，即黄堆寨，当在金明县西北。"金明西北有浑州川，水土平沃，川尾有桥子谷，即虏出入之隘道也"④。

保安军北至宥州南界约百里，自秦王井驿北行十里抵宥州边镇洪门。洪门镇北行八十里又至宥州。延夏西路即自万安镇出发，经长城岭路（保安军至洪门镇）至宥州、夏州一线的具体行程。即：

自延州西北行 80 里至万安镇，又 10 里过永安城（保安军），在险狭山谷中行，60 里至归娘族，又 20 里过长城（岭），（又）10 里至秦王井驿，即宥州南界洪门（镇）境，又北行 80 里至宥州治所长泽县，又东北至市泽 40 里为界，盖唐末乌延城也，"内依横山，形势险固，外瞰平夏，最当要冲，芦关道出乌延口，盖亦总会于此。"又东北 80 里至夏州治所朔方县。⑤

其中，长城岭北秦王井驿为保安军与宥州的交界之地。大中祥符年间，西夏曾明确承认长城岭曾是宥州与宋保安军（今陕西省志丹县）的边界。⑥

（7）夏州入辽路。夏州与辽金肃军邻近。此外还有西夏入辽西南路、山

---

① 《武经总要前集》卷一九《西蕃地里》。
② 《武经总要前集》卷一九《西蕃地里》。
③ 《太平寰宇记》卷三九《关西道十五》。
④ 《隆平集》卷五。
⑤ 严耕望：《唐代交通图考》，第 242—244、300 页。
⑥ 《宋史》卷二九〇《郭逵传》："（安远、塞门）二寨之北，旧有三十六堡，且以长城岭为界，西平王祥符所移书固在也。"

北路的道路。①

（8）夏州西北至丰州。由夏州向北，在唐元和八年（813）就曾依李吉甫之奏，至天德军复置驿11所。而西夏时从夏州通往丰州之路，就是李吉甫奏折中所说的"自夏州至丰州初置八驿"②，路程约750里。③

（9）绥州向东，可渡黄河经宋石州抵太原府。绥州向南，则可经延州南下关中。④

（10）盐州的盐运大道。盐州盛产食盐。其中的乌池（今定边县苟池），以产青盐驰名；白池（今内蒙古鄂托克旗的北大池），以产白盐驰名。西夏把对外出售青白盐作为朝廷的重要财政收入，因此，盐州有几条重要的食盐运

---

① 《辽史》卷四六《百官志二》。
　西南面安抚使司
　西南面安抚使
　西南面都招讨司。太祖神册元年置。亦曰西南路招讨司。
　西南面招讨使
　西南边大详稳司
　西南路详稳司
　西南面五押招讨司
　五押招讨大将军
　西南路巡察司。又有西南巡边官。
　西南路巡察将军
　西南面巡检司
　西南面巡检
　西南面同巡检
　西南面拽剌详稳司
　山北路都部署司。又有知山北道边境事官。
　金肃军都部署司
　南王府。见北面朝官。
　北王府
　乙室王府
　山金司。一作山阴司。置在金山之北。
　以上西京诸司，控制西夏。
② 《武经总要》卷一八《陕西路》。乌延口—芦（卢）子关—塞门段道路。
③ 鲁人勇：《西夏地理志》，第219页。
④ 《武经总要》卷一九《西蕃地里》；卷一七《河东路》："铁茄岭路，自伏落津济河，西入铁茄平，过古绥州，沿无定河川行，入银州。北入夏州，西入盐州。济黄河，即银州界。西北入夏州、盐州，地形平坦。淳化中，李继隆进军入夏州，至道中五路出师，王超领兵过河，至乌白池，即此路。"

销道路。除去前述之盐州—夏州—绥州大道和国信驿路之外，还有以下两条食盐运销道路：一是车箱峡路。按《武经总要》所记走向为："车箱峡路自淮安四北入通塞川，经大明泊、静边镇、香柏寨取车箱路过庆州旧蕃戎地（今伪建安州）北入盐州约五百里。此路在山原川谷中行……国初淮安至盐州蕃并内附。至道中五路出师，丁罕从此路进至州。今静边、白豹、金汤、后桥等镇并为贼界，各置堡寨。"① 也是安州入宋路。二是归德川路。归德川即今环江上源的东川。对这条盐运道路，《武经总要》也有详细记载："至（环州）洪德寨，东北入归德川，过西界虾蟆寨、骆驼会，取双堆峰至盐州约三百余里。洪德寨至骆驼会系归德川浆水谷，甚为险狭，多泥泞。自骆驼会至盐州路平，人马易行……至道中五路出师，李继隆由此路进军，日行数十里，凡十日到盐州。"② 其中，骆驼会是西夏与宋交易的榷场。

盐州（今陕西定边县南）、安州与宋保安军、环州接壤。

石州与宋河东路的丰州、府州、麟州接壤。

（11）韦州入环庆路。③ 韦州与宋之环州（今甘肃省环县）、镇戎军（今宁夏固原市原州区）、原州（今甘肃省镇原县）接壤。

（12）原川子路。入宋会州。④

（13）绥州入宋河东路。绥州与宋河东路麟、府州接壤。⑤

（14）龙州与宋延州接壤，入宋路。

（15）兰州入吐蕃路。西夏据有兰州时，兰州南与吐蕃接壤。

（16）凉州传统丝路通道。西夏时期是西夏国西部重镇和交通中心。从这里通往西夏境外的主要交通线有：

---

① 《武经总要》卷一八《陕西路》。
② 《武经总要》卷一八《陕西路》。
③ 《西夏书事》卷二九：韦州居横山北，曩霄时立静塞监军司，屯集人马，防拓兴、灵诸州。时乙逋声言，集兵三万于界上，入取环庆四路。
④ 《西夏书事》卷二七："夏国原川子路，距定西及会州之安西、平西诸城仅百里，可朝发夕至。秉常遣兵入熙河界，围定西城，烧毁龛谷族帐。第五副将秦贵与内殿崇班韦万引兵拒之，乃却。"
⑤ 《武经总要》卷一七《河东路》："麟、府二州，守河外十数城；岚、石、隰三州，火山、保德二军，缘黄河捍夏国绥州界。"

凉州—长安南道。西汉张骞出使西域，唐代玄奘取经，都走长安—天水—武威一线，称长安—凉州南道。西夏控制南道的西段，即由凉州东行，越乌鞘岭，沿庄浪河谷至兰州约 540 里。

凉州—长安中道。中道自汉代已经形成，南北朝进入繁盛时期。其走向是：由长安至成阳，再沿泾河至甘肃平凉，经宁夏的固原、海原，在靖远县东北的石门（古会宁关）过黄河，经甘肃景泰至凉州。西夏控制着中道的西段，宋、金先后控制其东段。

凉州—长安北道。即前述之灵州西域道，因线路在北，故名。

凉州西域道。由凉州西北行 500 里甘州，400 里肃州，480 里瓜州，300 里沙州（今甘肃敦煌）。再西，则分南北两道去西域各国。

凉州北上至辽阻卜部道。[①]

凉州、甘州、肃州、瓜州等州南与吐蕃为邻，入吐蕃路。

（17）沙州以南与吐蕃诸部为邻，西面过古玉门关即是西州回鹘，沙州至回鹘的伊州（今新疆哈密）。[②] 北面入辽国的上京道。

（18）西宁州东南至熙州道，即青唐路东段。由西宁州（青唐城）沿湟水东行，过青唐峡（平安小峡）、安儿城（平安县古城岩有遗址）、安儿峡、宗哥城（即龙支城，今青海省乐都大小古城）、省章峡、绥远关（今莲花台）、邈川城（西夏乐州治此，在今乐都县上川口），然后离开湟水向东南至陇朱黑城（今青海民和县古鄯邑），再经炳灵寺，由安乡关过黄河浮桥（或风林津）至河州（今甘肃省临夏市北）、熙州（今临洮县）。再东，可经秦州（今天水市）至长安。

（19）西宁州西至若羌于阗道，即青唐路西段。由西宁州西行 40 里至林金城（一作林檎城，在今青海省多巴）。此为青唐路上一大商会。再西越日月山，取青海湖北岸，沿布哈河入柴达木盆地北部的水草地带（今赛什腾山南

---

① 《西夏书事》卷一九。"契丹主遣北道行军都统耶律敌鲁古率阻卜诸部军，由北路趋凉州，至贺兰山，讹庞以三千骑扼险拒战，杀乌古敌烈部详隐萧慈氏奴、南克耶律斡里等，敌鲁古大呼奋击，夏兵败溃，谅祚母没嘟氏及官僚、家属皆被执以去。"

② 史金波：《西夏社会》下册，上海人民出版社 2007 年版，第 711 页。

麓）），再经大屯城（今新疆若羌县东）北上，沿塔里木河可至焉耆。焉耆北可至高昌，西可去于阗、疏勒及中亚、南亚、西亚。

（20）唐蕃古道。由西宁州入吐蕃，抵达逻些城（今拉萨市）。道路全长约 4200 里。

金灭辽，在边界上基本上保持了辽宋与西夏的边界状态。西夏在交通方面与金维持宋辽时期状态。

### 3. 边地监军司入周边道路

西夏初期在全国设十二监军司，分左右厢，分别防宋、西蕃、回纥。[1] 天盛年间增加到 17 个，各集重兵驻防。监军司作为地方一级军政机构控制所有的交通要道。如：卓啰、右厢朝顺、甘州、沙州、瓜州监军司，控制着河西走廊的大道；东路有五监军司监控。西寿保泰军司，控制着灵州通往会州、兰州的大道；黑水镇燕军，控制着唐代遗留的回鹘道；翔庆军控制着灵州道；韦州静塞军司控制着灵州—原州道。宥州嘉宁军司控制着国信驿路和大同云中道。右厢监军司有入塔坦路。

## （三）桥梁与渡口

西夏水路有桥梁和渡口，西夏的京畿地区沟渠纵横，唐徕渠、汉延渠渠道长、分支多，跨越的地界广，对应的桥梁众多。天盛时期律令规定转运司供应全部土石方、木材等物料修治唐徕、汉延等干渠的桥梁、道路，转运司监督支渠上需建的小桥。[2] 此外，在西夏地方也有重要桥梁[3]：

甘州黑河桥。位于甘州城西约 10 里黑河上。西夏乾祐七年（1176）九月二十五日，西夏仁宗亲撰敕文并建碑。

兰州浮桥。位于兰州金城关。宋军从西夏手中攻取兰州后，天祐民安八

---

① 《宋史》卷四八五《夏国传上》。

② 《天盛改旧新定律令》卷一五《桥道门》。

③ 参看鲁人勇《西夏地理志》，宁夏人民教育出版社 2012 年版，第 224—226 页。

年，即辽寿昌三年、北宋绍圣四年（1097），西夏"修复金城关，系就浮桥"①。宋将章楶命钟傅率作金城关扼其要，夏兵败。后，西夏复有兰州。

会州莎桥（今甘肃靖远县东北 70 里水泉乡黄莎湾村黄河上）。莎桥是索桥的转音。建于西夏光定十年，即金兴定四年、南宋嘉定十二年（1220），因军事而修。西夏为保护此桥又建迭烈孙堡，置兵戍守。

浩门河通济桥。位于浩门河（青海东北之大通河）的古骨龙城堡南（今门源县克图的大通河琵琶峡）。西夏雍宁三年，即辽天庆六年、北宋政和六年（1116），宋建通济浮桥，又名震武城浮桥。② 后此桥为西夏据有。

廓州大通河桥。位于大通城，又名达南城（今青海循古什群峡）北黄河上。西夏贞观五年，即辽乾统五年、北宋崇宁四年（1105），罗撒入侵，宋高永年战死，羌族"焚大通河桥而叛"。西夏大德二年，即金天会十四年、南宋绍兴六年（1136）之后，此桥在西夏境内。

溪哥桥（位于青海尖扎县李家峡），跨黄河。宋臣童贯于西夏贞观八年，即辽乾统八年、北宋大观二年（1108），命西宁知州刘仲武建，旨在济兵征剿溪哥城的羌族王子臧征扑哥部，故名溪哥桥，20 余年后入西夏版图。

京玉关浮桥。西夏地名把拶宗（今兰州市西河口巴珍旺）。地处交通要道，喀啰川又名卓啰川（今庄浪河）在此汇入黄河。永安二年，即辽寿昌五年、北宋元符二年（1099），熙河兰会路经略使孙路于此建黄河浮桥。由兰州西行过桥后，西北可沿卓啰河至西夏卓啰和南军司，西可至乐州、西宁州。

除了黄河穿越西夏国，西夏境内还有无定河、马莲河、窟野河等其他河流，所以设有诸多渡口。在《西夏地形图》中沿黄河记有郭家渡、吕渡、顺化渡。天盛时期，律令记载了主要的 24 个渡口：来遣沟、坚金、来哆、草丘、红有、五儿、鼻捕、三波、特奴、菊主、啰嵬、旁契、旌竖、口拶连、定远

---

① 《续资治通鉴长编》卷四八五，哲宗绍圣四年（1097）夏四月壬辰条。
② 鲁人勇：《西夏地理志》，宁夏人民教育出版社 2012 年版，第 225 页。桥头又筑善治堡。宋陇右都护兼西宁知州赵隆攻取西夏古骨龙寨后，筑城置震武军，又建跨河木桥，控扼四方大路：北通西凉府，东达卓啰城及盖朱城，西北抵甘州，东南可至西宁州。

县、卖住、石口、大都督府、连子旁、水木、黑谢、树黄、贺兰沟、荆棘口。① 渡口上各有税监、出纳 2 名。顺化渡在兴庆府附近，可能就是《天盛律令》中的"树黄"，与吕渡同为黄河上的重要口岸，由此顺流而下可抵天德军、胜州（今内蒙古河套地区）等地，上游则与积石军、兰州相通。②

水路交通是西夏社会的一大特色。水路交通工具主要是舟船。《天盛律令》专设"渡船门"，其中规定：河水上置船舶处，左右十里以内，不许诸人免税渡船。倘若违律时，当纳三分税，一分当交官，二分由举告者得。船舶左右十里以外有渡船者，不许船主诸人等骚扰索贿。③ 由此可知，西夏的渡船是由政府严格控制的，主要目的是收税。

西夏都城兴庆府在黄河岸，水路方便，因此西夏皇帝出行也有乘船的习惯，《天盛律令》特别规定："御舟不固者，营造者工匠人员等当杀。"④

道路除了正常的交通、贸易往来，还是军事上运送兵力、物资的通道。西夏实行点兵之制，西夏军事战争中左右厢呼应援助，需要连接的通道。西夏地处干旱半干旱地区，农业灌溉之外，畜牧业为主。西夏利用其畜牧业优势，以马、骆驼、骡、驴及牦牛作为交通工具的主要驮畜。此外，也依靠人力车、船筏、浑脱、畜力车。西夏向宋、辽、金的贡奉，其贡品中都有很多马驮。而运输军需物资、岁赐、回赐等，驿站也配备有交通运输工具。榷场、和市、朝贡的商业贸易中也有相应的交通与运输途径。

① 《天盛改旧新定律令》卷一七《库局分转派门》。
② 史金波：《西夏社会》下册，第 716 页。
③ 《天盛改旧新定律令》卷一一《渡船门》。
④ 《天盛改旧新定律令》卷一二《内宫待命等头项门》。

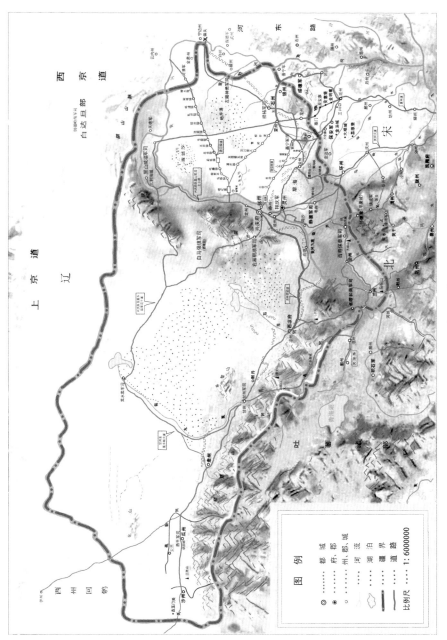

西夏交通图 ①

_____

① 西夏交通图是在《西夏战史》所附《西夏交通图》基础吸收研究成果由岳键绘制。

# 五、都城

西夏天授礼法延祚元年（1038），景宗嵬名元昊正式建国，号称大夏，以兴庆府为都城，后又改名中兴府。天盛年间，在五等司制中，中兴府居次等司，领二府：中兴府、大都督府；南北二县：华阳县、治远县；五州各地县司：灵武郡、定远县、怀远县、临河县、保静县。元太祖二十二年（1227）七月，伐夏，夏主李睍举城而降。① 元至元二十五年（1288）中兴府设为宁夏路治所。②

西夏定都兴庆府之前，曾先后以夏州和灵州作为政治中心。夏州有历史上以坚固而闻名的大夏国都统万城。统万城初建时，"高十仞，基厚三十步，上广十步，宫墙高五仞，其坚可以厉刀斧。"③ 到了宋初，李继迁反叛，宋廷以"夏州深在沙漠，本奸雄窃居之地"为由，将此城破坏，后来西夏虽几度收复夏州，但是因为这里沙漠化严重且地处战争前沿，所以就再也没有恢复都城的地位。

灵州，早在唐代就是西北东部的军政中心和交通枢纽。宋咸平四年（1001），经过经年累月的战争，李继迁终于攻占此地，并升其为王都，号"西平府"。灵州成为西夏都城有两大优势。一是所在"（灵武）地方千里，表

---

① 《元史》卷一《太祖纪》。
② 《读史方舆纪要》卷六二《陕西十一》。
③ 《资治通鉴》卷一二〇，太祖元嘉四年六月己巳条。

里山河，水甘土厚，草木茂盛，真牧放耕战之地"[1]；二是其地"北控河朔，南引庆凉，据诸路上游，扼守西锤要塞。若缮城浚濠，练兵积粟，一旦纵横四出，关中将莫知所备。且其人习化风，尚礼好学。"[2] 既是进取之资，也可成霸王之业。但灵州作为都城也有致命弱点，即地处边塞交通要道，无险可依。[3]

兴庆府背山面河，既有夏州的地形优势，又有灵州的地利特色，最终成为西夏理想的都城。这里除了安全有保障之外，农业经济也较为发达，素有塞北江南之称。

## （一）沿革

兴州兴庆府原为汉代饮汗城。赫连勃勃大夏国时期以此为丽子园。后魏时立为怀远县。唐仪凤二年（677）为河水泛损，次年于故城西筑新城。[4] 宋初为怀远镇，戍守不足百人，李继迁叛宋，攻打灵州前袭取怀远镇。[5] 随后其子赵德明迁民于怀远镇，改为兴州，营建兴庆府。赵德明子元昊在此正式称帝，并以兴庆府为都城。

兴庆府位于今天的银川平原。就银川平原的政区建置沿革而言，从汉代建北地郡至西夏立国，从汉代富平县、隋唐时期灵州，到党项西夏设立的兴州，银川平原的核心地区发生了变化，[6] 银川平原地区自汉代以来河渠的开发，人口的迁移，地区军事、政治地理形势随之变化。汉代在此设立北地边

---

[1]　《续资治通鉴长编》卷四六〇，哲宗元祐六年六月戊午条。

[2]　《西夏书事》卷七。

[3]　《西夏书事》卷一〇；"地居四塞，我可以往，彼可以来。不若怀远，西北有贺兰之固，黄河绕其东南，西平为其障蔽，形势利便。"

[4]　《元和郡县图志》卷四《关内道四》。

[5]　《续资治通鉴长编》卷四九，真宗咸平四年（1001）冬十月丁未条："先是，（李）赞为李继迁所围，本镇戍兵数不满百，拒战累日，食尽力竭，积薪自焚而死，上怜之，故有是命。仍厚赐其家。"

[6]　银川平原中心城市由富平城——灵州城——兴庆府城的转移过程，是与整个银川平原经济开发由边缘向腹心、由河东向河西、有南向北的经济重心转移相伴而生的。（汪一鸣：《银川城及银川平原城镇群发育的地理基础》，洪梅香：《银川建城史研究》，黄河出版传媒集团宁夏人民出版社，2010年，第95—110页）

郡防御的是河套西北的戎狄，隋唐时代的银川平原，设置军镇或边郡，重心在于维护南北交通，当时的灵州为中原政权通西域的枢纽。党项西夏时期银川平原的河西地区，即后来的西夏兴州地区已经得到更大的开发，人口的迁入，经济地位提升①和地理位置的优越，可以成为西夏都城的最佳选择。西夏建国近二百年，都城始终设在兴庆府，并成为此后元明清时期银川平原的核心区域。

兴庆府始建于西夏太宗赵德明时期，北宋明道二年（1033）赵德明于兴州设兴庆府，治兴州怀远县（今宁夏银川市兴庆区）。景宗元昊、惠宗谅祚时期营建为西夏都城，崇宗乾顺、仁宗仁孝时期为中兴府，曾有一定规模的重修，蒙古灭夏时部分建筑毁于地震和战火。元末废弃西半城，明朝正统年间又修复西半城，此后的明朝宁夏府城建立在中兴府的旧址范围之上。

## （二）形制

西夏都城兴庆府（兴庆府城的范围相当于今环城路以内的银川兴庆区及其边缘地带②）建在唐徕渠与汉延渠之间。

> （府城）周回一十八里，东西倍于南北，相传以为人形。元兵灭夏，攻废之，已而修设省治。元末寇贼侵扰，人不安居。哈耳把台参政以其难守，弃其西半，修筑东偏，高三丈五尺。洪武初立卫，因之。正统间，以生齿繁众，复修筑其西弃之半，即今之所谓新城是也；并甃以砖石。故城四角皆刊削，以示不满之意。修筑岁久，非其旧制，今但存其东北一角。城门六：东曰"清和"，上建清和楼；西曰"镇远"，上建镇远楼；南曰"南熏"，上建南熏楼；南熏之西曰光华，上建光华楼；北曰"得胜"，上建得胜楼；得胜之西曰"振武"，上建振武楼。楼皆壮丽，其在四角者，尤雄伟工绝，池阔

---

① 可以说移民也在逐步改变当地的生产。唐宋时期的银川平原居民，是由中原朝廷所设驻扎的城、镇军事管辖的蕃部。游牧和盐业等，应是经济主要来源。随着北周时期江南移民的迁入，党项西夏李继迁时期人口进一步迁往河西兴州地区，都有利于灌溉农业的开发。

② 牛达生：《西夏都城兴庆府故址考略》，《固原师专学报》1984年第1期。

十丈，水四时不竭，产鱼鲜菰蒲。①

兴州北有较大水域，南有唐徕渠分支红花渠延伸至城东②，河渠纵横，湖泊密布，城市布局难以按标准呈四方形展开。③ 有关都城的布局，有人形、凤形等推测。④ 西夏都城兴庆府原先的布局是有宫城和外城两重，城东西长，南北窄，宫城偏西北，兴庆府城总体呈现东西长、南北窄的矩形之状。并且城外有护城河"池阔十丈，水四时不竭"。都城及京畿地区是西夏的腹地，聚集着人力、物力和财力，中兴府是政治、经济、军事中心。就人口而言，可能聚集了西夏将近一半的人口，包括都城的皇亲国戚大族、平民百姓，以及都城和贺兰地区的驻军，大概有50万人。⑤

兴庆府坐北朝南，⑥ 分为东城、西城。西城是宫城、行政机构所在地，宫城位于西城的西北。西夏迁都怀远镇后，赵德明父子曾经先后大兴土木，营建"宫殿"，扩展"宫城"，其中元昊宫作为"宫城"的建筑组成，逶迤数里，亭榭台池，十分壮观。宋真宗时，名将种世衡派遣王嵩到兴庆府诈降元昊，见到元昊宫室，"厅事广楹（计屋单位，一列为一楹），皆垂斑竹箔，绿

---

① 《嘉靖宁夏新志》卷一。

② 《嘉靖宁夏新志》卷首附《国朝混一宁夏境土之图》、卷一："红花渠（抱城南门、东门而流唐渠之支）。"这里红花渠之名可能来自于隋唐以来的灵州贡品红花，又称红蓝。

③ 王雅红：《试论兴庆府的城市建设与社会生活》，《西北史地》1994年第1期。西夏兴庆府一方面要迁就地势，一方面要体现王都的正统地位，于是长方形设计就成为两者兼得的折中办法。汪一鸣、许成：《西夏都城兴庆府—银川》，载《中国历代都城宫苑》，紫禁城出版社1987年版。至于"人形城"之说，学界还有不同的认知。该文认为这是指府城的整体平面格局。刘菊湘：《兴庆府的规模与"人形"布局》，《宁夏社会科学》1997年第5期。该文认为这是指府城建筑的立体形态。

④ 刘菊湘：《兴庆府的规模与"人形"布局》，《宁夏社会科学》1997年第5期。

⑤ 西夏初期，驻军7万人，还有宫城的质子军，以宋史资料提到的有监军司管户4万，那么兴州地区的基本人口也在20万以上。加上驻军和其他的各类生产与经营，为都城日常运转提供服务的人口，总数当在50万人以上。（漆侠主编：《辽宋西夏金通史》（社会经济卷下），人民出版社2010年版，第666—671页）

⑥ 参看许伟伟：《西夏宫廷制度研究》，甘肃文化出版社2020年版，第33—34页。从辽夏关系来看，德明和元昊执政前期，是辽夏结盟时期，辽给西夏方面极高的政治礼遇，册封，辽皇室与西夏首领通婚，辽朝对西夏开放以朝贡为主要形式的贸易，鼓励和支持西夏对宋的战事，辽夏之间关系密切，西夏修有通往辽上京的直道、两国使节往来频繁。近几年对辽上京遗址的考古发掘，上京的都城布局得到进一步确认。其中，无论是宫殿的东西向、莲花柱基、鸱吻等建筑与西夏皇家建筑都存在相似性。兴庆府自赵德明父子两代的营建，当有可能更直接地效仿辽都城建制。

衣小竖（宫娥、童仆），立其左右"。① 至明代，西夏宫殿虽毁，但明朝洪武初年，尚存遗址，此后在上面新建了"清宁观"。②

西夏仁宗时期宫殿建筑群坐西朝东，宫城在都城布局中偏西北，自东向西以宫城大道上的三重门即车门（头道门）、摄智门（二道门）、广寒门（三道门）为界，可以把宫城分为三大功能区域。车门与摄智门之间为顾问区，建有号称文武二柄的中书省和枢密院，便于皇帝随时召见之需。摄智门到广寒门之间为问政区，建有巍峨庄严的大殿群落，为皇帝议事理政之处，有奏殿摄智殿之设③。摄智门内的"帐下"是后妃生活区。④ 广寒门以及南北怀门之内为皇帝寝殿之所在。此外，宫城内设有负责宗室子弟启蒙教育的小学，还建有祖庙、祭坛、仓库、侍卫住所等等。宫城外围的西北，有马营、武库等。⑤ 马营、武库除了储存马匹兵器之外，或许是宫城卫戍部队"御围内六班直"的驻地。卫队由弓马娴熟的豪族子弟组成，主要负责保卫皇帝的安全。⑥

西夏的京师界，包括都城兴庆府、周边的"五州之地"——灵武郡、定远县、怀远县、临河县、保静县，以及设在河东的大都督府。

---

① （元）张光祖：《言行龟鉴》卷八《兵政门》，辽宁教育出版社 2001 年版。

② 牛达生：《西夏都城兴庆府故址考略》，《固原师专学报》1984 年第 1 期。《弘治宁夏新志》卷首附《国朝混一宁夏境土之图》，显示"清宁观"即"宫城"在府城西北角。

③ 《俄藏黑水城文献》第十册，第 293—294 页。《诗集》（甲种本）第 12 首《圣寺同乐歌》可能是"没息义显"为西夏仁宗李仁孝（1139—1193 年在位）西巡凉州圣容寺所作。该诗歌中记载有西夏的新旧宫和摄智殿，其中摄智殿之名当与摄智门相关。

④ 许伟伟：《西夏宫廷制度研究》，甘肃文化出版社 2020 年版，第 75—84 页。帐下（经号），《天盛律令》卷一二《内宫待命等头项门》记载当值庖人、侍奉帐者、仆役房、执传桌、采薪灌水者等侍从，反映了帐下是宫城中的生活区域，可见帐下是宫城中的重要生活处所，非后宫莫属。这里与帐下相关的护卫和侍从有：帐门末宿、帐下内官都案头监、管侍帐者、帐下内侍、帐侍卫者、帐下指挥、帐下宫侍、一诸帐下所属卷帘宫女等，这些都是宫城中的侍从人员，该门中的宫殿，除了殿使、殿提举，并没有明确提到其他的相关侍从，也可见帐下的"后宫"性质。

⑤ 王天顺：《西夏地理研究》，甘肃文化出版社 2002 年版，第 155—156 页。杨满忠：《党项民族对宁夏古代城池的开发与建设》，《宁夏社会科学》2006 年第 5 期。许伟伟：《西夏都城兴庆府建制小考》，《西夏学》第七辑，上海古籍出版社 2012 年版。

⑥ 《天盛改旧新定律令》卷一二《内宫待命等头项门》。

## （三）机构

兴庆府设有系统的国家行政机构。中央机构主要集中在西城，而地方衙门可能分布在东城。与北宋一样，西夏人把管理都城事务的地方官署叫开封府衙。其长官一般称为"知州"或"中兴尹"，部署有六曹、左右军巡使、判官，左右厢公事干当等。都城设有中央机构中书枢密院、殿前司、御史、三司、功德司、皇城司、宣徽院、内宿司、大恒历司、都转运司、陈告司、卜算院、阁门司、御庖厨司、瓯司、养贤务、资善务、回夷务、医人院、京师工院、圣容提举、择人司、马院司、刻字司、作房司、金工司、织绢院、番汉乐人院、做首饰院、铁工院、木工院、纸工院、砖瓦院、出车院等机构。这些机构有的为西夏景宗元昊初建官制时所设，有的为西夏中后期增设。

西夏天授礼法延祚元年，辽重熙七年、北宋宝元元年（1038），西夏景宗元昊登基，国家初创，机构设置大多模仿宋朝。[1]

次年，再度改革官制，仿照宋朝设置了"总理庶务"的尚书令。又改宋24司为16司，分理吏、户、礼、兵、工、刑六部事务。

西夏仁宗仁孝时期，国家繁荣，行政制度渐趋严密。《天盛律令》卷一〇《司序行文门》全面列举了这一时期的政府机构。其中确定位于首都的政府机构有：

上等司：中书、枢密。

次等司：殿前司、御史、中兴府、三司、僧人功德司、出家功德司、皇城司、宣徽、内宿司、道士功德司、阁门司、御庖厨司、瓯匣司。

中等司：大恒历司、都转运司、陈告司、都磨勘司、审刑司、群牧司、农田司、受纳司、前内侍司、磨勘军案殿前司上管、卜算院、养贤务、资善务、回夷务、医人院、京师工院、圣容提举。

---

① 《宋史》卷四八五《夏国传上》："其官分文武班，曰中书，曰枢密，曰三司，曰御史台，曰开封府，曰翊卫司，曰官计司，曰受纳司，曰农田司，曰群牧司，曰飞龙苑，曰磨勘司，曰文思院，曰蕃学，曰汉学。"

下等司：行宫司、择人司、马院司。

末等司：刻字司、作房司、制药司、织绢院、番汉乐人院、作首饰院、铁工院、木工院、纸工院、砖瓦院、出车院。①

除五等司机构以外，还有其他机构如：巫提点、执飞禽提点、京师工院为管治者、番汉大学院等等。②

西夏蒙书《番汉合时掌中珠》载有 16 司，分别是：经略司、正统司、殿前司、皇城司、三司、内宿司、巡检司、陈告司、磨勘司、审刑司、农田司、阁门司、群牧司、受纳司、承旨司。③ 这是西夏中晚期的机构设置。

《法则》、汉文《杂字》也记载有西夏都城的机构：前内侍司、内宿司、阁门司、帐下、御庖厨司、诸修造都案头监、区分匠部者、承宾都案头监、区分［薄］拔者、帐库、番汉乐人司、番汉学院、巫提点、宝器库、殿前司、中书枢密诸司、中兴、提刑、宣徽、金刀、瓯匣、瞻视、化雍、治源、绣院、巡访、平准、天监、道录、勘同、磨勘、提振、教坊、恩赦、养贤、曲务、翰林、道德、陈告、酒务、盐场、正厅。④

出土文献记载的大汉太学、择人司、殿前司、首饰院、织绢院、巡检司、卜算院等机构可能大多设置在宫城以外的京城。

西夏都城的一些机构制度具体地如下：

阁门司，次等司，"一司阁门司四奏知。"⑤ 掌皇帝朝会、宴享时礼仪，承接皇帝旨命，传宣赞谒等。有阁门奏知、奏副之分。

内宿司，次等司，六承旨。⑥ 有内宿司承旨、都案、案头、司吏等职。其职责"司统制训练，藩卫戍守及侍卫扈从诸事"，⑦ 主要管理宫城的宿卫。

---

① 《天盛改旧新定律令》卷一〇《司序行文门》。

② 史金波：《西夏汉文本〈杂字〉初探》，载《中国民族史研究》第二辑，中央民族学院出版社 1989 年，第 39 页。

③ ［西夏］骨勒茂才编，黄振华整理：《番汉合时掌中珠》，宁夏人民出版社 1989 年版，第 56—58 页。

④ 许伟伟：《西夏宫廷制度研究》，甘肃文化出版社 2020 年版，第 44—45 页。

⑤ 《天盛改旧新定律令》卷一〇《司序行文门》。

⑥ 《天盛改旧新定律令》卷一〇《司序行文门》。

⑦ 《西夏书事》卷一一。

宣徽院，次等司，四正四承旨。掌朝会、殿庭礼仪等。

前内侍司（䘞䫌蘮䖍），中等司，六承旨。《天盛律令》卷12《内宫待命等头项门》记载有"前内侍承旨"、"前内侍"，当隶属于前内侍司。前内侍司与帐下内侍机构相对，负责皇帝在前廷活动范围内的事务，具体的有纳册、掌御印子等。

文思院，相当于唐代的彩丝院，设在宫城中，掌工巧之事。

御庖厨司，次等司，三大人。统领厨庖，有庖师、庖人之分，负责皇宫饮食。

药房，设有当值医人、头监。内宫待命者中的医人同宫城中的药房当属于御药房机构。

仆役房，宫城内做杂役的仆役的居所

中书省，上等司，西夏最高行政机构，掌管机要、发布政令，设有中书令、中书侍郎平章事、中书舍人①、中书省左司郎②等职。中书设有六个"大"——智足、业全、义观、习能、副、同。③

枢密院，上等司，西夏最高军事机构，主要掌兵甲机密之务及宫禁宿卫，军官选授之政令。设有枢密使、枢密直学士、枢密都承旨、都枢密、枢密院都案官等职。④

秘书监，司等中以外，与次等司平级传导，有秘书监、秘书少监⑤等职。掌管西夏的图籍档案，是西夏重要的出版机构。

番汉二学院，即番学院与汉学院，亦称番汉大学院。番学院掌管与西蕃、回鹘等一切文字往来，并用新制的西夏文字；汉学院掌管与宋朝往来表奏，中书汉字，旁边以西夏文并列。两院虽在"司等中以外"，但地位并不低。与

---

① 《金史》卷六〇《交聘表上》。

② 《金史》卷六二《交聘表下》。

③ 《天盛改旧新定律令》卷一〇《司序行文门》。

④ 分见《宋史》卷四八六《夏国传下》；《金史》卷六一《交聘表中》、六二《交聘表下》；《续资治通鉴长编》卷二一九，神宗熙宁四年春正月丁亥条；卷三一八，神宗元丰四年冬十月丙寅条。

⑤ 《金史》卷六一《交聘表中》载："五月，夏知兴中府事乃令思敬、秘书少监梁介贺登位。"

次等司平级传导，他们同秘书监一样也有文书工作，任职的人员是参与修订国家法典的"大学院博士"。

翰林学士院。（绍兴）三十一年（1161），立翰林学士院，以焦景颜、王佥等为学士，俾修实录。①

小学，是设在西夏宫中的教育机构，皇亲宗室子孙七岁到十五岁的都可以入学，专门有教授授课。皇帝与皇后有时也亲临教导。

帐库（𘟂𘃽），西夏官府的库藏之一，帐库与各类机构并列时，当是指相关的管辖宫城帐库的机构。

巫提点（𘜶𘅄𘟂𘈧），司等中以外，"一巫提点、执飞禽提点者，所遣人依所任职位当平级行传文字。""提点派遣大人不过一二"。② 巫提点应是专门管理佛教、道教以外的民间信仰仪式等事务的机构，派遣一二名大人。③ 在西夏宫城的当值人员中有巫师一职，④ 当属于巫提点。

番汉乐人司（𘊝𘕿𘗠𘈧𘃽），也即番汉乐人院，末等司，分为番乐人院、汉乐人院，应是专门管理音乐舞蹈的机构，⑤ 也可能负责西夏宫城中的礼乐之类。

京师工院，相当于次等司。西夏重视兵器制造，京师工院制作兵器处即便未设在宫城内，也应离宫城不远。

仪鸾司，不见于《番汉合时掌中珠》、《天盛律令》、《杂字》等西夏文献有关职官制度的记载，可能设置在西夏前期，其职掌与嵬名元昊建国前设置的翊卫司同，或干脆是翊卫司的另一称呼，负责卤薄仪仗，西夏后期被其他机构所取代。或是仿照宋设仪鸾司，或者仅采用此名。⑥

殿前司（𘟂𘈧𘃽），次等司，八正八承旨。西夏十六司之一，次于枢密

① 《宋史》卷四八六《夏国传下》。

② 《天盛改旧新定律令》卷一〇《司序行文门》。

③ 史金波：《西夏社会》下册，第 815 页。

④ 许伟伟：《〈天盛律令．内宫待命等头项门〉中的职官问题》，《西夏学》第七辑，上海古籍出版社 2011 年第 1 期。

⑤ 史金波：《西夏社会》下册，上海人民出版社 2007 年版，第 459—460 页。

⑥ 杜建录：《中国藏西夏文献研究》，上海古籍出版社 2012 年版，第 33—34 页。

的军事管理机构，负责军马季校、中小军事首领派遣等，同时也兼理司法。殿前司一方面负责官私畜物数的检验，一方面在军事上管理西夏全国季校法、官马、坚甲移徙时的注册、注销工作，以及内宫待命人员的分抄续转，等等。

帐库（𗥤𗗩），西夏官府的库藏之一，这里与各类机构并列，当是指相关的管辖帐库的机构。

修造都案头监（𗵐𘝦𘕿𘘥𘉃𘓺），当属于西夏的修造机构末等司作房司。

承宾都案头监（𗑗𘝪𘕿𘘥𘉃𘓺），当是与迎宾相关的司吏；旌旗都案头监（𗬺𗟲𘕿𘘥𘉃𘓺）是指负责旌旗的司吏。

皇城司，属于次等司，设有四正、四承旨、四都案、十八案头，司吏若干。

三司，属于次等司，设三司使，主要有以下职责：一、掌管中兴府及五州地的租税院，“中兴府租院租钱及卖曲税钱等，每日之所得，每晚一番，五州地租院一个月一番，当告三司，依另列之磨勘法施行。”二、掌管粮食、俸禄等。“三司每年之年食、工、续、执纳谷物中，细杂二万斛，分予边中所承处。已有名者当依前法取之，为年食续。”三、官署有所修缝时，三司当承担其费用，“诸司司院有当修旧为新时，作物价钱及笨工、食粮价等，所属司所有罚贿畜，则当置其中修造。如彼无，则当告管事处以寻谕文，使计量所需作物数，皆当由三司出供修造。”① 西夏三司下设十库，即药钱库、纳上杂、衣服库、赃物库、皮毛库、铁柄库、绫罗库、杂食库、柴薪库、帐库等。十库共设一提举、一都案、二掌钥匙。每库各设二小监（头监）、二出纳、一库监。

僧人功德司，次等司，分为出家、在家二功德司。设有大人、副判、偏祖提点、承旨等职，是管理佛教事务的行政机构。

瓯匣司，瓯匣司属于次等司，设四正、四承旨、四都案、十案头。文献中有“瓯匣司正”、“匣使”等官名。

---

① 《天盛改旧新定律令》卷一〇《司序行文门》。

都转运司，中等司，设在京师。宋都转运使"掌经度一路财赋，而察其登耗有无，以足上供及郡县之费；岁行所部，检察储积，稽考帐籍，凡吏蠹民瘝，悉条以上达，及专举刺官吏之事"①。西夏都转运司不同于宋，设六正、八承旨，其职能主要是管理京师地区地水渠干之租。

都磨勘司，负责京畿地区有司的考课。

审刑司，宋"淳化二年（991），增置审刑院，知院事一人，以郎官以上至两省充，详议官以京朝官充，掌详谳大理所断案牍而奏之。凡狱具上，先经大理，断谳既定，报审刑，然后知院与详议官定成文草，奏记上中书，中书以奏天子论决"②。西夏审刑司为中等司，设二正、二承旨、二都案、二案头，审理刑狱。

群牧司，中等司，设有六正、六承旨、六都案、十四案头。宋群牧司"掌内外厩牧之事，周知国马之政，而察其登耗焉。凡受宣诏，则以时下于院、监"③。西夏群牧司仿宋而设。

农田司属中等司，有四正、四承旨、四都案、十二案头。

卜算院，中等司，西夏官府占卜机构。

医人院，设置在宫城，为西夏皇族治病的医人机构。

圣容提举，属于中等司，设有一正、一副等官员。管理圣容寺及各地的寺院。

行宫司，下等司，掌管西夏行宫事务。

刻字司，末等司，官方刻印书籍机构。

作房司，末等司，负责官府建筑方面兴建、修葺的机构。

织绢院，末等司，都城专门的官府纺织机构，所辖仓库设有一案头、四司吏。

① 《宋史》卷一六七《职官志七》。
② 《宋史》卷一六三《职官志三》。
③ 《宋史》卷一六四《职官志四》。

## （四）寺庙建筑

承天寺，在兴庆府西，西夏毅宗李谅祚福圣承道三年，即契丹重熙二十四年（清宁元年）、北宋至和二年（1055），建成。内有承天寺塔，李谅祚天祐垂圣元年，即契丹重熙二十年、北宋皇佑二年（1050）始建。

戒坛院，兴庆府周边，嵬名元昊之妃没藏氏曾在此出家为尼。[1]

大度民寺。西夏仁宗乾祐二十年，即金大定二十九年、南宋淳熙十六年（1189），在大度民寺作求生兜率内宫弥勒广大法会，延请宗律国师、净戒国师、大乘玄密国师、禅师、法师等，作大法会，读藏文、西夏文、汉文佛经，散施西夏文、汉文 20 万卷佛经。[2]

报庆寺。西夏太后罗氏接连三年举行佛教法会，超度祭奠，印施大量佛经，并"全增新写番大藏经契一藏，已入皇居报庆寺内经藏中"。[3]

高台寺，在兴庆府东十五里，建于西夏天授礼法延祚十年，即辽重熙十六年、北宋庆历七年（1047）。

海宝寺，赫连勃勃时建，西夏沿用。寺中有高大佛塔，称赫宝塔、黑宝塔。

拜寺沟双塔，在兴庆府西，贺兰山东麓。西夏时建，两塔在佛寺内，各 13 层。

宏佛寺，在城外东北，内建宏佛塔。是西夏佛院印经场所之一。

贺兰山佛祖院，在贺兰山中。寺院中僧人有平尚重照禅师及其徒弟李慧

① 《西夏书事》卷一八。天授礼法延祚八年（1045）没藏氏"出为尼，号'没藏大师'，居于兴州戒坛寺"。后元昊仍"常顾没藏尼于戒坛院"。戒坛院，当是具体的某寺院的一处场所设置，推测设在兴州皇家寺院中，以没藏大师与元昊及大臣的往来，以及游猎贺兰山情况，此皇家寺院当离都城与贺兰山不远，或介于两地之间。参看明清宁夏府城图，可以看到府城西北的永祥寺，这可能是西夏时就已存在的寺院，其位置幽静，远离市井，却邻近宫城，如果戒坛院设置于此，便于没藏大师的秘密活动。
② 俄罗斯科学院东方研究所圣彼得堡分所、中国社会科学院民族研究所、上海古籍出版社编：《俄藏黑水城文献》第二册，上海古籍出版社 1998 年版，第 47—48 页。
③ 俄罗斯科学院东方研究所圣彼得堡分所、中国社会科学院民族研究所、上海古籍出版社编：《俄藏黑水城文献》第二十四册，上海古籍出版社 2015 年版，第 68、179 页。

月僧人。①

　　五台山寺，西夏时期位于贺兰山的寺庙群，包括大清凉寺。

　　汉寿亭侯庙，都城东北隅。相传建之于唐者。②

　　孔庙，西夏崇宗李乾顺时，尊孔崇儒，又兴建"帝庙（即孔庙）"。③

---

① 史金波：《西夏社会》下册，第 611 页。
② 《嘉靖宁夏新志》卷二。
③ 其子仁宗李仁孝设太学。这些文化场所，地位较高，当设在离宫城不远的皇城区域，参看明
宁夏府城的文化区域布局，当是西夏时期皇城的地理中心区域。

# 六、监军司

　　西夏景宗李元昊建国时，在全境"置十二监军司，委豪右分统其众"①，直接受中书、枢密司管辖。分别是左厢神勇、石州祥祐、宥州嘉宁、韦州静塞、西寿保泰、卓啰和南、右厢朝顺、甘州甘肃、瓜州西平、黑水镇燕、白马强镇、黑山威福。西夏前期监军司设都统军、副统军、监军使各一员，以贵戚豪右领其职，指挥使、教练使、左右侍禁官等较低职位蕃汉人都可领其职。至西夏中期，共设有 17 监军司，处理地方军政事务。监军司地区各设有平级的刺史。除啰庞岭监军司，其他监军司都由相应经略司统辖。这一时期在河西地区的监军司和黑山监军司都设置了转运司来负责该地区的赋税、水渠和土地管理等。

　　西夏设置于地方的监军司，最初是一种军事区划，即主管区域内军事行动的机构，后成为兼管地方事务最重要的一级行政机构。监军司和地方州郡平行，以军事为主，兼理民政。宋人在军赏中，将西夏监军司的正监军和州郡的郡守同等对待。②

　　军在宋代属州一级行政区划，主要设在军事要地或山川险僻多聚寇盗之

---

①　《宋史》卷四八五《夏国传上》。
②　《宋会要辑稿》兵·军赏一八之七：元丰四年军赏，斩获西夏"大首领谓正监军、伪置郡守之类，四官，赐绢五十匹；次首领谓副监军及贼中所遣伪天赐之类，三官，赐绢三十匹；小首领谓钤辖、都头、正副寨主之类，两官，赐绢二十匹；蕃丁一级转一资，赐绢二十匹"。

处，地位等同于下州，如设在对西夏边面的保安军（今陕西志丹县）和镇戎军（今宁夏固原市原州区）。西夏监军司，有亦兵亦民的部落兵制下军民合一的性质，大多设置在边疆地区。随着边疆的拓展或伸缩，以及兵力布防军事防御的需要，西夏监军司存在新置、改置、撤废等情况①，并作为最具特色的军政机构，始终存在。

　　西夏的监军司以兴庆府为核心，可分为左右厢监军司。左厢监军司主要有：左厢神勇、石州祥祐、宥州嘉宁、韦州静塞、西寿保泰、黑山监军司。右厢监军司主要有：甘州、瓜州西平、黑水、右厢朝顺、卓啰和南、白马强镇、啰庞岭监军司。每有战事，由中央派遣统领，点集相应路监军司，联合出战。

## （一）左厢诸监军司

### 1. 左厢神勇监军司

　　初名左厢监军司。驻在银州东北，防御宋鄜延路。后移置夏州。元昊分山界战士为二厢，任命刚浪崚统率明堂左厢、野利遇乞统天都右厢。② 史料记载左厢治夏州弥陀洞，又次东七十里设有铁冶务，去河东麟府界黄河西约七、八十里。③

　　明堂，即明堂川，古称"帝原水"，今榆林榆溪河，又名榆溪、榆林河、西河。④在米脂县西北。西夏大安九年，即辽大康八年、北宋元丰五年（1082），宋鄜

---

① 张多勇：《西夏监军司的研究现状和尚待解决的问题》，《西夏研究》2015 年第 3 期。

② （宋）魏泰撰，李裕民点校：《东轩笔录》卷八，中华书局 1997 年版，第 94—95 页。"元昊分山界战士为二厢，命两将统之，刚浪崚统明堂左厢，野利遇乞统天都右厢，二将能用兵，山界人户善战，中间刘平、石元孙、任福、葛怀敏之败，皆二将之谋也。"

③ 《范文正公集·年谱补遗》卷下《再奏乞蒋偕转官制原州》："西贼大将刚浪崚兵马最为强劲，在夏州弥陀洞居止，又次东七十里有铁冶务，即是贼界出铁制兵器之处，去河东麟府界黄河西约七八十里。"

④ （宋）司马光著，李裕民点校：《司马光日记点校》，中国社会科学出版社 1994 年版，第 43 页。该河为无定河最大支流，源出榆林市北刀兔海子附近的泉水，南流纳漩河，西纳圪求水，东纳四道、三道河，又西纳白河水，在普济桥南北，分别纳二道、头道河水，再向南绕威严耸立的镇北台，入边墙，穿红石峡，过榆林城西，南有榆阳河、沙河、西沟注入，至鱼河堡汇入无定河，全长 154.7 公里，平均比降 3.1‰。集水面积 5537 平方公里，年径流量 4.21 亿立方米，河水靠地下水补充，占 97% 以上，属中矿化度水，河水清澈，周围泉流较多，榆林城内普惠泉水甘甜，俗称"桃花水"。

延路将领曲珍败夏人于此。其水自榆林流入无定河，交汇之处为银州。①

西夏奲都六年，即辽清宁八年、北宋嘉祐七年（1062），左厢监军司改名神勇军。② 其地与麟府沿边相接，管二万余户。③ 从西夏右厢为南院，可推测左厢当为北院。④ 西夏中后期设置有北院工院。

《西夏地形图》将该监军司治所标在紧邻北宋的麟州、府州之间，其西有西夏通辽的驿道，说明它不仅要防范北宋麟府方面的进攻，也要防御辽军南下。⑤

### 2. 石州祥祐监军司

其先本绥州监军司，或以辖区故又称银州监军司、银夏监军司、银夏绥三州监军（司）等⑥。西夏奲都六年，即辽清宁八年、北宋嘉祐七年（1062），更名为祥祐军。⑦ 宋治平年间，西夏银州设有监军，嵬名山为监军使，所部数万众。⑧ 西夏拱化五年，即辽咸雍三年、北宋治平四年（1067），十月，宋知青涧城种谔复绥州，监军嵬名山降之，西夏或于此时移祥祐监军司于石州。⑨

---

① 《读史方舆纪要》卷五七《陕西六》；《宋史》卷三三四《徐禧传》。

② 《宋史》卷四八五《夏国传上》；《续资治通鉴长编》卷一九六，嘉祐七年（1062）六月癸未条。

③ （宋）郑刚中：《北山集》卷一三《西征道里记并序》，文渊阁四库全书影印本。

④ 李昌宪：《西夏疆域与政区考述》，载《历史地理》（第十九辑），上海人民出版社2003年版。认为左厢监军司在天盛年间复更名为东院监军司。

⑤ 王天顺：《西夏地理研究》，甘肃文化出版社2002年版，第129页。

⑥ 《太平治迹统类》卷一五："居两月种谔复掩纳威明山，取绥州四方。名山本熟户，九岁为元昊所据，长为银夏绥三州监军，其帐在绥州之侧。"《东都事略》卷六一《种谔传》："银夏监军司吏史屈子，托言嵬名山欲内附来报，谔即上闻。"银州监军嵬名山与其国隙，扣青涧城主种谔求内附，谔以状闻，遂欲因取河南地。诜曰："数万之众纳土容可受，若但以众来，情伪未可知，且安所置之。"戒谔毋妄动。谔持之力，诏诜召谔问状，与转运使薛向议抚纳。诜、向言："名山诚能据横山以捍敌，我以刺史世封之，使自为守，故为中国之利。今无益我而轻启西衅，非计也。"乃共画三策，令幕府张穆之奏，而穆之阴受向指，诡言必可成。神宗意诜不协力，徙知秦凤。谔遂发兵取绥州，诜欲理谔不禀节制之状，未及而徙。诜驰见帝，请弃绥州而上谔罪，帝愈不怿，罢知晋州。既谔抵罪，向、穆之皆坐贬，以诜知真定，改龙图阁学士、知成都。《宋史》卷三三二《陆诜传》。

⑦ 《续资治通鉴长编》卷一九六，仁宗嘉祐七年（1062）六月癸未条："夏国改……威州监军司为静塞军，绥州监军司为祥祐军。"

⑧ 《宋史》卷三三二《陆诜传》："银州监军嵬名山与其国隙，扣青涧城主种谔求内附。"

⑨ 李昌宪：《西夏疆域与政区考述》，载《历史地理》（第十九辑），上海人民出版社2003年版。

　　西夏石州①，初见于宋大中祥符八年（1015）。夏人"筑堡于石州浊轮谷，将建榷场，诏缘边安抚司止之"②。又见于西夏大安八年，即辽大康七年、北宋元丰四年（1081），宋夏战事中。其年冬十月癸亥，宋将种谔率兵至石州，西夏方弃积年文案、簿书、枷械，举众遁走，宋移军据之。③ 西夏有石州监军司之设，其驻地名叫"门口流"。据宋代文献及《西夏地形图》，石州大致在银、夏州之间，略当今陕西横山东北之波罗堡一带。④

---

　　① 　西夏石州一名或源自石堡城，《西夏地形图》称之为"讹河石堡"。《读史方舆纪要》卷六一《陕西十》载："石堡城，在废夏州东南。隋末，梁师都所置。唐武德初，延州总管段德操击梁师都石堡城。三年，师都将石堡留守张举来降。既而其城复为师都所取。五年，段德操复自延州攻石堡城，师都自将救之，败去。师都平，城废。宋时，夏人复置戍于此。元丰四年，种谔克米脂，进攻银、夏二州，破石堡城，遂进至夏州，是也。"

　　除《种谔传》外，《宋史·神宗纪》亦记载过元丰四年种谔攻打银夏诸州的时序。"（十月）己巳，入银州。……戊寅，种谔入夏州。……（十一月）辛卯，种谔降横河平人户，破石堡城，斩获甚众。……癸卯，种谔至夏州索家平，兵众三万人，以无食而溃。"

　　将其与清代考据学家毕沅在《续资治通鉴》中的细致梳理做对照，可以发现石堡城与石州在时间和路线上并不一致，清末地理学家丁谦以为"石州即石堡城"（丁谦：《宋史外国传地理考证》）的观点是不对的。"种谔以鄜延兵五万四千，畿内七将兵三万九千，分为七军，方阵而进，自绥德城出塞。丁未，攻围米脂寨。……癸亥，种谔至石州，贼弃积年文案、簿书、枷械，举众遁走，移军据之。戊辰，知夏州索九思遁去，种谔入夏州。己巳，种谔入银州……（十一月丙戌）诸军合攻灵州，种谔败夏人于黑水。……种谔降横河平人户，破石堡城，斩获甚众。癸卯，种谔至夏州索家平，兵众三万人，以无食而溃。"（《续资治通鉴》卷七六）

　　② 《宋史》卷四八五《夏国传上》。

　　③ 《续资治通鉴长编》卷三一七，神宗元丰四年冬十月癸亥条。其按语说："石州属河东，旧兼岚、隰，自为一路，又合三州置都巡检使。三朝、两朝史地理志及武经边防皆不载陷贼年月，不知何故贼弃而走，当考之。贼界自有石州监军司，此必非河东石州也。"宋人彭百川在其《太平治绩统类》中，对于种谔收复石州一事径直载为："谔赴夏州，而石州监军司亦遁去，收其兵籍、案牍，得窖粟饷。"无独有偶，宋人赵起在《种太尉传》中评论此役时说：言者咎公出帅，西舍塞门之直，东就绥德之迁，师老粮绝，殆无成功。公曰："拔人之国，先攻其强项者。羌重兵据门口流石州监军司，故米脂之胜众遂瓦解。兵法喻以破竹先破其节，数节之后，迎刃自解。故为迂直之言者，弗查兵势之先后耳。"（（宋）赵起：《种太尉传》，北京图书馆藏明抄本，《四库存目丛书》史部第81册影印本。汤开建：《熙丰时期宋夏横山之争的三份重要文献》，载《唐宋元间西北史地丛稿》，商务印书馆2013年版，第317—344页）

　　④ 　汤开建：《西夏监军司驻所辨析》，《历史地理》第六辑，上海人民出版社1988年版；鲁人勇：《西夏监军司考》，《宁夏社会科学》2001年第1期；张多勇：《西夏绥州——石州监军司治所与防御系统考察研究》，《西夏研究》2016年第3期，作者通过野外考察，在无定河银州与夏州之间找到唯一的西夏古城遗址——陕西省横山县波罗镇东古城遗址，指出石州监军司的治所应是横山县波罗镇东古城遗址，古城地处无定河中游，是控制无定河的重要关口。

石州境内土著多为部落之民①，与宥州、韦州等监军司均居西夏兵马左厢之列②，有通夏州道路"石州监军路"③。此地虽一度被宋军所占，但旋又归西复，故"石州祥祐"监军司之名存至西夏后期。《天盛律令·司序行文门》列其为诸监军司之首④，西夏仁宗时期的石州监军司是西夏东部防线上的主要力量。

石州祥祐监军司无论治所在绥州，还是在石州，其防御范围都是无定河下游河谷及周边地区（包括今陕西清涧县、绥德县、米脂县、吴堡县、佳县、横山县等地区）。

西夏灭亡后，石州地入蒙古，州废，监军司亦废。

### 3. 宥州嘉宁监军司

宥州嘉宁监军司治所在城川古城（今内蒙古鄂托克旗南）。⑤《西夏地形图》标灵州至宥州的道路是"夏贼犯边要路"。宥州监军司处在石州监军司与韦州监军司之间，目的是防范北宋鄜延方面的进攻。⑥ 前期，宥州监军司地接宋庆州、保安军、延安府地，管辖四万余户。⑦ 宥州设有馆舍招待宋使，与宋保安军交涉较多。西夏大安八年，即北宋元丰四年（1081），宋五路大军征西夏，宋军一度攻占宥州，当时城中居民仅 500 余家。西夏天安礼定元年

① 《续资治通鉴长编》卷二一八，神宗熙宁三年（1070）十月丙子条。

② 《续资治通鉴长编》卷四九二，哲宗绍圣四年（1097）冬十月丙戌条。"左厢石、宥、韦州防拓人马三五万人。"

③ （宋）刘一止著，龚景兴、蔡一平点校：《刘一止集》卷四八，浙江古籍出版社 2012 年版。《宋故武功大夫贵州刺史永兴军路马步军副都总管特赠右武大夫光州防御使累赠太师魏国公杨公墓碑》"公命他将运之，独提轻骑一万，由石州监军路攻夏州。"

④ 《天盛改旧新定律令》卷一二《司序行文门》。12 种监军司全部派遣 2 正、1 副、2 同判、4习判等 9 人：石州（虥敊）、东院、西寿、韦州、卓啰、南院、西院、沙州、啰庞岭、卧啰孩、北院、年斜。

⑤ 张多勇：《西夏宥州——东院监军司考察研究》，载《西夏学》第十三辑，甘肃文化出版社，2016 年第 2 期。

⑥ 王天顺：《西夏地理研究》，甘肃文化出版社 2002 年版，第 131 页。

⑦ （宋）郑刚中：《西征道里记》，清华大学藏书，同治九年印，第 7 页。

（1085），北宋神宗元丰八年，宥州正监军西夏驸马拽厥嵬名，为宋军所擒。①
该监军司到西夏中期废置。天盛年间仅设宥州城司，或为东院监军司。

### 4. 韦州静塞监军司

韦州监军司，又作威州监军司。设在韦州（今宁夏同心县韦州古城）。奲
都六年，即辽清宁八年、北宋嘉祐七年（1062），更名为静塞军。② 韦州居横
山北，元昊时立静塞监军司，屯集人马，防拓兴、灵诸州。③ 王仁礼曾监军韦
州。④ 韦州为灵环路上的要塞，防御北宋环庆路军沿萧关道北攻。⑤ 军政事务
上多与宋环州交涉。⑥

### 5. 西寿保泰监军司

初期治在韦州。西夏拱化元年，即辽清宁九年、宋嘉祐八年（1063），吐
蕃西使城归夏。西夏拱化四年，即辽咸雍二年、北宋治平三年（1066），将保
泰监军司移至西使城，地在今定西市南。西夏大安八年，即北宋元丰四年

---

① 《续资治通鉴长编》卷三五四，神宗元丰八年（1085）夏四月庚辰条。"环庆路经略司言：
'蕃官贝讹等讨西贼，获宥州正监军伪驸马拽厥嵬名。诏具功状以闻，拽厥嵬名仍押赴阙。'"《宋史》
卷三三二《赵卨传》。"（赵卨）知庆州。羌嗟名昌诡称送币，将入寇，卨知蕃主白信可使，信适以罪
系狱。破械出之，告以其故，约期日使往，果缚取以归。明年，夏人欲袭取新垒，大治攻械。卨具上
挠夏计。及夏侵兰州，卨遣曲珍将兵直抵盐市，俘馘千，驱孳畜五千。其酋槐厥嵬名宿兵于贺兰原，
时出攻边，卨遣将李照甫、蕃官归仁各将兵三千左右分击，耿端彦兵四千趋贺兰原，戒端彦曰：'贺
兰险要，过岭，则砂碛也。使敌入平夏，无繇破之。'又选三蕃官各将轻兵五百，取间道出敌寨后，
邀其归路。端彦与战贺罗平，敌败，果趋平夏。千兵伏发，敌骇溃，斩馘甚众，生擒嵬名，斩首领六，
获战马七百，牛羊、老幼三万余。"

② 《续资治通鉴长编》卷一九六，仁宗嘉祐七年（1062）六月癸未条："夏国改……威州监军司
为静塞军，绥州监军司为祥祐军。"

③ 张多勇：《西夏宥州—东院监军司考察研究》，《西夏学》第十三辑，甘肃文化出版社 2016
年版。

④ 《西夏书事》卷三六："（王仁忠）弟舒王仁礼监军韦州，私受吏民钱，遗书责之，勉以官箴，
仁礼辄还所受。"

⑤ 王天顺：《西夏地理研究》，甘肃文化出版社 2002 年版，第 132 页。

⑥ 《续资治通鉴长编》卷二二三，神宗熙宁四年五月丙戌条。"韦州监军司牒环州，欲依旧
通和。"

（1081），因宋将李宪夺取兰州、西使城，西寿监军司遂东迁天都山①。永安元年，即辽寿昌四年、宋元符元年（1098）十二月，泾原路将折可适掩袭夏西寿统军嵬名阿埋、监军妹勒都逋。并在天都山建西安州。西寿监军司北迁兴仁盆地柔狼山。西夏乾定三年，即金天会四年、宋靖康元年（1126），七月，西夏人再次攻陷西安州，西寿监军司又南移至西安州，地在今海原县西南 20 公里处。

西寿监军司控制河西（走廊）至兴庆府的水陆交通线，与卓啰监军司相呼应，防御吐蕃和北宋的进攻。

### 6. 黑山监军司

黑山监军司，西夏初期设置，称黑山威福监军司。汉译本《天盛改旧新定律令》译为官黑山，②"兀剌海"蒙古语又称"兀剌"，与蒙古语的"黑山"同音，兀剌海城就是西夏黑山监军司驻地。《西夏地形图》有兴庆府通黑山路线。主要防御辽，后期防御金。

### 7. 灵州翔庆（大都督府）监军司

灵州翔庆监军司，或即白马强镇军，③ 治灵州，捍卫京畿地区。灵州监军司与宋泾原、环庆路沿边相接，管一万余户。④ 防备宋泾原、环庆地区。

西夏后期有灵州监军司使罔存礼。⑤

---

① 《宋史》卷四八六《夏国传下》。
② 聂鸿音：《黑山威福军司补正》，《宁夏师范学院学报》2008 年第 4 期。聂鸿音根据此三字的汉语读音将其译为午腊蒻，进而考证午腊蒻是阴山山脉的一段，而牟那与午腊蒻读音相似，午腊蒻后来演变成兀剌海（斡罗孩）城。
③ 汤开建：《西夏监军司驻所辨析》，《历史地理》第六辑。
④ （宋）郑刚中：《北山集》卷一三《西征道里记并序》，文渊阁四库全书影印本。
⑤ 《西夏书事》卷三五："合达遣使至阴山，结乙室耶剌邸部，议立辽后，共约恢复。于是，河东八馆、山金司、南北王府前置北鄙诸契丹蜂起应之，合众数万，围灵州。监军司使罔存礼拒战，数败。"

## （二）右厢诸监军司

### 1. 黑水监军司

西夏初期设置，称黑水镇燕监军司，驻所在黑水城。[1] 早期备御契丹，后期备御鞑靼。后为元代亦集乃路的治所所在，归甘肃行省管辖。

西夏西北部的黑水监军司（今内蒙古额济纳旗一带）是西夏重要的一翼。早在汉武帝时在此设置居延县，东汉时为居延属国，献帝时升为西海郡。南北朝时始为前凉割据，后历经前秦、后凉、西凉、北凉诸国，北魏时为柔然婆罗门属地，北周时曾在此修筑大同城，隋朝又有增修，唐武则天时为安北都护府，天宝年间设宁寇军，安史之乱后被吐蕃、回鹘、契丹所占据，后为西夏所有，西夏管辖此地近两个世纪。西夏末年，成吉思汗蒙古军第四次南征攻破黑城。

黑水镇燕监军司为西夏监军司之一，属右厢监军司。西夏中晚期律法《天盛律令》《亥年新法》等亦多载其名。《西夏地形图》将黑水镇燕监军司标注在鸡山（今张掖合黎山）、祁连山以北的黑水城地区。有道路从兴庆府出发，沿贺兰山谷西行，经大白羊谷、小白羊谷、大象谷、横涧谷、前石门口、后石门口出贺兰山，再经麦阿啰磨、井阿啰磨祖，出兴州界，经阿啰磨娘、郢麻龙瓦、碧啰山、麦块啰娘、棱离碧六者、离疱阿啰磨，至黑水镇燕军司。[2]

---

[1]　遗址在今内蒙古额济纳旗人民政府所在地达赖呼布镇东南约 25 公里荒漠中。其地蒙古语叫作"哈拉浩特"，意即"黑色的城"，今俗称"黑城"。

[2]　《元史》卷六〇《地理志三》大体揭示了这个军城的方位。该志言："亦集乃路，在甘州北一千五百里，城东北有大泽，西北俱接沙碛，乃汉之西海郡居延故城，夏国尝立威福军，元太祖二十一年（1226）内附。"但该条史料似将黑水镇燕军误作为威福军。20 世纪初，沙俄探险家科兹洛夫从位于居延城西部的黑水城（又称黑城）遗址中，盗窃了大量西夏文物。其中有《乾定申年（1224）黑水守将告近禀帖》和西夏文辞书《文海》，在《文海》的书页背后，常可以看到西夏边境驻军司令部的文书草稿。再者，《天盛改旧新定律令》卷一九《校畜磨勘门》言，"前述黑水所在畜中有患病时，当告监军司验视，其法依另定实行"。这些都是黑水镇燕监军司设于此的证据。另外，据《元史》卷一《太祖纪》载，二十一年，太祖伐夏，"二月，取黑水等城。夏……取甘、肃等州。秋，取西凉府搠罗、河罗等县，遂逾沙陀，至黄河九渡，取应里等县。……冬十一月庚申，帝攻灵州"。从蒙古军进攻的路线看，这个黑水城与上述黑水城也是吻合的。

黑水城周边地区历史上曾是一片绿洲，发源于祁连山的黑水（即额济纳河，古称弱水）流经此地注入居延海。据史料记载，黑水城居住人口众多，曾一度经济繁荣，农牧业发达，商贾往来频繁。元亡后，黑水改道西移，草场农田沦为沙丘，城郭随之废弃。黑水城遗址数百年来受到自然因素影响，损毁严重。部分城垣被流沙掩埋，城内建筑基本坍塌。[①]

黑水，在镇西十三里。即张掖河之别名。或曰，即张掖河之支流也。[②]

居延城，其东二十里有汉居延城遗址。

## 2. 右厢朝顺监军司

西夏初期设置的监军司之一。西夏奲都五年，即契丹清宁七年、北宋嘉祐六年（1061），西夏毅宗谅祚慕中国礼制，推行改革。次年又改西寿监军司为保泰军，石州监军司为静塞军，韦州监军司为祥祐军，左厢监军司为神勇军。[③] 右厢甘州路 3 万人，以备西蕃、回纥。后期移治所于西凉府，见《西夏地形图》。西夏仁宗天盛时期又称南院监军司，负责对西边吐蕃和回鹘的军事防御。

---

① 黑水城遗址属大型古城遗址，距古居延城南约 15 千米。遗址分大小两座城址，小城位于大城内东北隅，为西夏黑水镇燕军司故城，外围大城为元代扩建的亦集乃路故城。小城平面呈方形，边长 238 米、墙基宽 9.3 米。城墙平地夯筑，夯层清楚。南墙中段尚存城门、瓮城遗迹。瓮城方形，门向东开。小城东、北墙体叠压于大城城垣下，西、南两面城垣被元代居民改造利用，分解为不相连属的数段。其利用额济纳河为天然屏障，未设护城壕。这些特点与辽、金、元三代边堡关防城市有许多相似之处，具有明显的军事性质。

黑水城遗址平面布局略呈长方形，东西长 421 米、南北宽 374 米。四周城垣保存较好，基宽 12.5 米、顶宽约 4 米、平均高度 10 米以上。东西两面置城门，东门偏北，西门偏南，相错而设。城门外皆有方形瓮城，门皆南开，以避风沙。城墙四角增加厚度，筑有向外突出的圆形角台。城墙顶部外缘建有女墙，土坯砌筑，无垛口。墙体夯筑，夯层明显，墙内尚存木骨夹棍。城垣外有马面 20 个，计南北各 6 个（南垣西端 1 个毁损），东西各 4 个；马面作方形，有收分，端头翘起。城内断壁残垣，布局依稀可辨。已探明元代总管府和广积仓位置，以及主要大街 10 条，东西向 4 条，南北向 6 条，大街两侧多为店铺和民居。城垣西墙北端和西北角台上，建有 5 座喇嘛塔；城中心建有 3 座佛塔。城外西北隅有佛塔群 10 余座，南城外有佛塔 1 座，总计 20 余座。佛寺遗址散见于城中，清真寺与墓地分布于城外西南。

② 《读史方舆纪要》卷六三《陕西十二》。

③ 《宋史》卷四八五《夏国传上》。

### 3. 卓啰和南监军司

卓啰监军司，即《西夏地形图》上的卓啰和南监军司。驻所卓啰城①，地在今永登县境。统辖庄浪河、大通河流域的广大地区。西夏初期备御吐蕃，中期备御宋兰会熙河路。西夏大德二年，即金天会十四年、南宋绍兴六年（1136），之后，备御金。②

西夏战事上实行点集制度，"每有事于西，则自东点集而西；于东，则自西点集而东；中路则东西皆集。"③《宋会要辑稿》兵八之三三记载："六日，泾原路经略司言；'西夏起甘州、右厢、卓啰、韦州、中寨、天都六监军人马，屯江州白草原。'"④ 由西夏起兵情况可知，卓啰监军司在地理位置上与甘州、右厢、韦州、中寨、天都等监军司接近。"卓啰去金城百二十里"⑤。宋德威城、静胜堡、通泉堡与黄河北岸卓啰监军司相对。⑥ 卓啰监军司属于右厢，设在凉州地区。

西夏天祐民安八年，即辽寿昌三年、北宋绍圣四年（1097），六月，林希言："章惇虽不以传取会州为然，而锐意欲令经营卓啰监军司以窥凉州，此二者要皆不可为。"⑦ 乾顺时期，仁多唛丁、仁多保忠任卓啰、右厢监军司统军。⑧

### 4. 甘州监军司

又称甘肃监军司，西夏初期设立，治所甘州（今甘肃张掖），属河西重

---

① 杨蕤：《西夏地理研究》，第 155 页，认为在甘肃永登附近。鲁人勇：《西夏地理志》，第 101 页，认为卓啰城在今甘肃永登县庄浪河南。

② 鲁人勇：《西夏地理志》，第 101 页。

③ 《宋史》卷四八六《夏国传下》。

④ 《宋会要辑稿》食货四〇之三。

⑤ 《续资治通鉴长编》卷四九一，哲宗绍圣四年九月壬申条，第 11659 页。

⑥ 《宋史》卷八七《地理志三》。

⑦ 《续资治通鉴长编》卷四八九哲宗绍圣四年六月甲辰条。

⑧ 《西夏书事》卷二八："秋七月，卓啰监军仁多保忠侵镇戎军。"卷三二："左厢卓啰监军司地在黄河北，统军仁多保忠素黠桀，驻兵锉子山，总领西南部族，与邈川首领温溪心邻境相善。"

镇。后期为西院监军司，统辖黑水、肃州监军司。甘州西南越祁连山扁都口为吐蕃领地，西北属黄头回纥、草头鞑靼的势力范围。甘州监军司防御吐蕃、回鹘。

### 5. 瓜州西平监军司

西夏初期设置的监军司，治瓜州锁阳城①（今甘肃酒泉市瓜州县锁阳城镇），一说治所在今甘肃瓜州县双塔堡，一说在今甘肃安西附近，一说在今甘肃瓜州县南。② 控扼河西西部交通要道。防御回鹘和西南诸蕃。

### 6. 白马强镇监军司③

白马强镇监军司，治所娄博贝④（今内蒙古阿拉善盟吉兰泰盐池北）。监军司位于贺兰山西北。防御北边鞑靼。

---

① 张多勇：《西夏监军司的研究现状和尚待解决的问题》，《西夏研究》2015 年第 2 期。

② 陈炳应：《西夏监军司的数量和驻地考》，《西北师范大学学报》（增刊），1986 年。陈业内应认为瓜州监军司设在瓜州今瓜州县双塔堡。杨蕤：《西夏地理研究》，第 155 页，认为瓜州监军司在今甘肃安西附近。鲁人勇：《西夏地理志》第 102 页，认为设在瓜州，今甘肃省瓜州县东南。

③ 张多勇：《西夏白马强镇监军司治地望考察》，载《西夏学》第十一辑，上海古籍出版社 2015 年版。认为白马强镇监军司治在察汗克日木古城，位于阿拉善左旗巴彦诺日公苏木豪斯布尔都村沙日布拉格嘎查。西夏西院监军司就是白马强镇监军司更名而来。东院（宥州）、西院（白马）、北院（高油房古城）、南院（清远监军司）四个监军司构成首都地区第二防御圈层。陈炳应认为"白马"就是"罗博"，那么白马强镇，又叫白马祥庆。汤开建在《西夏监军司驻地辨析》一文中也认为，白马强镇、祥庆、啰博贝为同一监军司。（汤开建：《西夏监军司驻所辨析》，载《历史地理》第 6 辑，上海人民出版社 1988 年版）陈炳应认为，白马强镇监军司驻吉兰泰盐池北（陈炳应：《西夏监军司的数量和驻地考》，《西北师范大学学报（增刊）》，1986 年）；李昌宪认为，在贺兰山后（李昌宪：《西夏疆域与政区考述》，载《历史地理》第十九辑，上海人民出版社 2003 年版）；鲁人勇认为，驻今内蒙古阿拉善左旗吉兰泰盐场东，中期改称北院（鲁人勇：《西夏监军司考》，《宁夏社会科学》2001 年第 1 期）；牛达生、许成认为在吉兰泰（牛达生、许成：《贺兰山文物古迹考察与研究》，宁夏人民出版社 1988 年版，第 18 页）；杨蕤认为，驻吉兰泰西勃兔古城。可以确定，白马强镇监军司应在贺兰山以西今阿拉善左旗。（杨蕤：《西夏地理研究》，人民出版社 2008 年版，第 67 页）

④ 陈炳应：《西夏监军司的数量和驻地考》，《西北师范大学学报》（增刊），1986 年；汤开建：《西夏监军司驻所辨析》，载《历史地理》第六辑，上海人民出版社 1988 年版。

### 7. 啰庞岭监军司

啰庞岭监军司，位于灵州西啰庞岭①，驻地贺兰山。一说是右厢朝顺监军司，驻今阿拉善盟左旗一带。② 前揭娄博贝监军司在西夏右厢，可知，啰庞岭监军司属右厢③。但按照《天盛律令》相关条文的记载，啰庞岭临近京师界，未设经略使，直辖于中书、枢密院，④ 是在军政管理上相对独立的区域。⑤

## （三）其他监军司

中寨⑥监军司，西夏天祐民安七年，即辽寿昌二年、北宋绍圣三年（1096），三月，"泾原路经略司言西夏起甘州、右厢、卓啰、韦州、中寨、天都六监军人马屯编江白草原"⑦。中寨，军事名称，"中寨，贼劲悍者也"⑧。后期或为南地中监军司。

----

① 《读史方舆纪要》卷六二《陕西十一》"灵州守御千户所"："又啰庞岭，在所西。宋乾道六年，夏相任得敬胁其主仁孝欲分夏国，仁孝分西南路及灵州之啰庞岭与之。"

② 杨蕤：《西夏地理研究》，人民出版社 2008 年版，第 133—134 页。

③ 《续资治通鉴长编》卷四七一，哲宗元祐七年三月丙戌条："丙戌，环庆路经略使章楶奏：'（七年三月三日。）本司勘会往年十二月内，有投来河东陷蕃妇人阿声称，听得西界人说，首领庆鼎察香道："有塔坦国人马于八月内出来，打劫了西界贺兰山后面娄博贝监军司界住坐人口孳畜。"已具状闻奏讫。续据西界投来蕃部苏尼通说称："塔坦国人马入西界右厢，打劫了人口孳畜，不知数目。"'"

④ 《天盛改旧新定律令》卷九《司事执集时门》。"一不系属于经略之啰庞岭监军司者，自杖罪至六年劳役于其处判断。获死罪、长期徒刑、黜官、革职、军等行文书，应奏报中书、枢密，回文来时方可判断。"

⑤ 杨蕤：《西夏地理研究》，人民出版社 2008 年版，第 133—134 页。认为啰庞岭可能为右厢朝顺军司，应位于内蒙古阿拉善盟左旗某地。

⑥ 张多勇、于光建：《西夏进入河西的"啰庞岭"道与啰庞岭监军司考察》，《石河子大学学报》（哲学社会科学版）2017 年第 6 期。该文认为中寨是啰庞岭的中文意译。中寨的确切位置没有记载，陈炳应认为中寨监军司在韦州与天都之间，在葫芦河一带。松山旧古城就其位置而言，当是西夏啰庞岭监军司，就其规模而言属于小型县城，西夏有可能在此地设立啰庞岭监司。啰庞岭当指乌鞘岭的末梢毛毛山或寿鹿山，这座西夏古城地处翻越乌鞘岭的山岭南麓，成为控制西夏在渡过黄河向西进入河西走廊的关口要塞，并与卓啰监军司（今永登县中堡镇罗城滩）形成掎角之势，北控河西通道，南控通向河湟的交通要道。汤开建：《党项西夏史札记》，载《党项西夏史探微》，商务印书馆 2013 年版，第 411 页。认为中寨监军司可能即灵州翔庆军。

⑦ 《宋会要辑稿》兵八之三三。

⑧ （宋）田况：《儒林公议》卷下，中华书局 2017 年版，第 71 页。

天都山设有监军司。① 妹勒都逋曾任天都监军，其诸族帐首领见捕获此二人，接续扶携老幼争来投降，并欲依附都逋等。②

洪州监军司。贺朗赍出任西夏、洪、宥、韦三州都统军，监军嵬名济救洪州，兵败，洪州失守。③ 西夏洪州当设监军司。

绥州监军司。左厢监军司或为绥州监军司或辖绥州监军司。④ 银州监军嵬名山与西夏朝廷有隙，扣青涧城主种谔求附宋。⑤ 嵬名山先后任银夏绥监军。西夏天赐礼盛国庆二年，即辽咸雍六年、北宋熙宁三年（1070），绥州监军吕效忠率师攻宋德顺军，败死。⑥

年斜监军司，西夏中后期监军司。年斜由西夏文𗿒𗢸翻译而来，或为宁西监军司，驻所在宋夏边境的宁西峰（今陕西榆林市东）附近。⑦ 附近有宁星和市"乃令鬻铜锡以市马，而纤缟与急须之物皆禁。"⑧ 为宋夏边境一处重要边贸场所。

弥娥州监军司，仅见于石窟题记，具体治所未知，当属于右厢监军司。榆林石窟第25窟题记："……人□□五年中正月凉州路瓜州监军司通判口官

<hr>

① 刘华、杨孝峰：《西夏天都监军司所遗址及神勇军考》，《宁夏社会科学》2001年第2期。认为地处海原西华山、南华山、月亮山及甘肃崛山之间的麻张台古城当是西夏人的天都监军司所在地。如果以黄河为界，天都当属左厢范围，如韦州静塞军就在左厢领地，故在天都设左厢神勇军也是理所当然的。

② 《续资治通鉴长编》卷五〇五，哲宗元符二年春正月己酉条。

③ 《续资治通鉴长编》卷四九〇，哲宗绍圣四年八月丙戌条。《西夏书事》卷三〇："鄜延副总管王愍率诸将由塞门入界，大首领凌吉讹遇合洪、宥两监军兵迎战，不胜，退至十里井。福与部将贺文密恃胜来追，带金环首领数人皆战死，文密亦重伤，福殁于阵。"

④ 因史料记载不一致，导致祥祐军的驻地有两个，即石州与绥州。彭向前《谅祚改制考》（《内蒙古社会科学》（汉文版）2008年第4期）一文中对其有细致考证，认为祥祐军先驻绥州，绥州后被宋将种谔所取，后改驻石州。《续资治通鉴长编》卷二二三，神宗熙宁四年五月丙戌条。"环庆路经略使王广渊言：'夏国韦州监军司牒环州，欲依旧通和，环州与之回答。'鄜延赵卨亦奏西人至绥德城，与知城折克隽相见，言国主欲得绥州如旧。"

⑤ 《宋史》卷三三二《陆诜传》。

⑥ 《宋史》卷三五〇《周永清传》；《西夏书事》卷二二。

⑦ 孙伯君：《西夏宁西监军司考》，载《中国多文字时代的历史文献研究》，第215—220页。

⑧ 《宋史》卷一八六《食货志下八》。

赵嘿□□', 你<sub>合</sub>饿州监军司通判考色赵祖玉……"① 你<sub>合</sub>饿、弥娥, 系同音异译, 当位于贺兰山与居延海之间,② 属西夏中后期监军司。

西夏前期设置院, 文献有北院大王等名号。1094 年的夏汉合璧《凉州重修护国寺感通塔碑铭》的西夏文铭文中有"南院", 其对应的汉文铭文是"右厢"③。《天盛律令》等记载, 西夏中后期有东院、西院、南院、北院四监军司。

南院监军司。凉州设西凉府、南院, 是西夏右厢的核心区域。西经略司也设在此地。④ 此外, 还设有南院行宫三司、边工院。

西院监军司。即西夏前期甘肃监军司, 治所设在甘州。西夏乾定三年 (1226)《黑水副将上书》⑤ 记载了肃州谕文传西院监军司语, 可知西夏后期肃州作为监军司下辖于西院监军司, 并且西院监军司当邻近肃州、黑水, 并管辖之。又《天盛律令·司序行文门》所列的监军司在方位上存在一定逻辑性, 南院与西院相邻; 其所列 17 个监军司未见甘州, 而甘州在西夏立国之初就设有甘肃监军司。另外, 甘州还有西院经治司、甘州城司的设置。西夏乾祐七年 (1176) 所立《西夏黑水桥碑》汉文碑文还称甘州为"镇夷郡"。⑥

东院监军司, 一说是西夏前期设置的左厢神勇监军司。⑦ 治所有明堂川、夏州东弥陀洞 (榆林西, 海流图庙一带)、夏州弥陀洞 (今榆林市东) 等推

---

① 陈炳应:《西夏文物研究》, 宁夏人民出版社 1985 年版, 第 11 页。文中考证为西夏人庆乙丑年 (1145)。

② 汤开建:《党项西夏史札记》, 载《党项西夏史探微》, 商务印书馆 2013 年版, 第 411 页。

③ 史金波:《西夏社会》上册, 上海人民出版社 2007 年版, 第 315 页。西夏文录文见史金波《西夏佛教史略》(宁夏人民出版社 1988 年版) 第 249 页。

④ 陈炳应:《甘肃武威西郊林场西夏墓题记、葬俗略说》, 载白滨主编:《西夏史论文集》, 宁夏人民出版社 1984 年版, 第 546—554 页。一号墓题记有"西路经略司", 二号墓题记有"西经略司都案"。陈炳应认为西路经略司是长期存在的, 地点就在武威。

⑤ 聂鸿音:《关于黑水城的两件西夏文书》,《中华文史论丛》2000 年第 63 辑。又见聂鸿音:《西夏遗文录》, 载《西夏学》第二辑, 宁夏人民出版社 2007 年版。

⑥ 王尧:《西夏黑水桥碑考补》,《中央民族学院学报》1978 年第 1 期。

⑦ 杨蕤:《西夏地理研究》, 人民出版社 2008 年版, 第 154 页。

测，可能由宥州监军司改名。[1]

北院监军司，推测设在黑山。[2]

肃州监军司，设在肃州。[3]

沙州监军司。在安西榆林窟 29 窟西夏文题记中："沙州监军司"与"瓜州监军司"并存。[4] 西夏天盛年间所设沙州监军司级别高于瓜州监军司。治所可能在汉唐时沙州城（敦煌市城西、党河西岸故城址），防御西州回鹘和吐蕃。

此外，南地中、北地中监军司当设在西夏中部地区。[5]

---

① 张多勇：《西夏宥州—东院监军司考察研究》，载《西夏学》2016 年第 2 期（第十三辑）。
② 张多勇：《西夏黑山威福、北院监军司考察研究》，第五届西夏学论坛，内蒙古阿拉善盟。
③ 鲁人勇认为甘州甘肃军司西移至肃州。（《西夏地理志》，第 98 页）
④ 史金波、白滨：《莫高窟、榆林窟西夏文题记研究》，《考古学报》1982 年第 2 期。
⑤ 李昌宪：《西夏疆域与政区论述》，载《历史地理》第十九辑。考察中寨监军司治灵州东关镇，杨蕤依据《天盛律令·司序行文门》提出南地中应在西夏京畿地区，而汉文典籍中翔庆军司在《天盛律令》中无载，疑为南地中（杨蕤：《〈天盛律令·司序行文门〉与西夏政区刍议》，《中国史研究》2007 年第 4 期），鲁人勇《西夏地理志》第 105 页进而推测南地中监军司驻灵州东关镇。杨蕤认为白马强镇军司在《天盛律令·司序行文门》中无载，推测为北地中，其地望在今内蒙古吉兰泰一带。鲁人勇先生则推测北地中监军司驻今宁夏惠农县省嵬城。

# 七、州郡

　　西夏立国，保留唐宋的府郡，原有的唐五代以来的州县二级体制县级政区在西夏地方消失殆尽，不少堡镇跃升为州级单位，西夏前期"州"普遍存在。元昊称帝，除都城所在的兴州之外，还领有夏、银、绥、静、宥、灵、盐、会、胜、甘、凉、瓜、沙、肃等 14 州，而洪、定、威、怀、龙、顺、永、静等"即旧堡镇伪号州"①。这些州绝大多数"不具有汉制中中级政区的内涵，而已蜕变为城堡一类的军事要塞"②。

　　西夏仁宗初年，河之内外，州郡凡二十有二。河南之州九：曰灵、曰洪、曰宥、曰银、曰夏、曰石、曰盐、曰会、曰南威；河西之州九：曰兴、曰定、曰怀、曰永、曰凉、曰甘、曰肃、曰沙、曰瓜；熙秦河外之州四：曰西宁、曰乐、曰廓、曰积石。此外还有静州、胜州、龙州、韦州、伊州。③ 西夏中后期监军司机构成长为西夏地方的一级政区，作为其治所的州（城）以及被荒废的州也就失去了地方行政区划的意义，一些州下辖城堡寨，一些州本身来自堡寨，只是以州名自处，行政地位较低，辖境十分有限。

---

　　① 《续资治通鉴长编》卷一二〇，仁宗景祐四年十二月癸未条；《宋史》卷四八五《夏国传上》；章巽：《夏国诸州考》，《开封师范学院学报》（社会科学版）1963 年第 1 期。

　　② 李昌宪：《西夏地方行政体制刍议》，载《宋史研究论文集》第 10 辑。

　　③ 《宋史》卷四八六《夏国传下》。这里的伊州即今新疆哈密。唐代设置伊州，北宋失去河西地区后，西夏政权势力有染指其地的迹象。章巽：《夏国诸州考》，《开封师范学院学报》（社会科学版）1963 年第 1 期；杨蕤：《论西夏的西缘疆界及相关问题》，《中国史研究》2020 年第 1 期。

西夏置城堡寨始于继迁时代，但是这一时期大致是在攫取宋边区后因袭原城寨的建置为主。如至道以后，继迁夺取盐州和灵州以后，盐州辖有下虎寨、人头堡、赤柽寨、苦井堡，灵州有清边寨、清远军威堡、折姜会、青岗寨、白马堡，麟州有独龙寨、军马寨。虽然元昊时代是西夏建置堡寨见于史载最多的时期。① 但西夏中期列入司等的城司一共只有 24 个，除鸣沙城司之外，其余统称"二十三种地边城司"。其所属官吏有 1 城主、1 通判、1 城观、1 行主。有 11 种堡寨，即绥远寨、西明寨、常威寨、镇国寨、定国寨、宣德堡、安远堡、讹泥寨、凉州、夏州、绥州。其所属官吏有寨主、寨副、行主等。在史料中还记载有诸多其他城司堡寨，作为建立在部落制基础之上的政权，西夏的部族首领始终拥有强大的势力。很可能大量的堡寨属于这些地方豪强领有，是私人性质的，所以没有出现在国家性质的机构行列中。

西夏的城寨形制与北宋时期西北的城寨略同，有大寨，有小寨，有栅等。西夏修建这些城镇堡寨的目的，主要是为了军事上的需要，即"扩大边界，控扼要路"②。

西夏的城堡寨作为军民合一的机构，上承州县和监军司，平时组织所属蕃部生产，城堡寨设置在蕃部中间或者以城堡寨为中心，蕃部族帐散布在邻近地区游牧耕种，便于战时聚集。西夏的城堡寨与相邻堡寨以及下辖的哨卡、口铺、烽燧组织联防，阻止骑探入界和蕃部族帐叛逃，战时则点集战斗或负责本寨人户坚壁清野。③

西夏后期州郡按照地理分布可分河南、河西、河湟三大地域，本章介绍州郡沿革、州境四至、建置、览胜、人口、风俗、人物等以及西夏城堡寨情况。可以说，西夏以战立国，其军事策略的调整、疆域的伸缩，对于州郡的数量和辖境情况都有重大影响。

---

① 李华瑞：《宋夏关系史》，河北人民出版社 1998 年版，第 305 页。
② 陈炳应：《西夏文物研究》，宁夏人民出版社 1985 年版，第 82—83 页。
③ 杜建录：《西夏政区划分及其相关问题》，《宁夏社会科学》2020 年第 5 期。

## （一）河南之州

### 1. 灵州

　　灵州，在今宁夏吴忠市境内①，别名灵武郡。《禹贡》中属于雍州之域。春秋战国时属秦国。及秦并天下，设为北地郡。汉即富平县之地。后魏太武帝平赫连昌，于太延二年（436）置薄骨律镇在河渚上，孝昌二年（526），置灵州。初在河北胡城。大统六年（540），于果园复筑城以为州。至后周，置总管府，又置普乐郡。隋大业元年（605）罢府郡为灵州，三年（607）又改为灵武郡。武德元年（618）又改为灵州，仍置总管，七年（624）改为都督府。② 调露元年（679），又置鲁、丽、塞、舍、依、契等六州，总为六胡州。唐开元二十一年（733），于边境置节度，以遏四夷，此后灵州常为朔方节度使治所。天宝元年（742），灵州改为灵武郡。至德元年（756），肃宗于灵武即位，灵州升为大都督府。乾元元年（758），复为灵州，治回乐，领县四：回乐、灵武、怀远、保静。五代灵州仍为朔方军治所。宋初为朔方军节度。后杨琼为灵庆路副部部署，引导黄河灌溉民田数千顷，灵州有户口四千余，课利四十五万贯。领回乐一县，清远、昌化、保安、保静、临河、怀远、定远等七镇。③ 宋咸平五年（1002）三月，李继迁大集蕃部，攻陷灵州，改称西平府。六年（1003）春，遂都于灵州。西夏奲都六年五月，即契丹清宁八年、北宋嘉祐七年（1062），西夏谅祚于此设翔庆军监军司，总领威州静塞、绥州祥祐、左厢神勇等监军司。④ 天盛年间为五州地之一。至迟于天盛年间，设大都督府（𗥩𗤔𗥔𗾞），居次等司。⑤ 西夏神宗遵顼先以状

---

　　① 《大唐故东平郡吕氏夫人墓志铭并序》，载宁夏文物考古研究所、吴忠市文物管理所编著：《吴忠西郊唐墓》，文物出版社 2006 年版，第 315 页。
　　② 《元和郡县图志》卷四《关内道四》，第 92 页。
　　③ 《太平寰宇记》卷三六《关西道十二》；（宋）王存：《元丰九域志》，中华书局 1984 年版，第 479 页。
　　④ 《西夏书事》卷二〇。
　　⑤ 《天盛改旧新定律令》卷一〇《司序行文门》。

元及第，充大都督府主。① 元代，复称灵州。

大都督府，旧为灵州西平府。② 天盛中期设有大都督府，次等司，设 6 司正、6 承旨，都案案头各 6 名。还设有刺史、转运司、租院、踏曲库、收税粮食库等。③ 西夏末期曾以皇室宗亲为大都督府主。

灵武郡，天盛时期为下等司，设有 2 城主、2 通判、2 经判、2 都案、案头。

灵州城，又名灵武城、④ 朵儿蔑该城、朵儿蔑该巴剌合速、⑤ 滴儿雪开城，⑥ 西夏乾定元年，即金正大元年、南宋嘉定十七年、元太祖十九年（1224），冬十月，蒙古攻陷之。⑦

翔庆监军司，置在灵州，西夏奲都六年，即辽清宁八年、北宋嘉祐七年（1062），西夏毅宗李谅祚改为翔庆军。总领威州静塞、绥州祥祐、左厢神勇等监军司。

徐堡寨，灵州地之堡。⑧

大定城，在灵州西。⑨

鸣沙城（宁夏中卫市），西夏灵州地城司。⑩

榆林城，灵州西之城。⑪

安边城（今甘肃省环县罗山川乡北境），原属西夏灵州。西夏贞观六年

---

① 《金史》卷一三四《西夏传》。

② 杨蕤：《党项三都——兼述党项政权的西迁》，载《宁夏文史》第 16 辑，宁夏人民出版社 2000 年版。

③ 《天盛改旧新定律令》卷一七《库局分转派门》。

④ 《涑水记闻》卷一四。

⑤ 《蒙古源流》卷四。

⑥ 《元史译文补正》卷一下。《蒙史》卷三《成吉思可汗本纪下》。

⑦ 《元朝秘史》卷一四。《蒙史》卷三《成吉思可汗本纪下》。

⑧ 《姑溪居士后集》卷二〇《折渭州墓志铭》。

⑨ 《续资治通鉴长编》卷四九。又指灵州西榆林、大定曰："戎人多据此路，凭高以瞰王师，盖恃复远，难于追袭。"

⑩ 《续资治通鉴长编》卷三二七，神宗元丰五年六月乙卯条。上批："昨据李宪奏请泾原路自熙宁寨进置堡障，直抵鸣沙城，以为驻兵讨贼之地，朝廷悉力应副。近李舜举奏财粮未备，人夫惮行。朝廷以舜举所言忠实可听信，已指挥放散人夫等，更不追集诸路兵，即是已罢深入攻取之策。"

⑪ 《续资治通鉴长编》卷四九，真宗咸平四年八月戊申条。

（1106），即辽乾统六年、北宋崇宁五年，宋进筑，赐名定边城。东至清平关，南至肃远寨，西至西夏折羌会和市，北至牛圈堠。①

清远城（今甘肃省环县甜水堡），北宋初为灵州温池县清远镇。淳化五年（994）后筑清远城，置清远军。咸平四年（1001）入西夏。西夏大安八年（1081），又即辽大康七年、北宋元丰四年，一度陷于宋。②

**州境：**

灵州东西 580 里，南北 80 里。其界东盐州 300 里，西凉州 900 里，南原州 560 里，东北丰州 900 里。③ 西南至丰安 180 里。④

**物产：**

灵州可种荞豆、麦。⑤ 旧贡土产红蓝、甘草、青襜樱、花苁蓉、代赭、白胶、青虫、雕、鹘、白羽（白雕翎）、麝（麝香）、野马（野马皮）、鹿革（鹿皮）、野猪黄、吉莫鞾、鞥、毡、库利、赤柽、马策（马鞭）、印盐、黄牛臆、乌瓴、红花、鹿角胶、杂筋。⑥

**风俗：**

本杂羌戎之俗。北周时期，破陈将吴明彻，迁其人于灵州，其江左之人尚礼好学，习俗相化，因谓之"塞北江南"。

**户口：**

唐天宝间有户 11456，宋初蕃、汉相杂，有户 2661。⑦

**形胜：**

长乐山，旧名达乐山，亦曰铎落泉山，以山下有铎落泉水，故名。旧为

---

① 王天顺：《西夏地理研究》，甘肃文化出版社 2002 年版，第 169 页。
② 《历代诸臣奏议》卷一三〇张齐贤《上真宗论陕西事宜》，第 1438 页；杨亿《上真宗论弃灵州为便》，第 1440 页；王天顺：《西夏地理研究》，甘肃文化出版社 2002 年版，第 170 页。
③ 《武经总要前集》卷一九《西蕃地里》。
④ 《太平寰宇记》卷三六《关西道十二》。
⑤ 《续资治通鉴长编》卷五一〇，元符二年（1099）五月庚午条；《天盛改旧新定律令》卷一五《催缴租门》，天盛时期，灵武郡向国家交纳麦。
⑥ 《元和郡县图志》卷四《关内道四》。《文献通考》卷三二二《舆地考八》。
⑦ 《太平寰宇记》卷三六《关西道十二》。

吐浑部落所居。

大石山，《水经注》云："河水至此，两山相对，水出其间，即上河峡也。"① 俗号青山。

黄河，黄河经灵州西，为河曲。②

浑怀障，秦置。《水经注》云："河水东北径浑怀障。"

薄骨律镇城在北。城在河渚上，称赫连果城，桑果余林仍列洲上。相传赫连之世，有骏马死此，取马色为邑号，故目城为白口骝，后讹为薄骨律。有薄骨律渠，在县南60里，溉田1000余顷。③

果州，《水经注》云："河水北有薄骨律镇城，在河渚上，旧赫连果城也。桑果、榆林列植其上，故谓之果州。"

白马骝城，《十六国春秋》云："赫连勃勃时，有骏马死，即取毛色为号，故名其城为白马骝。"④

艾山旧渠，后魏刁雍为薄骨律镇将，上表请开富平西30里艾山旧渠，南北26里，州西45里，凿以通河。自禹旧迹两岸作溉田大渠，广十步，以河水溉公私田4万顷。人获其利。

回乐烽，置县在州城，唐开元初置东皋兰州，皆九姓突厥部落。

啰庞岭，灵州西。西夏乾祐元年，即金大定十年，南宋乾道六年（1170），夏相任得敬胁其主仁孝欲分夏国，仁孝分西南路及灵州之啰庞岭与之。并上表于金国，金人不许。

磨脐隘，在灵州南百余里。西夏大安八年，即辽大康七年、北宋元丰四年（1081），宋将刘昌祚引泾原兵伐夏，到磨脐隘时，夏人据险以拒宋。昌祚大破夏人，遂薄近灵州。庆州兵亦至，两军共同围攻灵州。夏人据黄河七级

---

① （北魏）郦道元著，陈桥驿校证：《水经注校证》卷三，中华书局2007年版，第74页。
② 《读史方舆纪要》卷六二《陕西十一》。
③ 《太平寰宇记》卷三六《关西道十二》。
④ 《太平寰宇记》卷三六《关西道十二》。

渠以河水灌昌祚营，又抄绝粮运，宋军大败，于是退兵。

浦洛河，在灵州南，北流入大河。宋至道元年（995），边将白守荣护刍粮赴灵州。李继迁邀击于浦洛河，尽夺刍粮，即在此处。又名溥乐河。宋人议筑溥乐城，以河为名。

七级渠，在城南。唐大历八年（773），吐蕃寇灵州，郭子仪败之于七级渠。宋元丰中，刘昌祚围灵州，夏人决七级渠灌宋营。

特进渠，在灵州西。唐长庆四年（824）开凿，溉田六百顷。

旱海，在灵州东南。旱海方圆七百里，斥卤枯泽，无溪涧川谷。在宋清远军北。

耀德镇，在灵州南。旧为灵州戍守处。石晋开运二年（945），朔方帅冯晖赴镇，过旱海，至辉德。党项扼要路，据水泉拒晖。晖击败之，乃得入灵州。宋咸平四年（1001），赵保吉（即李继迁）作乱，张齐贤等议弃灵州。何亮言："灵州不可舍，请筑溥乐、耀德二城，以通河西粮道。盖灵武居绝域之外，不筑此二城为唇齿，与舍灵武无异也。"①

## 2. 洪州

洪州（今陕西省靖边县西中山涧乡），本夏州横山地。凭高据险，下瞰沙漠，土山柏林，溪谷相接。② 唐时邠宁节度张献甫筑洪门镇城，置兵以防蕃寇。③ 宋淳化五年（994），诏毁夏州，迁其民于银、绥，或弃镇城。④ 宋景祐四年（1037），元昊既悉有夏、银、绥、静、宥、灵、盐、会、胜、甘、凉、瓜、沙、肃，而洪、定、威、怀、龙皆即旧堡镇号州。自河南洪州、白豹、安盐州、罗洛、天都、惟精山等驻军五万人，以备环、庆、镇戎、原州。⑤ 西

---

①　《读史方舆纪要》卷六二《陕西十一》。

②　《宋史》卷二六四《宋琪传》。

③　《旧唐书》卷一二二《张献甫传》。

④　《宋史》卷四八五《夏国传上》。

⑤　《续资治通鉴长编》卷一二〇，仁宗景祐四年十二月壬辰条；《宋史》卷四八五《夏国传上》。

夏天授礼法延祚三年，即辽重熙九年、宋康定元年（1040），宋鄜延钤辖朱观等袭西夏洪州界郭壁等10余寨，并一举拿下。[1]西夏天仪治平二年，即辽大安四年、北宋元祐三年（1088），三月二十四日，西夏攻塞门寨，鄜延路经略使赵卨遣西路将刘安、李仪等袭洪州，斩掳五百余，焚荡族帐万二千，获孳畜、铠仗万三千。西夏天祐民安八年，即辽寿昌三年、北宋绍圣四年（1097），夏四月五日，宋知保安军李沂统制两将人马入西夏边界讨荡，七日到洪州城内，逢威明萧济特沙克人马接战，获西夏人首级165，俘2人，及燔毁洪州城内外首领、人民族帐等甚众，得牛马驼畜2000余。[2]七月，宋廷又遣副总管王愍统制诸将入西夏界，二十九日至宥州，西夏洪、宥、韦三州总都统军贺浪啰率众迎战，被宋将王愍等击破。[3]宋崇宁时期的《西夏地形图》有洪州，在宥州西南。《天盛律令》中无洪州。

郭壁寨，西夏初期洪州地区堡寨。

**州境：**

北至宥州80里。[4]从延州入平夏有三路，其中西北一路走向：历万安镇经永安城，出洪门至宥州，四五百里，是夏州西境。[5]

**风俗：**

洪、宥州羌户劲勇善战，夏人恃此以为肘腋。[6]

附：河西洪州（今甘肃庄浪）。汉武威郡地。后汉因之。晋仍为武威郡地。隋属凉州。唐亦为凉州地。宋没于西夏。或曰："夏人置洪州于此，以其地有洪源谷云。"[7]

---

① 《续资治通鉴长编》卷一二九，仁宗康定元年冬十月乙酉条。
② 《续资治通鉴长编》卷四八五，哲宗绍圣四年夏四月庚子条。
③ 《续资治通鉴长编》卷四九〇，哲宗绍圣四年八月丙戌条。
④ 《太平寰宇记》卷三七《关西道十三》。
⑤ 《宋史》卷二六四《宋琪传》。
⑥ 《宋史》卷三二五《刘平传》。
⑦ 《读史方舆纪要》卷六三《陕西十二》。

3. 宥州

宥州，别名宁朔郡，治在长泽县（今内蒙古鄂托克旗东南部城川镇城川嘎查北 1 公里处古城遗址①）。本汉三封县之地。自河曲灵夏有蕃戎部落，后周武帝乃立朔州以统之。唐天宝中，改宁朔郡。后寄治于经略军。以地形居中，可总统蕃部，北以应接天德，南为夏州之援。元和十五年（820）复置宥州于长泽县，隶夏绥银节度，下置延恩县，后为吐蕃所破。长庆四年（824），夏州节度李佑复置宥州，领长泽、归仁、怀德、延恩四县。② 党项平夏部拓跋思恭，咸通末据宥州，称刺史。后借黄巢之乱出兵助唐靖难，功成受封夏州节度使，赐号定难军，领银、夏、绥、宥等四州地。③ 宋太平兴国七年（982），节度使李继捧纳土，宥州等复为中原郡县。淳化五年（994），宋廷废夏州毁以困继迁，宥州孤悬，遂归于西夏。④

元昊建国，设宥州嘉宁监军司，左厢宥州路驻军五万人，以备鄜、延、麟、府。宋廷每遣使往，止于宥州宫馆，终不得至兴、灵。⑤ 西夏大安八年，即辽大康七年、北宋元丰四年（1081），宋吕惠卿出鄜延，遣折克行来攻宥州，宥州城中居民五百余家，逐一被屠，斩首一百余级，降者十数人。宋军获马牛百六十，羊千九百。宋军于城东二日，杀所得马牛羊以充食。⑥ 旋复为夏所收复。西夏天祐民安八年，即辽寿昌三年、北宋绍圣四年（1097），七月丙戌，宋鄜延路经略使吕惠卿差将官王愍破荡宥州，西夏洪、宥、韦三州总

---

① 据考古资料：城川古城北墙长 724 米，南墙长 760 米，东墙长 600 米，西墙长 602 米，面积 44 万平方米。城墙由灰白色沙土夯筑而成，结构坚实紧密。东、南、北墙保存较好，墙上角楼、马面、瓮城历历可见，城垣现存平均高约 8 米。城外四周修有护城河，护城河痕迹仍然明显可辨，部分地带至今仍可积水。城内现已辟为耕地，早年地表遍布陶、瓦残片遗物。考古钻探判定城址为焚毁建筑。
② 《太平寰宇记》卷三九《关西道十五》。
③ 《新唐书》卷二二一《西域传上·党项传》。
④ 《武经总要》卷一九《西蕃地里》。《读史方舆纪要》卷六一《陕西十》。
⑤ 《续资治通鉴长编》卷一五三，仁宗庆历四年十二月乙未条。
⑥ 《续资治通鉴长编》卷三一八，神宗元丰四年十冬月癸酉条。

都统军贺浪啰率众迎战。宋将王愍等追击，大破西夏军，追奔二十余里，斩首五百余级。入宥州，焚其官廨、仓场、刑狱、民居五十余间，并伪行宫军司簿书案籍等，发窖藏，践禾稼、荡族帐不可胜计。王愍据淖河，贺浪啰率其众来战，而首领移卜淖、凌吉讹遇以数千骑出，半入鸡川，将邀官军。王愍率诸将掩击，复破之，斩首二百余级。转战而南七十余里，驻守于秦王井。西夏再战，王愍使以神臂弓射回击。宋军凯旋，西夏登高不敢追，宋人获器械五十余件，牛羊万五千余头。[1] 金灭北宋，数次攻宥州而不得。天盛年间，宥州属"地边"，设城司。[2] 蒙元灭夏，遂废之。[3]

归仁城，在废宥州西南。[4]

威戎城，在废宥州东南。西夏天祐民安八年，即辽寿昌三年、北宋绍圣四年（1097），宋吕惠卿攻宥州，筑威戎、威羌二城，不久废弃。

井鼠寨，西夏寨，属宥州，与宋保安军相接。[5]

礓石寨，宥州地，西夏寨，与闹讹堡相邻。西夏天赐礼盛国庆四年，即辽咸雍八年、北宋熙宁五年（1072），宋退还。[6]

**州境：**

宋太平兴国年间。东西110里，南北130里。

东至桃子堡30里为界；南至洪门镇（洪州）80里为界；西至五原郡盐地

---

① 《续资治通鉴长编》卷四九〇，哲宗绍圣四年八月丙戌条。

② 《天盛改旧新定律令》卷一〇《司序行文门》。

③ 《读史方舆纪要》卷六一《陕西十》。

④ 《读史方舆纪要》卷六四《陕西路十》。唐初为兰池州之长泉县。开元二十六年（737）置归仁县，属宥州。又怀德城，亦在废宥州南。唐初为塞门县，旋废。开元二十六年（737）改置怀德县，属宥州。宋皆没于西夏，县废。

⑤ 《河南先生文集》卷二四。

⑥ 《续资治通鉴长编》卷二三一。神宗熙宁五年三月甲申条："诏环庆经略司，如夏国差人来议界至，或修纳干堡、礓石寨，即检会夏国所上表章，依见今汉蕃住坐耕牧处定界至，以前尝误牒宥州称无人拘占上件田土，恐夏人固执牒语故也。"卷二三二，神宗熙宁五年四月辛未条。"或闹讹礓石即是藏虿地也。"卷二三四，神宗熙宁五年六月癸亥条："环庆路经略司言夏人送还荔原堡逃去熟户嵬通等七十八人。先是，夏人未尝以逃户来归，至是，欲请和故也。其两户乃新招到，曾体问不愿归者，其十五户盖治平间所招不经体问者。王安石言：'访得王广渊，既退还西界礓石、闹讹堡地，给田与熟户数少，故逃去。'冯京曰：'西人或有谋，当是怨彼背叛，故送来令我杀之。'安石曰：'西人不候理索，送来乃得计。'"

180 里为界；北至神堆泽 50 里为界，以北属夏州；南东至古长城 60 里属夏州界；西南至盘堆 80 里；西北至黄堆 80 里为界，以西北至故宥州 120 里为界，属夏州；东北至市泽 40 里为界，以东北夏州 80 里。①

西夏初期宥州监军司接庆州、保安军、延安府地。东至夏州界 60 里，西至盐州界 200 里，南至保安军界约 100 里，北至夏州界约 150 里。② 东南至延州 300 余里。宥州边境 10 里至长城，长城南 80 里至保安军。③

宥州在横山之下，南距米脂（寨）三舍而近。④ 西南至延州东 460 里，西至环州 355 里，南至保安军 280 里，西南至保安军 220 里，东南至保安军 270 里。⑤ 东至古乌延城 40 里。⑥

**土产：**

青盐、酥、驼、马。⑦

**户：**

唐《十道录》云：开元无户。长庆中，户 7590。宋时管汉户 200。⑧ 西夏大安八年，即辽大康七年、北宋元丰四年（1081），折克行拔宥州，城中居民 500 余家。⑨ 北宋末，夏国宥州监军司接庆州保安军延安府地分管户四万余。⑩

**风俗：**

风俗同夏州，"地广人稀，逐水草蓄牧，以兵马为务，酒醴之会，上下

---

① 《太平寰宇记》卷三九《关西道十五》。

② 《武经总要》卷一九《西蕃地里》。

③ 《武经总要》卷一八《陕西路》。"保安军（旧延州栲栳城）。北至长城 80 里，10 里即蕃族界，入宥州、夏州路。"

④ 《续资治通鉴长编》卷五一〇，哲宗元符二年五月庚午条。

⑤ 《元丰九域志》卷三：延州西北至宥州 264 里；庆州东北至宥州 460 里；环州（唐灵州方渠镇。晋置威州。周改环州，后降通远军。皇朝淳化五年复为环州。治通远县，东至宥州 355 里。保安军。（太平兴国二年以延州永安镇置军）北至宥州 208 里；东北至宥州 220 里。西北至宥州 270 里）。存新旧宥州，不同时期，宥州至延州距离有别。

⑥ 《续资治通鉴长编》卷三二六，神宗元丰五年五月丙午条。

⑦ 《太平寰宇记》卷三九《关西道十三》。

⑧ 《太平寰宇记》卷三九《关西道十三》。

⑨ 《续资治通鉴长编》卷四九〇，哲宗绍圣四年冬十月癸酉条。

⑩ 《全宋文》卷三九〇八郑刚中《西征道里记》，第 314 页。

通焉”[1]。山界地沃民劲，可耕可战。[2] 地平难守，兼在沙碛，土无所出。[3] 卑险，掘丈余，则有水。若因大风，寻复湮塞。人不习险阻，每岁资粮，取足洪、宥。而洪、宥州羌户劲勇善战，夏人恃此以为肘腋。[4]

**形胜：**

百井戍，在州南 80 里，赫连勃勃与秃发炽檀战处。

胡洛盐池，在州北 50 里，周回 30 里。[5]

奢延水，在镇西。亦曰朔方水，即无定河。下流经米脂县入绥德州境，注于黄河。[6]

奈王井，在宥州西。西夏大安八年（1081），即辽大康七年、北宋元丰四年，分道来伐西夏。内侍王中正引河东兵入宥州，自宥州行至奈王井，粮尽引还。[7]

4. 银州（𘞂𗇋[8]）

银州，别名银川郡，治儒林县（今陕西横山县党岔乡北庄村东北 1 公里处古城遗址[9]）。《禹贡》记载为雍州之域。春秋时，为翟地。秦并天下，属上郡。汉为西河郡圁阴县。晋时，为戎狄所居。北周保定二年（562），于县置银城防。保定三年（563），改置银州。相传其旁有谷，尝牧骢马于此。土语谓骢马为乞银，州因以名。州治儒林县。隋大业初，州废，县属绥州。唐贞观二年（628），梁师都复置银州，治儒林县。天宝初，曰银川郡。乾元初，

① 《太平寰宇记》卷三九《关西道十三》。

② 《续资治通鉴长编》卷三二八，神宗元丰五年秋七月丙申条。

③ 《武经总要》卷一八《陕西路》。

④ 《宋史》卷三二五《刘平传》。

⑤ 《元和郡县图志》卷四《关内道四》。

⑥ 《水经注》：“奢延水源出奢延县西南赤沙阜，东北流，经奢延县故城南。又经朔方城南，又东，黑水流注焉。赫连勃勃筑统万城于朔方水北、黑水之南，是也。宋元丰四年，内侍王中正出麟州，渡无定河，循水北行。水皆沙湿，士马多陷没，糗粮不继。耻于无功，遂入宥州。”

⑦ 《读史方舆纪要》卷六一《陕西十》。

⑧ 《天盛改旧新定律令》卷一〇《司序行文门》。

⑨ 周伟洲：《陕北出土三方唐五代党项拓跋氏墓志考释——兼论党项拓跋氏之族源问题》，《民族研究》2004 年第 6 期。

复曰银州。领县四，榆林、抚宁、真乡、开光。贞元二年（786），吐蕃取盐、夏州，又寇银州。州素无城，吏民皆溃，转陷麟州。元和十一年（816），置银川监。开成二年（837），银州刺史刘源言："银川水草乏，恒从牧绥州境。今绥南二百里，四隅险绝，四路不能通，以数千人守要，畜牧无足患。"乃以隶银川监。①　初，仪凤年间，党项拓跋部始徙银州，其静边州都督府遂侨置于"圁（水之）阴"，即今无定河北。②永泰元年（765），（郭）子仪以党项、吐谷浑散处盐、庆等州，其地与吐蕃滨近，易相胁，即表徙静边州都督、夏州、乐容等六府党项于银州之北、夏州之东、宁朔州吐谷浑住夏西，以离沮之。③贞元二年（786）至元和年间（806—820），有首领曰拓跋乾晖、拓跋澄岘先后任银州刺史。④中和元年（881）四月，拓跋思恭借黄巢之乱出兵助唐靖难，功成受封夏州节度使，赐号定难军，领银、夏、绥、宥等四州地。⑤五代以来，为夏州属郡。⑥宋太平兴国七年（982），节度使李继捧纳土，银州等复为中原郡县。⑦宋至道二年（996），割其地给赵保吉。西夏天赐礼盛国庆二年，即辽咸雍六年、北宋熙宁三年（1070）冬，宋一度收复，不久废弃不守。西夏大安八年，即辽大康七年、北宋元丰四年（1081），十月，种谔议规横山以西，认为兴功当自银州始，因复取其地。西夏大安九年，即辽大康八年、北宋元丰五年（1082），八月，宋在永乐川筑新城，距故银州25里，前据银州大川，赐名银川寨，旋被西夏夺得。西夏贞观五年，即辽乾统五年、北宋崇宁四年（1105），宋复得之，仍置银州。崇宁五年（1106）四月，废为银川

---

① 《读史方舆纪要》卷五七《陕西六》。

② 《读史方舆纪要》卷五七《陕西六》："无定河，在县西。东南流入绥德州界。"《舆地广记》卷四："唐立银州，东北有无定河，即圁水也。"宋元丰四年（1081），种谔出绥德城以攻米脂，败夏人于无定川，遂克之。即此。

③ 《新唐书》卷二二七《西域传上·党项传》。

④ （唐）林宝：《元和姓纂》，中华书局1994年版，第1576页。

⑤ 《新唐书》卷二二七《西域传上·党项传》。

⑥ 《武经总要》卷一九《西蕃地理》，解放军出版社、辽沈书社1988年版，第942页。

⑦ 《武经总要》卷一九《西蕃地里》、《元丰九域志》卷三、《文献通考》卷三二二《舆地考八》、《读史方舆纪要》卷五七《陕西六》。

城。金为银川寨，寻废。① 银州仍归于夏。西夏天盛年间，银州居五等司制下等司。西夏乾定元年，即金正大元年、南宋嘉定十七年、元太祖十九年（1224），秋九月，木华黎遣字鲁攻银州，斩首数万级，获生口马驼牛羊数十万，俘监府塔海，命都元帅蒙古不华将兵守其要害而还。②

葭芦寨（今陕西省佳县城关），原为西夏银州葭芦寨。东临绝壁，下瞰黄河，西有葭芦川缭绕，地势险峻，易守难攻。西夏大安九年，即辽大康八年、北宋元丰五年（1082），宋攻取，与吴堡寨同隶河东路石州（今山西省离石），天仪治平三年，即辽大安五年、北宋元祐四年（1089），六月给赐西夏交换永乐城被俘人员。西夏天祐民安八年，即辽寿昌三年、北宋绍圣四年（1097），宋再度收取，并于第三年置晋宁军。隔河五里为克胡寨，南至吴堡寨 170 里，西至神泉寨 25 里，北至通秦寨 20 里。③

银川砦（今陕西米脂县西）。西夏大安九年，即辽大康八年、北宋元丰五年（1082），宋在永乐小川所筑城。④

---

① 《宋史》卷八七《地理志三》。《读史方舆纪要》卷五七《陕西六》；《文献通考》卷三二二。
② 《元史》卷一一九《字鲁传》。
③ 《东都事略》卷一二七、一二八《西夏传》附录，《宋史》卷一六《神宗纪三》；卷四八六《夏国传下》。"夏四月壬子朔，日食不见。甲寅，御殿复膳。丁巳，辽遣耶律永端等来贺同天节。己未，沈括奏遣曲珍将兵绥德城，应援讨除葭芦寨左右见聚羌落，诏从之。"

"四年正月，种谔谋取横山，领兵先城啰兀，进筑永乐川、赏逋岭二砦。分遣都监赵璞、燕达筑抚宁故城，及分荒堆三泉、吐浑川、开光岭、葭芦川四砦与河东路修筑，各相去四十余里。"

《续资治通鉴长编》卷三二五。神宗元丰五年四月己未条："沈括奏，欲遣曲珍将兵于绥德城照应，讨除贼界葭芦寨左右见聚羌落。诏：'如括奏，且诚毋得恃胜轻敌，责将吏常持小心，以保胜势，余更随宜裁制，勿失机会。'"

同条。"诏自葭芦堡至米脂寨创添堡寨，从沈括请也。初，大军还自五原，夏人瞰我师既老，乃保金汤，以窥鄜州。"

《续资治通鉴长编》卷三二六，神宗元丰六年五月辛卯条："河东经略司言：'丰州屯驻神锐指挥千余人，薛义所部照应修葭芦寨王安等百余人鼓动军众，擅还丰州，及恐喝指挥使张臻言不逊。内捕获十六人，张世矩已凌迟处斩，其余人见捕逐。'"

王天顺：《西夏地理研究》，甘肃文化出版社 2002 年版，第 164 页。
④ 《宋史》卷八七《地理志三》。"银州，银川郡。领儒林、抚宁、真乡、开光四县。五代以来为西夏所有，熙宁三年（1070）收复，寻弃不守。元丰四年（1081）收复。五年（1082），即永乐小川筑新城，距故银州二十五里，前据银州大川，赐名银川砦，旋被西人陷没。崇宁四年（1105）收复，仍为银州。五年（1106），废为银川城。"

　　静边城，在废银州西南。原静边州都督府，旧治银州郡界内，管小州一十八。唐贞观以后，吐蕃浸盛，党项、拓跋诸部畏逼，请内徙。诏庆州置静边军州处之。《五代志》：静边州都督盖置于银州界。至德后，废。五代时，改置静州。汉乾祐初，以静州隶定难军。即此城也。

　　永乐城（又名银川砦，今陕西米脂县西），县西150里，北距故银州25里。其地接宥州，附横山，宋时为夏人必争之处。城东西皆重冈复岭，路仅可通车马。西夏大安九年，即辽大康八年、北宋元丰五年（1082），宋将种谔议城银州。徐禧上言：银州虽据明堂无定川之会，而故城东南，已为河水所吞。其西北又阻天堑，不如永乐形势险扼。诏从其请，于永乐川筑银州新城，赐名银川寨。城虽据险，然中无井泉，惟城连无定河，浸灌之余，可以给食。夏人渡河来攻，据其水寨，城中大困，遂被西夏攻陷。

　　嗣武城，县西北50里。本名罗兀城。西夏天赐礼盛国庆四年，即辽咸雍八年、北宋熙宁五年（1072），宋韩绛使种谔取横山，谔自青涧出师取罗兀，城之，赐名嗣武城。既而夏人陷抚宁诸城，罗兀兵势尚完，谔不能御，罗兀复为西夏所攻陷。金人亦为嗣武城，寻升为县。元省入米脂。

　　三族寨，在县西。宋雍熙二年（985），李继迁叛，诱杀绥州团练使曹光实，袭据银州，围三族寨。寨将折遇乜附之，乘胜进攻抚宁寨。

　　悉利寨，在废银州北。宋雍熙二年（985），王侁等讨李继迁，出银州北，破悉利诸寨。入浊轮川，又败之。

　　赏逋岭寨，在县境。西夏天赐礼盛国庆四年，即辽咸雍八年、北宋熙宁五年（1072），宋种谔进筑永乐川、赏逋岭二寨，分遣将筑抚宁故城。又分荒堆三泉、吐浑川、开光岭、葭芦川四寨与河东路修筑，各相去四十余里。未几，西夏围抚宁，新筑诸寨复入于西夏。葭芦川，即今葭州。[①]

　　永洛城（今陕西省米脂县龙镇西北），即永乐城。西夏大安九年，即辽大

　　① 《读史方舆纪要》卷五七《陕西六》。

康八年、北宋元丰五年（1082），宋将所筑银川寨，九月，为夏所得。西夏贞观五年，即辽乾统五年、北宋崇宁四年（1105），宋再度收复为银州，次年废州为城。①

啰兀城（今陕西榆林市镇川镇石崖地村），西夏银州地，天赐礼盛国庆三年，即辽咸雍七年、宋熙宁四年（1071），正月，宋种谔进筑为寨，三月复为西夏攻取。西夏贞观四年，即辽乾统四年、宋崇宁三年（1104），宋收取，赐名嗣武寨，隶绥德军。②

**州境：**

银州处于明堂川和无定河交汇之处③。东西271里，南北328里。东至石州界黄河160里；南至绥州160里；西至夏州200里；北至胜州柘珍驿250里；东南至绥州240里；西南至绥州三交土堠75里；西北至夏州230里；东北至胜州260里；东北至麟州300里。④

**风俗：**

同夏州，即"地广人稀，逐水草蓄牧，以兵马为务，酒醴之会，上下通焉"⑤。

**土产：**

女稽布、麻布、粟、柴胡。⑥

**形胜：**

废归德州，寄理银州界，处降党项羌。已上二州并唐所置，今（宋初）废。⑦

---

① 《宋会要辑稿》礼二〇之一四四。王天顺：《西夏地理研究》，甘肃文化出版社2002年版，第163页。

② 鲁人勇：《西夏地理志》，第124页。

③ 《续资治通鉴长编》卷三二八，神宗元丰五年七月戊子条。"据明堂川、无定河之会"。

④ 《武经总要》卷一九《西蕃地里》。《元和郡县图志》卷四《关内道四》。

⑤ 《太平寰宇记》卷三七《关西道十三》。

⑥ 《元和郡县图志》卷四《关内道四》。《续资治通鉴长编》卷五一〇，哲宗元符二年五月庚午条。

⑦ 《太平寰宇记》卷三八《关西道十四》。

无定河，在（米脂）县西。无定河，自夏州界流入，东南流入绥德州界。《舆地广记》：唐立银州，东北有无定河，即圁水也。西夏大安八年（1081），即辽大康七年、北宋元丰四年，宋将种谔出绥德城以攻米脂，败夏人于无定川。又米脂水，在县治东南。《志》云：地沃宜粟，米汁如脂，因名。西流入无定河。

大理水，县西百里。又有小理水，俱流入绥德州。下流入无定河。《志》云：县西又有马胡谷水、饮马河、抚宁谷水、磨石沟、背千川，俱流入于无定河。

明堂川（今陕西米脂县西北无定河支流榆林河），在县西北。西夏大安九年（1082），即辽大康八年、北宋元丰五年，宋鄜延将曲珍败夏人于此。其水亦入于无定河。又流金堰，在县南。正德中筑，引山水灌田，民获其利。

5. 夏州

夏州（今在陕西靖边县红墩界乡白城子村北、无定河北岸古城遗址[①]），治统万城，别名朔方郡。周之朔方。秦为上郡地。后没于匈奴。汉元朔二年（前127），逐匈奴，始置朔方郡。后汉末，废。晋乱，石勒并朔方，兼置朔州。义熙九年（413），赫连勃勃于朔方水北，黑水之南筑城曰统万。后魏置夏州。西魏置弘化郡。隋初郡废，炀帝初，置朔方郡。唐改夏州，属关内道。领县四，朔方、宁朔、长泽、德静。广明初，赐号定难军以授拓跋思恭，遂世据其地。宋淳化四年（993），李继捧镇定难军，以夏州合于继迁。宋廷遣李继隆入夏州，执之。毁其城，迁其民于绥银。既而复为西夏所据。亦谓之平夏城。又党项在夏州境者，亦曰平夏部。元时州废。

州城坚如铁石，凿不能入。夏人常恃为险云。[②] 夏州多铁，州东设铁冶务，

① 艾冲：《隋唐时期的夏州城新论》，载《陕西历史博物馆馆刊》第18辑，三秦出版社2011年版，第104—114页。

② 《读史方舆纪要》卷六一《陕西十》。

去河东麟、府界黄河西约 80 里。[①] 天盛时期，有以夏州为名堡寨，属末等司。

兀喇城，即夏州城。[②]

石堡城，在废夏州东南。隋末，梁师都所置。唐武德初，延州总管段德操击梁师都石堡城。三年（620），师都将石堡留守张举来降。既而其城复为师都所取。五年（622），段德操复自延州攻石堡城，师都自将救之，败去。师都平，城废。夏人复置戍于此。西夏大安八年，即北宋元丰四年、辽大康七年（1081），宋将种谔克米脂，进攻银、夏二州，破石堡城，遂进至夏州。

斡罗孩城，在废夏州东北。西夏应天二年，即金泰和七年、宋开禧三年（1207），蒙古攻西夏，攻克斡罗孩城。

鱼口砦，本夏州地，地名鱼口砦，宋置镇罗堡。镇罗堡，在靖边东四十里东南，至安塞县三百里，北至大边一里，东至镇靖堡四十里。[③]

**州境：**

东西 215 里，南北 715 里。[④]

东银州 300 余里，西盐州 300 里，南盐州 380 里，北蕃界，东南绥州 400 里，西南庆州 590 里，西北丰州 900 里，东北胜州 900 里。[⑤]

**风俗：**

汉武攘却戎狄，开边置郡，多从关中贫民或报怨犯法者，以充牣其中，故习俗颇殊。地广人稀，逐水草蓄牧，以兵马为务，酒醴之会，上下通焉。[⑥]

**土产：**

角弓；毡；酥；麻布；羊；马；馲；苣；霜蓲；有乞物鱼；葱味辛。[⑦]

---

① 《西夏书事》卷一四。
② 《陕西通志》卷一四《城池》。
③ 《陕西通志》卷一六《关梁一》。
④ 《元和郡县志》卷四《关内道四》。
⑤ 《武经总要》卷一九《西蕃地里》。
⑥ 《太平寰宇记》卷三七《关西道十三》。
⑦ 《元和郡县志》卷四《关内道四》；《太平寰宇记》卷三七《关西道十三》。

**户口：**

唐开元户 9200。元和户 7360，口 42417。宋初管汉户 2916，蕃户 19290。①

**形胜：**

统万城。赫连勃勃于无定河北，黑水之南，筑此城为大夏国都城。其城高十仞，基厚三十步，广十步，宫墙高五仞，其坚可以砺刀斧；土色白而牢固，有亢敌楼，峻险，非人力可攻。城南门曰朝宋，北门曰平朔，东门曰招魏，西门曰服凉。其子城在罗城，东门曰凤阳，本有三门，夷人多尚东，故东向开。城内建真珠楼、通天楼。②

契吴城③，在县北 125 里，赫连昌因山所筑。隋置白城镇，后废。什贲故城，在县北，即汉朔方县故城。汉武帝元朔二年（前 127），收河南地，置朔方、五原郡。使校尉苏建筑朔方，公孙弘数谏，以为疲弊中国以奉无用之地，愿罢之。上使朱买臣难弘，发十策，弘不得一，由是卒城之。

地斤泽，在废夏州东北三百里。宋端拱二年（989），李继捧以夏州归宋。其族弟继迁走地斤泽以叛。又有安庆泽，亦在夏州北。宋淳化初，定难节度使赵保忠（李继捧）与李继迁战于安庆泽，继迁败走。④

弥峨城，夏州北。

奢延水，在（榆林）镇西。亦曰朔方水，即无定河也。下流径米脂县入绥德州境，注于黄河。西夏大安八年，即北宋元丰四年、辽大康七年（1081），宋内侍王中正出麟州，渡无定河，循水北行。水皆沙湿，士马多陷没，糗粮不继。耻于无功，遂入宥州。⑤

---

① 《元和郡县志》卷四《关内道四》；《太平寰宇记》卷三七《关西道十三》。
② 《太平寰宇记》卷三七《关西道十三》。
③ 《太平寰宇记》卷三七《关西道十三》。"契吴山，在县北 70 里。"
④ 《读史方舆纪要》卷六一《陕西十》。
⑤ 《读史方舆纪要》卷六一《陕西十》。

## 6. 绥州

绥州（今陕西省延安市绥德县今陕西绥德、清涧、米脂、子洲等县境），《禹贡》雍州之域。春秋白翟之地。秦为上郡，蒙恬将兵于此，公子扶苏所监之处。汉初属翟国，后改上郡。后汉因之。西魏置安宁郡，兼置绥州。隋初郡废，而绥州如故。炀帝初，改绥州为上州；寻废州置雕阴郡，以郡西南有雕阴山，复汉县名。唐复为绥州，属关内道。城在延州东北无定河川。其城则据山，四面甚险。领县五，龙泉、城平、绥德、延福、大斌。治龙泉。唐末，属定难军，所管五县并废。或在蕃界，亦无乡里，其民皆蕃族，州差军将征科。宋太平兴国七年（982），李继捧以绥州来降，其弟李继迁叛，宋以高文丕知州事，继迁攻击不已，文丕泊绥州居民于石州，废毁其城。至道初，定难军据有夏、绥、银、宥、静五州。其后，西夏设有绥州监军司，或以辖区故又称银州监军司、银夏监军司、银夏绥三州监军（司）等①。西夏斡都六年，即辽清宁八年、北宋嘉祐七年（1062），更名为祥祐军。② 西夏拱化五年，即辽咸雍三年、北宋治平四年（1067），十月，宋知青涧城种谔复绥州，监军嵬名山降之，西夏或于此时移祥祐监军司于石州。③ 西夏惠宗乾道元年，即辽道宗咸雍四年、宋熙宁元年（1068），宋收取，废为绥德城，隶延州，在州东

---

① 《太平治迹统类》卷一五："居两月，种谔复掩纳威明山，取绥州，四方兵衅复始于此。名山本熟户，九岁为元昊所据，长为银、夏、绥三州监军，其帐在绥州之侧，领小使二十余人。"《东都事略》卷六一《种谔传》："银夏监军司吏史屈子，托言嵬名山欲内附来报，鄂即上闻。"银州监军嵬名山与其国隙，扣青涧城主种谔求内附，谔以状闻，遂诏因取河南地。诜曰："数万之众纳土容可受，若但以众来，情伪未可知，且安所置之。"戒谔毋妄动。谔持之力，诏诜召谔问状，与转运使薛向议抚纳。诜、向言："名山诚能据横山以捍敌，我以刺史世封之，使自为守，故为中国之利。今无益我而轻启西衅，非计也。"乃共画三策，令幕府张穆之入奏，而穆之阴受向指，诡言必成。神宗意诜不协力，徙知秦凤。谔遂发兵取绥州，诜欲理谔不禀节制之状，未及而徙。诜驰见帝，请弃绥州而上谔罪，帝愈不怿，罢知晋州。既谔抵罪，向、穆之皆坐贬，以诜知真定，改龙图阁学士、知成都。《宋史》卷三三二《陆诜传》。

② 《续资治通鉴长编》卷一九六，仁宗嘉祐七年六月癸未条：夏国改……威州监军司为静塞军，绥州监军司为祥祐军。

③ 李昌宪：《西夏疆域与政区考述》，载《历史地理》第十九辑，上海人民出版社2003年版。

北三十里。西夏大安十一年，即辽大康十年、北宋元丰七年（1084），以延州米脂、义合、浮屠、怀宁、顺安、绥平六城寨隶绥德城。永安二年，即辽寿昌五年、北宋元符二年（1099），十一月，以绥德城为绥德军，并将暖泉、米脂、开光、义合、怀军、克戎、临夏、绥平寨、青涧城、永宁关、白草、顺寨并隶军。建炎后，没于金，曰绥德州。元因之。州控扼高深，形势雄胜，为鄜延之门户。①

抚宁城，在州西。西魏置抚宁郡及抚宁县。隋郡废，以县属绥州。唐属银州。宋为抚宁寨。雍熙二年（985），李继迁自三族寨进攻抚宁，时宋田仁朗奉命讨继迁。又西夏天赐礼盛国庆四年，即辽咸雍八年、北宋熙宁五年（1072），宋种谔遣将筑抚宁故城。既而夏人来攻顺宁寨，遂围抚宁。折继昌等拥兵细浮图，去抚宁咫尺，不能救，遂陷于夏。抚宁旧治无定河川中，数为夏人所危。宋将李继隆乃迁县于滴水崖，在旧县北十余里，皆石崖，峭拔十余丈，下临无定水。今谓之啰兀城。熙宁中所治抚宁旧城。宋鄜延路都监燕达、赵璞筑抚宁故城。天赐礼盛国庆三年，即辽咸雍七年、宋熙宁四年（1071），为西夏所获。②

① 《读史方舆纪要》卷五七《陕西六》。
② 《续资治通鉴长编》卷二一九，神宗熙宁四年三月丁亥条："先是，卨奏：'二月甲戌，贼围抚宁，折继世、高永能等重兵驻细浮图，去抚宁咫尺，啰兀城兵势尚完。种谔在绥德城节制诸军，若令永能等会啰兀城兵，与抚宁相应，贼必奔溃。闻谔茫然失措，欲作书召燕达，战悸不能下笔，顾转运判官李南公等涕泗不已，乃追折继世兵回，方议战守，贼已得志而归。前此，臣数与韩绛言谔、继世皆不可用，恐贻朝廷忧，而绛不听也。'达时为鄜延路都监。永能，文崒从孙。始，谔以兵六千属永能，先驱入银川啰兀城，五战皆克。新、旧加纪于丙戌日并书夏人陷抚宁堡。"《宋史》卷一五《神宗纪二》；卷三三〇《张景宪传》；卷四八六《夏国传下》。
《续资治通鉴长编》卷二二〇，神宗熙宁四年二月壬申条；卷二二一，神宗熙宁四年三月戊戌条。卷二一九，神宗熙宁四年春正月辛亥条："宣抚使韩绛言：'鄜延路当筑四寨，已令种谔驻兵筑啰兀城，候毕功进兵筑永乐川、赏逋岭二寨。仍令遣都监燕达、赵璞筑抚宁故城，又令荒堆三泉、吐浑川、开光岭、葭芦与河东路修筑，通接道路，各相去四十余里。'是日，西贼攻抚宁堡，陷之。贼攻抚宁堡，实录不书，据赵卨神道碑。二月未望，卨言：啰兀城必不可守。后五日抚宁陷，啰兀城亦弃不守，因附见。十八日或十八日初攻，更二日乃陷，故三月二日朝廷始闻其事也。"《元刊梦溪笔谈》卷一三。"抚宁旧治无定河川中，数为虏所危。继隆乃迁县于滴水崖在旧县之北十余里，皆石崖，峭拔十余丈，下临无水，今谓之罗瓦城者是也。熙宁中所治抚宁城，乃抚宁旧城耳。"

嵬名嚷寨，绥州附近，曾为西夏谅祚时期寨。①

义合寨（今陕西省绥德县义合镇），又作义和寨，本西夏绥州属寨，宋于西夏大安八年，即北宋元丰四年、辽大康七年（1081）攻取，隶延州延川县，八年改隶绥德城。东至东至晋宁军吴堡寨60里，南至顺宁驿40里，西至绥德军40里，北至暖泉寨80里。②

义合城，州东60里，西去绥德军40里，本夏人所置。西夏大安八年，即北宋元丰四年、辽大康七年（1081），宋收复。西夏大安十年，又即辽大康九年、宋元丰六年（1083），宋知延州刘昌祚以延边面东，自义合西至德静，绵亘700里，堡寨疏密不齐，烽燧不相应，乃立为定式，耕垦训练，战守屯戍，皆度强弱，分地望，图山川形势上之。即此义合城。金为义合寨，后升为县，属绥德州。

克戎城，在州西60里。本夏之细浮图寨。宋元丰中，收复。绍圣中，赐今名。西夏光定十一年，又即金兴定五年、宋嘉定十四年、蒙古太祖十六年（1221），蒙古木华黎攻绥德，破马、克戎两寨。即此城也。克戎城南接抚宁寨云，金人亦谓之克戎寨。

威戎城，州西130里。本名升平塔。天赐礼盛国庆三年，即辽咸雍七年、宋熙宁四年（1071），宋将章楶于环庆筑平夏城。吕惠卿在鄜延，亦复宥州，筑威戎、威羌二城。于是夏人不复振。此即威戎城。

细浮图寨，又称浮图寨③，今陕西子洲县双湖峪镇。西夏绥州之地，西夏

　　①　《范太史集》卷四〇《检校司空左武卫上将军郭公墓志铭》。"何乞嵬名嚷寨党移赏浪来交寨。"
　　②　《续资治通鉴长编》卷三一九，神宗元丰四年十一月乙酉条：权发遣鄜延路转运判官张亚之之言："西界吴堡、义合、细浮图寨日惧讨杀，又未有官军至彼应接，及经种谔杀败蕃贼，残党窜山谷间，虑出没邀截粮道，乞下鄜延路经略司遣兵将晓谕招降。"卷四三九，哲宗元祐五年三月癸未条。"鄜延路经略使赵尚言：'夏人商量分画界至，催索公牒，准枢密院札子：除塞门寨于东西北三面各取二十里为界外，其兰州界并定西城堡寨，及本路义合与河东吴堡寨比接诸城边面齐截去处，于城外打量二十里，照直为界，择地卓立封堠，修建堡铺。仍详此大意，润文修定牒本闻奏。'诏鄜延经略司令保安军移牒宥州讫奏。"《宋史》卷八七《地理志》绥德军条云："义合砦，本夏人砦，元丰四年收复。"鲁人勇：《西夏地理志》，第122页。
　　③　彭向前：《党项西夏名物汇考》，甘肃文化出版社2017年版，第99页，汉文史籍中，专名音译，往往有省去首字的习惯，所以"细浮图寨"可以写作"浮图寨"。

大安八年，即北宋元丰四年、辽大康七年（1081），宋攻取，隶延州延川县，八年改隶绥德城。天仪治平三年，即辽大安五年、北宋元祐四年（1089），六月赐西夏交换永乐城之战战俘。天祐民安八年，即辽寿昌三年、北宋绍圣四年（1097），复陷于宋，更名克戎寨，隶绥德军。东至绥德军 60 里，西至临夏寨 30 里，南至怀宁寨 60 里，北至镇边寨 65 里。①

米脂砦（今陕西米脂县城关），西夏绥州米脂寨，西夏大安八年，即北宋元丰四年、辽大康七年（1081），宋初收复，修筑城寨，更名米脂城。② 天仪治平三年，即辽大安五年、北宋元祐四年（1089），宋赐回西夏以交换永乐城之战战俘。天祐民安九年，又即辽寿昌四年、宋元符元年（1098），宋收复仍为寨。③ 东至暖泉寨 45 里，南至开光堡 30 里，西至克戎寨 60 里，北至嗣武城 20 里。④

---

① 《宋史》卷四八六《夏国传下》："四年二月，始遣使谢封册。六月，稍归永乐所获人，遂以葭芦、米脂、浮图、安疆四砦与之，而画界未定。"《东都事略》卷一二七、一二八《西夏传》附录，第 5、6 页。参考鲁人勇：《西夏地理志》，宁夏人民出版社 2012 年版，第 123 页。

② 《宋史》卷八七《地理志三》。鲁人勇：《西夏地理志》，第 121 页。

③ 《续资治通鉴长编》卷三一六，神宗元丰四年九月庚戌条：种谔攻围米脂寨三日，城坚守未下，方为距闉，谔突出行视，士卒皆有疲曳之色。或报援兵且至，众汹惧，谔令军中皆鼓乐，按辔徐还，众乃安。翌日，贼兵八万余人自无定川出，直抵我军，将合米脂之众以夹攻我。

④ 《宋史》卷四八六《夏国传下》。"（元丰四年）环庆经略使高遵裕将步骑八万七千、泾原总管刘昌祚将卒五万出庆州，谔将鄜延及畿内兵九万三千出绥德城。九月，谔围米脂，夏人来救，战于无定川，大破之，斩首五千级。十月，遂克米脂，降守将令介分诇遇，进攻石州。……夏人进侵，及县门，溃归城者，决水砦为道以登，夏人因之，奔归于城者三万人皆没。夏兵围之者厚数里，游骑掠米脂。将士昼夜血战，城中乏水已数日，凿井不得泉，渴死者大半，括等援兵及馈运皆为夏大兵所隔。夏人呼珍来讲和，吕整、景思义相继而行，夏人凭思义囚之，而城围者已浃旬矣。夜半，夏兵环城急攻，城遂陷。高永能战没，禧、舜举、运使李稷皆死于乱兵，惟曲珍、王湛、李浦、吕整裸跣走免，蕃部指挥马贵独誓死持刀杀数十人而没。是役也，死者将校数百人，士卒、役夫二十余万，夏人乃耀兵米脂城下而还。宋自熙宁用兵以来，凡得葭芦、吴保、义合、米脂、浮图、塞门六堡，而灵州、永乐之役，官军、熟羌、义保死者六十万人，钱、粟、银、绢以万数者不可胜计。帝临朝痛悼，而夏人亦困弊。"

"（元祐）四年二月，始遣使谢封册。六月，稍归永乐所获人，遂以葭芦、米脂、浮图、安疆四砦与之，而画界未定。遣崇仪使董正叟、如京使李玩押赐夏国生日礼物及冬服。七月坤成节，十二月兴龙节皆遣使来贺。"

《东都事略》卷一二七、一二八《西夏传》附录："中正入宥州，宪追袭过天都山，至啰逋山乃还，取兰州城之皆不至兴灵，种谔以鄜延之师城细腰、吴堡、义合、塞门、米脂五砦河东城葭芦吴堡二砦，种谔复建言尽城横山。"

王天顺：《西夏地理研究》，第 162 页。

**州境：**

东西 1000 里，南北 300 里。

其地东至石州 130 里，一说自石州孟门渡河 105 里，至绥州西夏州 400 里，南延州 350 里，北银州 160 里。①

（石州）西渡河至绥州 230 里。（银州）南至绥州 160 里；东南至绥州 240 里；西南至绥州三交土堠 75 里。

**户口：**

唐开元户 1715。宋初管主、客户 2885。

**风俗：**

同夏州。地广人稀，逐水草蓄牧，以兵马为务，酒醴之会，上下通焉。②

**土产：**

胡女布、蜡烛。③

**形胜：**

龙泉废县，即州治。本汉肤施县地。西魏置上县，为安宁郡治。隋大业初，为雕阴郡治。《唐志》：隋郡治上县。武德三年（620），于延州丰林县置绥州。六年（623），又移州治延川县。七年（624），移魏平县。贞观二年（628），平梁师都，移州治上县。天宝元年（742），改为龙泉县。贞观初，筑州城，周四里有奇，四面皆因石崖，甚险固。宋为夏人所据，县遂废。宋咸平四年（1001），复筑绥州城。既而没于夏。西夏拱化五年，即辽咸雍三年、北宋治平四年（1067），宋将种谔复袭取之，遂城其地。天赐礼盛国庆元年，即辽咸雍五年、北宋熙宁二年（1069），赐名绥德城。西夏大安十一年，即辽大康十年、北宋元丰七年（1084），绥德城立为绥德军。金元时皆为州治。

---

① 《武经总要》卷一九《西蕃地里》。
② 《太平寰宇记》卷三七《关西道十三》。
③ 《太平寰宇记》卷三八《关西道十四》。

无定河，在州城东。一名奢延水，一名圁水，亦曰银水。圁，音同银也。三苍作圚。圁，即无定河，以溃沙急流，深浅不定，因名无定河。

大理水，在州西北。亦自米脂县来，下流入于无定河。西夏拱化五年，即辽咸雍三年、北宋治平四年（1067），宋将种谔复绥州，夜渡大理水，军于州西。既而赵卨请规大理河川建堡，画稼穑之地30里，以处降者。①

## 7. 柏州

柏州，与延州邻近，西夏天祐民安二年，即辽大安七年、北宋元祐六年（1091），环庆路都监张存、第二将张诚、第三将折可适等统兵出界，攻讨韦州辣韦疆、安州川霄、柏州及延州祖通领不经掌等处。②

**附：**

**南州**

南州，与灵州、韦州邻近，西夏前期设置。③

**南平州**

南平州，邻近灵州，西夏前期设置。④

## 8. 龙州（𗐾𗗉）

龙州（今陕西省靖边县东南龙洲镇李家村古城址），本隋末石堡城，梁师都所置。唐武德初，延州总管段德操击梁师都石堡城。三年（620），师都将

---

① 《读史方舆纪要》卷五七《陕西六》。

② 《续资治通鉴长编》卷四六八，哲宗元祐六年（1091）十一月己酉条。

③ 《续资治通鉴长编》卷三二〇，神宗元丰四年十一月乙巳条：西京左藏库副使邓继宣言："差提举编排环庆路马急脚铺等，窃见韦州至清远军驻扎将官潘定、刘清日逐搜山，道路通活，别无阻节。其南州至韦州驻扎将官刘仪、乐进，虽差下未至。即今灵州至韦州向上，粮道阻节不通，乞差近上臣僚，多发禁军，自新界柴棱沟，每十里置一铺及创堡寨，以便运粮、转送文书。"卷三二一，神宗元丰四年十二月戊午条："申时，至南州下营。遵裕以泾原再运粮草、金帛至南州为贼抄略几尽，环庆再遣夫、粮及境，亦以道路艰阻，馈运不接，见领全军通道，应接粮草。"

④ 《续资治通鉴长编》卷三一九，神宗元丰四年十一月癸未条："高遵裕言，以环庆兵趋灵州，是日次南平州，距城三十里遇贼接战。"

石堡留守张举来降。既而其城复为师都所取。五年（622），段德操复自延州攻石堡城，师都自将救之，败去。师都被平，城废。<sup>①</sup> 宋初复置石堡寨（镇）于此。淳化五年（994）五月二十三日，以延州石堡寨为威塞军。<sup>②</sup> 至道中属夏。元昊既悉有夏、灵诸州，即以此镇号龙州。<sup>③</sup> 为西夏储粮之地。<sup>④</sup> 西夏大安八年，即北宋元丰四年、辽大康七年（1081），宋将种谔克米脂，进攻银、夏二州，降横河平人户，破石堡城，斩获甚多，遂进至夏州。<sup>⑤</sup> 西夏贞观四年，即辽乾统四年，宋崇宁三年（1104），（陶）节夫进筑，赐名威德军。<sup>⑥</sup> 西夏贞观六年，即辽乾统六年、北宋崇宁五年（1106），复为寨。<sup>⑦</sup> 遂弃。西夏雍宁二年，即辽天庆五年、北宋政和五年（1115），宋知庆州姚古克其城，复建威德军，寻复为寨。金废。<sup>⑧</sup> 西夏请和，遂赐之。《西夏地形图》有"讹河石堡"。天盛时期为下等司。<sup>⑨</sup> 又作"隆州"（ДX.02822号文书《杂集时要用字·地分部》），<sup>⑩</sup> 元废。

御谋城（疑在今陕西靖边县青杨岔乡东北畔沟乡），原为西夏龙州地，夏贞观四年，即辽乾统四年、宋崇宁三年（1104），宋进筑为城，后复入西夏。东至芦移堡35里，南至殄羌寨35里，西至界台35里，北至界台20里。<sup>⑪</sup>

---

① 《读史方舆纪要》卷六一《陕西十》。
② 《宋会要辑稿》方域五之三九。
③ 《武经总要》卷一九《西蕃地里》。
④ 《宋史》卷三四八《陶节夫传》："初，石堡以天涧为隍，可趋者惟一路，夏人窖粟其间，以千数。既为宋有，其酋惊曰：'汉家取我金窟埚！'亟发铁骑来争。（陶）节夫分部将士遮御之，斩获统军以下数十百人。夏人度不可得，敛兵退。"
⑤ 《宋史》卷一六《神宗纪三》；《读史方舆纪要》卷六一《陕西十》。
⑥ 《宋史》卷三四八《陶节夫传》。
⑦ 《宋史》卷八七《地理志三》。
⑧ 《读史方舆纪要》卷五七《陕西六》。
⑨ 《天盛改旧新定律令》卷一〇《司序行文门》。
⑩ 龙州或因音译之歧，《金史·宣宗纪中》："兴定三年四月半卯，夏人犯通秦皆，元帅完颜合达出兵安塞以捣其巢。至隆州，陷其西南隅。"以地望言之，此隆州即龙州所在。章巽一文认为西夏后期无龙州，为宋所有，州废。（《西夏诸州考》，《开封师范学院学报》1963年第1期）
⑪ 鲁人勇：《西夏地理志》，第115页。

**形胜：**

臧底河。（石堡）寨旁有㳽流，一名臧底河。夏人近河筑城，为要害必争之所。①

### 9. 石州

石州，西夏早期无，后期增置。石州即石堡城，在夏州东南。

夏之石州，初见于宋大中祥符八年（1015）。史载夏人于是年"筑堡于石州浊轮谷，将建榷场，诏缘边安抚司止之"②。然而，其名始扬却在西夏大安八年，即北宋元丰四年、辽大康七年（1081）的宋夏战事中，（冬十月癸亥）宋将种谔至石州，西夏官兵弃积年文案、簿书、枷械，举众遁走，移军据之。西夏有石州监军司之设，其驻地名叫"门口流"。③

石州具体方位，据宋代文献及《西夏地形图》，在银、夏州之间，应在陕西横山东北之波罗堡一带。④

石州境内土著多为部落之民，与宥州、韦州等监军司均居西夏兵马左厢之列⑤，有通夏州道路名曰"石州监军路"⑥。此地虽一度被宋军所占，但旋又归西复，故"石州祥祐"监军司之名存至西夏后期。《天盛律令》卷一〇

---

① 《读史方舆纪要》卷五七《陕西六》。
② 《宋史》卷四八五《夏国传上》。
③ 《续资治通鉴长编》卷三一七，神宗元丰四年冬十月癸亥条。其案语说"石州属河东，旧兼岚、隰，自为一路，又合三州置都巡检使。三朝、两朝史地理志及武经边防皆不载陷贼年月，不知何故贼弃而走，当考之。贼界自有石州监军司，此必非河东石州也。"宋人彭百川在其《太平治绩统类》中，对于种谔收复石州一事径直载为"谔赴夏州，而石州监军司亦遁去，收其兵籍、案牍，得窖粟饷。"宋人赵起《种太尉传》记载："拔人之国，先攻其强项者。羌重兵据门口流石州监军司，故米脂之胜众遂瓦解。"
④ 鲁人勇：《西夏监军司考》，《宁夏社会科学》2001年第1期；张多勇：《西夏绥州——石州监军司治所与防御系统考察研究》，《西夏研究》2016年第3期。
⑤ 《续资治通鉴长编》卷四九二，哲宗绍圣四年（1097）冬十月丙戌条：左厢石、宥、韦州防拓人马三五万人。
⑥ 转引自《全宋文》卷三二七九刘一止《宋故武功大夫贵州刺史永兴军路马步军副都总管特赠右武大夫光州防御使累赠太师魏国公杨公墓碑》。"公命他将运之，独提轻骑一万，由石州监军路攻夏州。"

《司序行文门》列其为诸监军司之首①，表明夏仁宗时期石州监军司当为西夏东部防线上的军事主力。西夏灭亡后，石州地入蒙元，州废。

芦移堡（今陕西横山县双城乡双城村），西夏石州地，天祐民安八年，即辽寿昌三年、北宋绍圣四年（1097），为宋攻取，并于堡侧另筑一寨，取名新寨。②东至屈丁堡50里，西至御谋城35里，南至威羌寨70里，北至界台13里。③

## 10. 盐州

盐州（今陕西定边、宁夏盐池一带），治五原。《禹贡》雍州之域。春秋至战国，皆为戎狄所居。及秦始皇并天下，以此地属雍州。汉置五原郡，地有原五所，故为名。④后魏太武平赫连昌之后，初置大兴郡。至西魏，改为五原郡，复立汉名；寻改为西安州，以其东有安州故。承圣三年（554），以其地北有盐池，又为盐州。隋初废，炀帝初，置盐州郡。唐为盐州。贞元三年（787），城为吐蕃所毁；九年，复加版筑。既城之后，边患息焉。领县二：五原，白池。⑤五代及宋时，俱没于夏。咸平六年（1003），李继迁调集诸族会于盐州，谋取橐驼、车箱峡等路入寇环庆。⑥景祐四年（1037），元昊悉有夏、银、灵、盐诸州，河南洪州、白豹、安盐州、罗洛、天都、惟精山等5万人，以备环、庆、镇戎、原州。⑦天祐民安八年，即辽寿昌三年、北宋绍圣四年（1097），夏四月庚子，宋知保安军李沂伐夏国，破洪州。壬寅，宋环庆钤辖

---

① 《天盛改旧新定律令》卷一〇《司序行文门》。12种监军司全部应派遣2正、1副、2同判、4习判等9人：石州（㦎狘）、东院、西寿、韦州、卓啰、南院、西院、沙州、啰庞岭、卧啰孩、北院、年斜。

② 《宋史》卷八七《地理志三》。

③ 鲁人勇：《西夏地理志》，第115页。

④ 《元和郡县图志》卷四《关内道四》：盐州，《禹贡》雍州之域，春秋为戎狄所居地。《史记》梁山、泾、漆之北，有义渠、朐衍，谓此也。及始皇并天下，属梁州。汉武帝元朔二年（前127）置五原郡，地有原五所，故号五原。所谓"五原"，"谓龙游原，乞地千原，青领原，可岚贞原，横曹原也。"

⑤ 《太平寰宇记》卷三七《关西道十三》。《文献通考》卷三二二《舆地考八》。

⑥ 《续资治通鉴长编》卷五五，真宗咸平六年九月癸未条。

⑦ 《续资治通鉴长编》卷一二〇，仁宗景祐四年十二月壬辰条。《宋史》卷四八五《夏国传上》。

张存入盐州，俘戮甚众，及还，夏人追袭之，复多亡失。① 盐州入西夏后，又称五原郡。② 天盛时期为中等司，设置略同于城司。③

　　虾蟆寨（甘肃环县秦团庄东），为西夏盐州辖寨，设和市与宋交易。地控归德川大道。④ 有虾蟆和市，属西夏之盐州，南接庆州归德堡，设和市与宋交易。⑤

　　白豹城（今陕西省吴旗县白豹乡），原属西夏盐州，永安二年，即辽寿昌五年、北宋元符二年（1099），宋进筑仍称白豹城，隶定边军。⑥ 东至金汤城 40 里，南至礓柞寨 40 里、柔远寨 50 里，西至东谷寨 20 里，北至胜羌堡 50 里。⑦

---

　　① 《宋史》卷一八《哲宗纪二》。

　　② 《天盛改旧新定律令》中天盛时期有五原郡，该郡乃唐盐州之别称。

　　③ 《天盛改旧新定律令》卷一〇《司序行文门》："一司五原郡一城主、一副、一通判、一城守。"

　　④ 《武经总要》卷一八《陕西路》。"灵盐路，自洪德寨西北入青冈峡上，至美利寨入清远军，军城则宋初转运使郑文宝建议筑之，在灵州南界积石岭上瀚海中，至灵环州三四百里地不毛，无水泉。浦洛河、耀德、盐井、清边镇入灵州，约五百里，本灵环州大路，咸平中陷清远军，明年陷灵州，弃美利寨。此路经瀚海中，无水泉。一路至洪德寨，东北入归德川上，过西界虾蟆寨、骆驼会，取双堆峰至盐州，约三百余里。"鲁人勇：《西夏地理志》，第 148 页。

　　⑤ 《武经总要》卷一八《陕西路》：一路至洪德寨，东北入归德川上，过西界虾蟆寨、骆驼会，取双堆峰至盐州，约三百余里。《宋史》卷八七《地理志三》，第 2152 页。环州条，归德堡（东至木瓜堡五十里，西至定戎堡约 30 里，南至洪德砦 40 里，北至虾蟆和市贼砦约四十里）。王天顺：《西夏地理研究》，第 169 页。

　　⑥ 鲁人勇：《西夏地理志》，第 135 页，认为隶庆阳府。

　　⑦ 《宋史》卷二九一《孙复圭传》："熙宁初，进直龙图阁、知庆州。夏人筑垒于其境，不犯汉地。复圭贪功邀，遣大将李信帅兵三千，授信以陈图，使自荔原堡夜出袭击，败还，复圭斩信自解。又欲澡前耻，遣别将破其金汤、白豹、西和市，斩首数千级。"卷二九二《田况传》；卷三一四《范仲淹传》："改邠州观察使，仲淹表言：'观察使班待制下，臣守边数年，羌人颇亲爱臣，呼臣为"龙图老子"。今退而与王兴、朱观为伍，第恐为贼轻矣。'辞不拜。庆之西北马铺砦，当后桥川口，在贼腹中。仲淹欲城之，度贼必争，密遣子纯祐与蕃将赵明先据其地，引兵随之。诸将不知所向，行至柔远，始号令之，版筑皆具，旬日而城成，即大顺城是也。贼觉，以骑三万来战，佯北，仲淹戒勿追，已而果有伏。大顺既城，而白豹、金汤皆不敢犯，环庆自此寇益少。"卷三二三《范恪传》："范恪，字许国，开封人。初名全，少隶军籍于许州，选入捧日军，又选为殿前指挥使，历行门、龙旗直、散员押班。康定元年，元昊数寇边。试武伎，擢内殿崇班、庆州北路都巡检使，与攻白豹城，破之。"卷三二五《任福传》；卷三三四《林广传》；卷四五二《高敏传》；卷四八五《夏国传上》。《续资治通鉴长编》卷一二〇，仁宗景祐四年十二月壬辰条；卷一二八，仁宗康定元年九月壬申条；卷一二九，仁宗康定元年冬十月丙申条；卷一三〇，仁宗庆历元年春正月丁巳条；卷一三一，仁宗庆历元年二月甲申条；卷一三二；卷一三四，仁宗庆历元年冬十月庚子条；卷一三五，仁宗庆历二年春正月壬戌条；卷一三六，仁宗庆历二年五月庚申条；卷一四九，仁宗庆历四年五月壬戌条；卷二一四，神宗熙宁三年八月戊午条；卷五一〇，哲宗元符二年五月庚午条。王天顺：《西夏地理研究》，第 166 页。

西南 150 里至宋庆州。

金汤寨（今陕西省志丹县金鼎乡金汤村），西夏盐州地。永安二年，即辽寿昌五年、北宋元符二年（1099），八月宋进筑为城，隶保安军。东至顺宁寨 90 里，南至德靖寨 60 里，西至庆州白豹城 40 里，北至通庆城 60 里。①

硙㭾寨（今甘肃省华池县紫坊坪遗址），西夏盐州之地。西夏大安九年，即北宋元丰五年、辽大康八年（1082），宋攻取，隶庆阳府安化县。天仪治平三年，即辽大安五年、北宋元祐四年（1089），宋给赐西夏以交换永乐城之战战俘。天祐民安八年，即辽寿昌三年、北宋绍圣四年（1097），宋收复隶定边军。东至德靖寨 90 里，南至大顺城 40 里，西至东谷寨 60 里，北至白豹城 40 里。②

**州境：**

东西 248 里，南北 278 里。东绥州 600 里，西会州 800 里，南庆州 250 里，北宥州 140 里，东南延州 530 里，东北夏州 300 里，西南原州 700 里，西北灵州 300 里。③

**物产：**

地居沙卤，无果木，不植桑麻，以牧养牛、羊为业。有盐池，有百姓采漉以为生计。土产有盐山、木瓜、狩牛。④ 唐代盐州管四池：曰乌池、白池、瓦窑池、细项池。其中乌、白两池出青白盐，亦曰青、白盐池，在盐州北。既而西夏擅以为利。⑤

**形胜：**

井城葭芦泽，"井城葭芦泽，在兴宁县，亦盐池之异称耳。"⑥ 其地有白

---

① 王天顺：《西夏地理研究》，第 161 页。
② 王天顺：《西夏地理研究》，第 166 页；鲁人勇：《西夏地理志》，第 135 页，原为西夏安州之硙㭾寨，宋于元丰五年（1082）攻取，绍圣三年（1096）宋收复隶定边军，四年复筑寨城。
③ 《武经总要》卷一九《西蕃地里》。
④ 《文献通考》卷三二二《舆地考八》。
⑤ 《读史方舆纪要》卷六二《陕西十一》。
⑥ 《太平寰宇记》卷三七《关西道十三》。

池，州北九十里，旧蕃戎之地。隋以其地有盐池，置城以护之。唐曰白池县，又名井城葭芦泽。贞元中，度支使兼灵盐等州池井榷盐使。宋景德中，赵德明乞入青盐交易，不允。①

## 11. 安州

安州，治所在今陕西延安吴起县西北部头道川铁边城遗址②，本庆州旧蕃戎地③，疑为宋定边城前身，西夏天授礼法延祚十年，即辽重熙十六年、北宋庆历七年（1047）前建置④，天祐民安二年，又即辽大安七年、北宋元祐六年（1091），尚存。是年十一月环庆路诸将曾攻掠其属地"川霄"。⑤

宁羌寨（今陕西定边白马崾崄乡安达城村西北），原属西夏之安州。永安二年，即辽寿昌五年、北宋元符二年（1099），宋取其地属定边城，宣和间改属定边军，西夏正德二年，即金天会六年、南宋建炎二年（1128），西夏收复。宁羌寨东 60 里为绥远寨，再东 20 里为定边军。⑥

通化堡（今陕西吴旗县铁边城西北武家沟），原属安州，后改属盐州。东至逋祖岭平界堆约 30 里，西至绥远寨 20 余里，南至宋定边军 20 里，北至观化堡 20 里。⑦

九阳堡（今陕西吴旗县新寨乡张城子村），宋夏交界地带之堡，原为西夏安州属地，宋于政和年间攻取，西夏正德二年，即金天会六年、南宋建炎二

① 《武经总要》卷一九《西蕃地里》。

② 鲁人勇：《西夏安州考》，《宁夏社会科学》2003 年第 4 期。

③ 《武经总要》卷一八《陕西路》："自淮安西北入通塞川，经大胡泊、静边镇、香柏寨，取车箱峡路，过西夏安州（庆州旧蕃戎地），北入盐州，约五百里。此路山原川谷中行，不至艰险。国初，淮安至盐州蕃部并内附。至道中五路出师，丁空从此路进军，至盐州金静边白豹、金汤、后桥等镇，并为贼境，各置堡寨。"

④ 姜勇：《〈武经总要〉纂修考》，《图书情报工作》2006 年第 11 期。

⑤ 《续资治通鉴长编》卷四六八，哲宗元祐六年十一月己酉条："环庆路都监张存、第二将张诚、第三将折可适等统兵出界，攻讨韦州辣韦疆、安州川霄、柏州及延州祖通领不经掌等处贼众，获首级千一百四十八，生擒二人。"

⑥ 鲁人勇：《西夏地理志》，第 139 页。

⑦ 鲁人勇：《西夏地理志》，第 140 页。

年（1128），复归西夏。①

马铺寨（今甘肃华池县山庄乡"二将城"址），原为西夏安州辖寨，在后桥镇南，为当时临边军寨。庆历中范仲淹任陕西安抚招讨副使驻庆州时进筑为大顺城。②

### 12. 安盐州

安盐州即盐州。本汉五原郡。至西魏，曾改为西安州，以东有安州而名。承圣三年（554），以其地北有盐池，又有盐州。隋炀帝初，置盐州郡。唐为盐州。贞观四年（630）曾在盐州置北安州都督府（地望在今内蒙古自治区鄂托克前旗查干陶勒盖苏木），以处东突厥颉利可汗部落。后世遂偶以安盐并举。③ 宋景祐四年（1037），西夏以"河南洪州、白豹、安盐州、罗洛、天都、惟精山等五万人，以备环、庆、镇戎、原州"④。

另有一说，安盐州即安州与盐州并称。⑤

### 13. 西安州

西安州（今宁夏海原县南），原为西夏南牟会地区。西夏永安二年，即辽寿昌五年、北宋元符二年（1099），宋以西夏南牟会新城建为西安州。东至天都砦26里，西至通会堡55里，南至宁安砦100里，北至啰没宁堡35里。⑥ 西夏大庆三年，即金皇统二年、南宋绍兴十二年（1142），回归西夏仍为西安州

---

① 鲁人勇：《西夏地理志》，第139页。
② 鲁人勇：《西夏地理志》，第142页。
③ 《资治通鉴》卷一九三太宗贞观二年六月丁酉条。卷二四九，宣宗大中五年春正月壬戌条："赵珣《聚米图经》云：党项部落在银夏以北居川泽者，谓之平夏党项；在安盐以南居山谷者，谓之南山党项。"
④ 《续资治通鉴长编》卷一二〇，仁宗景祐四年（1037）十二月壬辰条。
⑤ 鲁人勇：《西夏安州考》，《宁夏社会科学》2003年第4期。
⑥ 《宋史》卷八七《地理志三》。

治所。①

南牟会（宁夏海原县西安州古城），又作鼐摩会，在宋熙河兰岷路东北。元昊时筑，有宫殿、府库。西夏大安八年，即北宋元丰四年、辽大康七年（1081），为宋将李宪攻破毁城。次年西夏梁太后派兵修复。西夏永安元年，即辽寿昌四年、宋元符元年（1098），复为宋攻克，建西安州。西夏大庆三年，即金皇统二年、南宋绍兴十二年（1142），回归西夏仍为西安州治所。东至天都寨 26 里，南至宁安寨 100 里，西至通会堡 55 里，北至罗没宁堡 35 里。

啰没宁堡（今宁夏海原县蒿川乡东），原属西夏南牟会城，西夏永安元年，即辽寿昌四年、宋元符元年（1098），被宋军攻取属西安州，后复归西夏。南至南牟会城 35 里。②

临羌寨（今宁夏海原县贾塘乡东马营村西），原属西夏，地名秋苇平。永安二年，即辽寿昌五年、北宋元符二年（1099），宋进筑为寨。西夏人庆三年，即金皇统六年、南宋绍兴十六年（1146），后复属西夏西安州。东至通远寨 65 里，南至九羊寨 80 里，西至天都寨 20 里，北至绥戎寨 70 里。③

宁韦堡（今宁夏海原县李旺镇西南罗川附近），属西安州临羌寨辖堡。④

---

① 《宋史》卷一八七《兵志一》："元符元年（1098），利州路兴元府、阆州各增置就粮武宁；又湖北、江东各增置有马雄略。泾原路新筑南牟会，赐名西安州，戍守共以七千人为额，仍招置马军蕃落、步军保捷。"《宋史》卷三五〇《苗授传》："元丰西讨，授出古渭取定西，荡禹臧花麻诸族，降户五万。城兰州，遇贼数万于女遮谷，登山逆战，败退伏垒中，半夜遁去。授逾天都山，焚南牟，屯没烟，凡师行百日，转斗千里，始入塞。"《张守约传》："进为环庆都钤辖、知邠州，徙泾原、鄜延、秦凤副总管，领康州刺史。夏人十万屯南牟，畏其名，引去。"卷四六七《李宪传》："元丰中，五路出师讨夏国，宪领熙、秦军至西市新城。复兰州，城之，请建为帅府。帝又诏宪领兵直趣兴、灵，董毡亦称欲往，宜乘机协力入扫巢穴，若兴、灵道阻，即过河取凉州。乃总兵东上，平夏人于高川石峡。进至屈吴山，营打啰城，趋天都，烧南牟府库，次葫芦河而还。"王天顺：《西夏地理研究》，第173 页。

② 鲁人勇：《西夏地理志》，第172 页。

③ 鲁人勇：《西夏地理志》，第172 页。

④ 鲁人勇：《西夏地理志》，第173 页。

天都寨（今宁夏海原县城关南 2.5 里），原属西夏。地名洒水平，又称东冷牟会。永安二年，即辽寿昌五年、北宋元符二年（1099），宋进筑，赐名天都寨。西夏人庆三年，即金皇统六年、南宋绍兴十六年（1146），后复属西夏西安州。东至临羌寨 20 里，西至西安州 26 里，南至天都山 10 里，北至绥戎堡 65 里。①

定戎寨（堡）（今宁夏海原县西安镇盐池村宋城遗址），原属西夏之南牟会城。永安二年，即辽寿昌五年、北宋元符二年（1099），宋进筑赐新名，隶西安州。人庆三年，即金皇统六年、南宋绍兴十六年（1146），回归西夏。东至山前堡 30 里，西至秦凤路分界堠 12 里，南至通安寨 100 里，北至劈通流界堠 50 里。②

通安寨（今宁夏西吉县田坪乡驼昌村），原属西夏，地名乌鸡三岔。永安二年，即辽寿昌五年、北宋元符二年（1099），入宋，属西安州境。西夏贞观六年，即辽乾统六年、北宋崇宁五年（1106），宋筑寨，赐名通安。西夏人庆三年，即金皇统六年、南宋绍兴十六年（1146），后复属西夏。东至宁安寨 61 里，西至同安堡 35 里，南至甘泉堡 105 里，北至定戎寨 100 里。③

### 14. 胜州

胜州（今内蒙古鄂尔多斯十二连城一带），别名榆林郡。《禹贡》雍州之域。春秋戎狄之地。战国属赵（至秦始皇伐赵，取云中是）。始皇时分三十六郡，为云中、九原二郡地。汉因之不改。汉末大乱，匈奴侵边，其城遂空。晋末属赫连氏，赫连勃勃称夏，都于统万。后魏太武帝平赫连昌之后，讫于周代，往往置镇，不立郡县。隋初，置胜州。炀帝发丁男百万筑长城，东至紫河，西距榆林，车驾因幸榆林，突厥启民可汗来朝，即此地。大业五年

---

① 鲁人勇：《西夏地理志》，第 173 页。
② 鲁人勇：《西夏地理志》，第 174 页。
③ 鲁人勇：《西夏地理志》，第 177—178 页。

(609)，以胜州为榆林郡，领榆林、富昌、金河三县。唐贞观中，平梁师都时，柴绍以破灭匈奴，夺得河南之地，因置，以决胜为州名。宋初废。有河镇二：

紫河。隋筑长城，起于紫河，即此地。今为之紫河汊，地产良马。

唐龙镇。在胜州之境，地居险峻，东至黄河20里，河之东曰东躔，河之西曰西躔，骑兵所不能及。此地蕃族尝持两端，事契丹及夏国。景祐中为夏国所并。①

**州境：**

西南至东京1250里，西南至西京1830里，西南至长安1860里，正东至黄河40里，去朔州420里，南至麟州界120里，西至安北府250里，正北至黄河5里，去东受降城8里，去单于府120里，东南至合河关500里，去岚州230里，西南至夏州900里，西北至黄河20里，东北至黄河10里，去云州400里。

**风俗：**

尚气强悍。定襄、云中，本戎狄之地，其人鄙朴、少礼文、好射猎。②

**土产：**

鹿角③、胡布、青绝、鹿角、芍药、女稽布、麻、粟。④

### 15. 丰 州

丰州，别名九原郡、宁丰郡。春秋戎狄之地。战国时属赵。秦为九原郡。西汉属五原郡（汉五原郡城在今榆林郡界），东汉因之。东汉末及魏、晋为匈奴所没，遂为荒弃。隋文帝置丰州（因镇立名），炀帝初，州废，置五原郡。

---

① 《武经总要》前集卷一九《西蕃地里》。
② 《太平寰宇记》卷三八《关西道十四》。
③ 《太平寰宇记》卷三八《关西道十四》。
④ 《元和郡县图志》卷四《关内道四》。

唐贞观四年（630），以突厥降户置丰州，不领县。十一年（637）州废，入灵州；二十三年（649），复立。天宝元年（742），曰九原郡。属关内道。领县三，治九原。时又置东、西、中三受降城，皆在其地。宋时没于西夏。韡都六年，即辽清宁八年、北宋嘉祐七年（1062），宋以府州罗泊川掌地复建为州，止有弓箭手佃官田及永安、保宁二寨。西夏贞观十二年，即辽天庆二年、宋政和二年（1112），赐郡名曰宁丰。靖康初，割与夏人。①

西夏丰州，依照《西夏地形图》的标识，其地当位于西夏定州、克危山黄河河岸以西不远处。定州略当今宁夏平罗县姚伏镇，克危山略当今宁夏石嘴山大武口区与内蒙古乌海市交界之贺兰山段。② 今循此地带越黄河而西，则为内蒙古巴彦淖尔市境。恰好乌海市乌拉特前旗南又有东土城子遗址即唐丰州。

**物产：**

白绫、印盐、野马胯革、驼毛褐、毡。

## （二）河西之州

### 1. 兴州

兴州治怀远县（今宁夏银川市）。春秋为羌戎居地。秦属北地郡境。③ 西汉设廉县（今宁夏贺兰县西北暖泉一带），有上河、南典农、北典农城屯田三城。北典农城，俗名"吕城"④，胡语谓之"饮汗城"。赫连勃勃在此兴建皇

---

① 《读史方舆纪要》卷六一《陕西十》。《宋史》卷八六《地理志二》："丰州，下。庆历元年（1041），元昊攻陷州地。嘉祐七年（1062），以府州萝泊川掌地复建为州。今军事。政和五年（1115），赐郡名宁丰。崇宁户153，口411。贡甘草、柴胡。"

辽丰州与隋、唐丰州治所完全不同，前者在今内蒙古呼和浩特市东南白塔村，后者则在今内蒙古乌拉特前旗明安川一带。（李逸友：《呼和浩特市万部华严经塔的金元明各代题记》，《文物》1977年第5期；樊文礼：《辽代的丰州、天德军和西南面招讨司》，《内蒙古大学学报》1993年第3期）。

② 参见杨浣、段玉泉：《克夷门考》，《北方民族大学学报》2019年第5期。

③ 《史记》卷六《秦始皇本纪》。

④ 汪一鸣：《银川城市的起源与演化》，载《中国地方志论丛》，第139—152页。

家园林名为"丽子园"（今宁夏银川市北郊海宝塔即为赫连夏之遗存）。北魏始置县城怀远（今宁夏银川市兴庆区掌政镇洼路村一带），为薄骨律镇地，属灵州，西魏废之。① 北周建德三年（574）移民二万户到此，立郡县，仍名"怀远"，隶普乐郡（今宁夏吴忠）。隋开皇三年（583），废怀远郡，以县属灵州（今宁夏吴忠）。唐仪凤二年（677），怀远县城为黄河水汛损毁，次年于故城西更筑新城。② 宋初仍为县，开宝年间降为怀远镇，属灵州，管蕃部六：罗悉逋族巡检使八笸一族，罗悉逋族副巡检使浪崖一族，小父儿族巡检笸音池逋一族，小父儿族巡检使崖埋一族，小父儿族巡检使移逋一族，小父儿族巡检使悉笸一族；汉户主、客223。③ 宋咸平四年（1001），镇为定难军节度使李继迁攻占。④ 天禧四年（1020），李继迁之子赵德明在怀远镇建造宫殿，号为兴州。⑤ 明道二年（1033）五月，景宗嵬名元昊以兴州有"阻河依贺兰山为固"之险，升为兴庆府。西夏天授礼法延祚元年，即辽重熙七年、北宋宝元元年（1038），元昊在兴庆府南"筑坛受册，即皇帝位"，国号大夏。⑥ 至迟在天仪治平元年（1087）崇宗登基之时，兴庆府改称为中兴府（𗼖𗣼𗴴）。⑦ 天盛年间为五州地之一。

兴州有水田果园，本赫连勃勃果园。置堰，分河水溉田，号为"塞北江南"，西夏时期亦谓之"衙头"。衙头西至贺兰山60里。至麟府路近处可900里，秦凤600里，环庆300里，会州界250里。⑧ 南至（灵）州125里。长城

①　汪一鸣：《饮汗城城址考》，《宁夏社会科学》1983年第1期。
②　《元和郡县图志》卷四《关内道四》。
③　《太平寰宇记》卷三六《关内道十二》。
④　《宋史》卷四八五《夏国传上》；《武经总要》卷一九《西蕃地里》。
⑤　《宋史》卷四八五《夏国传上》；《续资治通鉴长编》卷九六，真宗天禧四年（1020）十二月辛未条。
⑥　《宋史》卷四八五《夏国传上》；《续资治通鉴长编》卷一二〇，仁宗景祐四年（1037）十二月癸未条。
⑦　宁夏文物考古研究所：《西夏陵区108号墓发掘简报》，见白滨主编：《西夏史论文集》，宁夏人民出版社1984年版，第519—527页；《天盛改旧新定律令》卷一〇《司序行文门》。
⑧　（宋）郑刚中：《西征道里记》，第314页。

岭北至秦王井驿，入平夏，经柳泊岭、并铁市、白池、人头堡、苦井、三分山、谷口、河北九驿，至故灵州怀远镇700里（后伪建兴州）。① 南至顺州（灵武镇）70里，北至定州（定远镇）100里。② 曾有盐池三所，隋废。红桃盐池，盐色似桃花，在州西320里。武平盐池，在州西北12里。河池盐池，在州东北145里。③

**州境：**

北125里至富平县，东至黄河。

**形胜：**

贺兰山，东至怀远镇60里。山有树木青白，望如驳马，北人呼驳为贺兰。其山与河东望云山形势相接，逶迤向北经灵武县，又西北经保静西，又北经怀远县西，又北经定远城西，又东北抵河，其抵河之处亦名乞伏山，在黄河西，从首至尾，有像月形，南北约长500余里，真边城之钜防。山之东，河之西，有平田数千顷，可引水溉灌，如尽收地利，足以赡给军储也。④

离宫。在贺兰山，景宗李元昊时建。

五台山寺院。在贺兰山。

贺兰山佛祖院，在贺兰山。

慈恩寺，在贺兰山石台岩云谷。

方塔，在贺兰山拜寺口。

木寨，兴州处夏惠宗李秉常兵马所居地。⑤

西夏帝陵，在兴庆府西90里，贺兰山东麓。自西夏太祖李继迁至西夏

---

① 《武经总要》卷一八《陕西路》。
② 《武经总要》卷一九《西蕃地里》。
③ 《元和郡县图志》卷四《关内道四》。
④ 《元和郡县图志》卷四《关内道四》。
⑤ 《续资治通鉴长编》卷三一二，神宗元丰四年夏四月乙亥条：鄜延路马步军副都总管兼第一将种谔言："臣昨于今月庚申奏：夏国秉常为贼臣所杀，乞朝廷兴师问罪。今觇知秉常兵马见聚于所居木寨，国母与梁相公兵马见聚于国母巢穴。自木寨至国母巢穴约五里，今已绝河梁，南北人马不通。梁相公者，已出银牌点集，未知从与不从。"

襄宗李安全陵墓及后妃、大臣陪葬墓。帝陵由月城和陵城相连形成"凸"字形平面，月城南面中间有门和门阙，北与陵城南神门间为神道后段，其两侧置石像生台座。陵城四面神墙中间开门，有门阙，四隅有角阙。陵城内中轴线略偏西，从南向北分置献殿、鱼脊形墓道、地宫和陵塔。月城之南，神道两侧依次置二或三碑亭和二阙台。陵园外围四隅置四角台，其中有的陵以四角台为准设外城（L1、L2、L7），或在四角台之内陵城之外设夹城（L5、L6）。①

### 2. 定州

定州治定远县（在今宁夏平罗县东南田州古塔附近城址）。本唐定远城。先天二年（713），朔方总管郭元振以西域援阔，丰安势孤，中间千里无城郭烽堠，故置此城，募官健5500人镇守，为行军计集之所。后信安郡王玮又筑羊马城，幅员40里，管蕃部四族，以酋长为巡检使。② 景福元年（892），灵武节度韩遵表为警州。③ 后晋天福七年（942），废警州为威肃军，其军使委本道差补。④ 宋初为灵州定远镇，至道中建为威远军。⑤ 咸平四年（1001）九月，李继迁陷之，元昊建国，升定州。⑥ 天盛年间为五州地之一，又称定远县（𗦲𗣼𘌽），下等司。⑦ 元初废。⑧

---

① 孟凡人：《西夏陵陵园的形制布局研究》，《故宫学刊》2012年第1期。
② 《武经总要》卷一九《西蕃地里》。
③ 《新唐书》卷三七《地理志一》。
④ 《旧五代史》卷八〇《高祖纪六》。
⑤ 《武经总要》卷一八《陕西路》。
⑥ 吴忠礼：《宁夏志笺证》，宁夏人民出版社1996年版，第95页。张安生：《西夏定州俗称"田州"考》，《方言》2013年第2期。"定州"一名，由于声母相同、韵母微殊、音感相谐，或俗称为"田州"。
⑦ 《天盛律令》卷一〇《司序行文门》。
⑧ 《读史方舆纪要》卷六二《陕西十一》。

**州境：**

灵、盐接境，相距 300 里，定远城置于黄河北岸。盖盐州边戍也。① 在西夏中兴府北，又为定州（今宁夏贺兰、平罗一带）。② 南至怀远镇 100 里，西贺兰山 60 里，西南至灵州 200 里。③

**名胜：**

田州塔。地在今宁夏平罗县姚伏镇。塔身门眉有题字，今塔乃乾隆四十八年（1783）重修。④

**物产：**

糜。⑤

### 3. 怀州

怀州治临河县（今宁夏银川市东南黄河西，略当今银川市东郊掌政乡镇河堡洼路村一带⑥），本唐怀远县故城，取其首字而名。怀远县南至灵州 125 里。在州东北，隔河 120 里。本名饮汗城，赫连勃勃以此为丽子园。后魏给百姓，立为怀远县。其城仪凤二年（677）为河水泛损，三年（678）于故城西更筑新城。⑦ 西夏怀州名始见于宋景祐四年（1037），"元昊既悉有夏、银、绥、静、宥、灵、盐、会、胜、甘、凉、瓜、沙、肃，而洪、定、威、怀、龙皆即旧堡镇号州。"⑧ 一说怀州即《武经总要·西蕃地理》中失载州名的河

---

① 《读史方舆纪要》卷六二《陕西十一》。
② 《武经总要》卷一九《西蕃地里》。"南至怀远镇 100 里，西贺兰山 60 里……今为伪定州。"
③ 《武经总要》卷一九《西蕃地里》。
④ 雷润泽、于存海、何继英：《西夏佛塔》，文物出版社 1995 年版，第 25 页。关于其始建年代，主流意见认为是西夏时期，主要依据有二：一是方志所载古塔地望和塔名由来，二是塔身之下的台基曾是西夏一处寺庙的遗址。
⑤ 《天盛改旧新定律令》卷一五《催缴租门》。"定远、怀远二县人当交纳。"
⑥ 汪一鸣：《银川城址的起源与演化》，载《中国地方史志论丛》，中华书局 1984 年版，第 139—152 页；贺基德、汪一鸣、吴忠礼等：《银川城市起源研究》，载洪梅香主编：《银川建城史研究》，宁夏人民出版社 2010 年版，第 1—55 页。
⑦ 《元和郡县图志》卷四《关内道四》。
⑧ 《续资治通鉴长编》卷一二〇，仁宗景祐四年（1037）十二月癸未条。

外"临河镇"升级而来。① 宋咸平四年（1001）九月，李继迁攻陷怀远县。西夏大安八年，即北宋元丰四年、辽大康七年（1081），十一月宋五路伐夏，宋鄜延路大兵至西界白盐池，去怀州只 100 余里。② 天盛年间怀州为五州地之一，又称怀远县（𗱾𗼨𗊱），属下等司。③

**形胜：**

怀州渡（今银川市城区东 16 公里的掌政乡黄河西岸有横城古渡遗址），夏州往兴州渡口。西夏大安八年，即北宋元丰四年、辽大康七年（1081），八月，宋将王中正、种谔谋以泾原、环庆会兵取灵州渡，讨定兴州；麟府、鄜延先会夏州，候兵合齐，进取怀州渡，讨定兴州。④ 其方位略当为《西夏地形图》中"顺化渡"。


## 4. 永州

永州（今宁夏永宁县）。其地当兴、灵州地区。《西夏地形图》标于兴州之南偏东处，与怀州相近。⑤ "永州"于兴州兴庆府南、静州东南与怀州西南（略当今宁夏青铜峡市东北叶盛镇一带），靠近黄河两大干支汇合之处。⑥ 临河

---

① 章巽：《夏国诸州考》，载《西夏史论文集》，宁夏人民出版社 1984 年版；鲁人勇：《宁夏历史地理考》，宁夏人民出版社 1993 年版，第 140 页；李昌宪：《中国行政区划通史·宋西夏卷》，复旦大学出版社 2007 年版，第 693 页；鲁人勇：《西夏地理志》，宁夏人民教育出版社 2012 年版，第 38 页。
　《武经总要》卷一八《陕西路》：言："河外旧有五镇，今夏国伪升为州。"又言："临河镇，城镇旧管蕃部三族，置巡检使，以酋长为之。"未如其他四镇言及升改事。临河镇或即西夏初年所建之怀州。
② 《续资治通鉴长编》卷三二〇，哲宗元丰四年十一月丁未条。北宋末年绘《西夏地形图》于灵州东北及兴庆府东南标示怀州。苏州碑刻博物馆（文庙）所藏淳祐七年（1247）石刻、南宋黄裳绍熙元年（1190）《地理图》绘党项夏国略图中亦有怀州。（史金波：《西夏社会》下册，上海人民出版社 2007 年版，第 706 页）
③ 《天盛律令》卷一〇《司序行文门》。
④ 《续资治通鉴长编》卷三一五，哲宗元丰四年（1081）八月庚辰条。
⑤ 黄盛璋、汪前进：《最早一幅西夏地图——〈西夏地形图〉初探》，《自然科学史研究》1992 年第 2 期。由于临河镇未明言升改为何州，因此若非怀州，即应为永州。
⑥ 黄盛彰、汪前进：《最早一幅西夏地图——〈西夏地形图〉新探》，《自然科学史研究》1992 年第 2 期，第 177—187、19 页。因为临近黄河，所以有学者怀疑其前身应该就是灵州河外的故临河镇。

镇，镇城，旧管蕃部二族，置巡检使，以酋长为之。[①] 其先或即西魏临河县、临河郡，唐新昌军，[②] 宋初以后即改军为镇并且恢复临河旧名。[③] 咸平四年（1001）九月，李继迁破之。[④] 西夏天授礼法延祚元年，即辽重熙七年、北宋宝元元年（1038），元昊建国，即旧堡镇号州，[⑤] 改称永州。天盛年间有临河县（𗼨𗼨𗼨）设置，属下等司，为五州地之一。[⑥]

## 5. 顺州

顺州（略当今宁夏永宁县治所杨和镇一带），本为汉灵武县地，唐宋时期曰灵武镇，为河外镇。[⑦] 宋咸平中属定难军，西夏改称顺州。天盛年间似已废。

**州境：**

南渡黄河，至灵州50里，东至保静镇40里，西至贺兰山60里，北至怀远镇70里。

另，《西夏地形图》于静州南、永州西标有"归顺州"。宋咸平之初，李继迁"建立州城，创置军额"，有的是以"归明、归顺"为名号的。[⑧] 可能是西夏方面专门为安置宋朝降军及农业居民而设置的。[⑨]

**形胜：**

一百八塔寺，以塔数命名。

---

① 《武经总要》卷一九《西蕃地里》。
② 《新唐书》卷三七《地理志一》。
③ 《太平寰宇记》卷三六《关内道十二》。
④ 《宋史》卷四八五《夏国传上》。
⑤ 《续资治通鉴长编》卷一二〇，仁宗景祐四年（1037）十二月癸未条。
⑥ 《天盛律令》卷一〇《司序行文门》。
⑦ 《武经总要》卷一九《西蕃地里》。
⑧ 《续资治通鉴长编》卷五〇，真宗咸平四年（1001）十二月丁卯条，张齐贤关于灵州问题的献疏云："迁贼包藏凶逆，招纳叛亡，建立州城，创置军额，有归明、归顺之号，且耕且战之基。"
⑨ 《宋史》卷四八六《夏国传下》记述：（西夏）得汉人勇者为前军，号"撞令郎"。若脆怯无他伎者，迁河外耕作，或以守肃州。或此"归顺军"所在地区后来被元昊升格为"归顺州"，省称为"顺州"。

### 6. 静州

静州。元昊建国前后各有静州。①

前期静州（治今陕西省米脂县北），北汉置。本唐静边州都督府，在银州（今陕西省横山县当岔乡）西南，略当于今陕西榆林市榆阳镇一带。② 其名始见于唐贞观后，吐蕃浸盛，党项、拓跋诸部畏逼，请内徙。诏庆州置静边等羁縻州处之。③ 永泰元年（765）子仪以党项、吐谷浑部落散处盐、庆等州，其地与吐蕃滨近，易相胁，即表徙静边州都督、夏州、乐容等六府党项于银州之北、夏州之东，宁朔州吐谷浑住夏西，以离沮之。④ 管小州十八。⑤ 至德后，废。北汉乾祐之初，或因镇国军等藩镇叛乱，为笼络夏州党项拓跋部，隐帝以故唐静边州都督府之地升静州，隶定难军。⑥ 其后由于长期侨治、地界狭小及无农业生产维系，此州仅以"夏银绥宥静等州观察处置押蕃落等使"而见之于世，似未能履行州县职能与建制。西夏天授礼法延祚元年，即辽重熙七年、北宋宝元元年（1038），宋廷以元昊称帝为由削去拓跋氏所有官爵及领地。此后，静州虚名不再见。

后期静州，本唐灵州河外保静镇（其地略当今宁夏永宁县任存乡至灵武

---

① 据《资治通鉴》后汉乾祐二年（949）正月条所载，静州的前身为银州境内的羁縻府州静边州，后汉乾祐二年始升为正州静州，隶定难军。由于静州原属银州，又无属县，故虽为正州，然与州亦无甚差异，文献在言及定难军的属州时，忽略不提。如《宋史·地理志》《东都事略·太宗纪》即均言李继捧以四州八县归宋，显然不含静州。西夏国建立后，文献也均不提此州，或许是因元昊立国时升保静镇为静州，而同时废去此州。杨浣：《西夏静州新考》，载《西夏学》第十六辑，甘肃文化出版社，2018年第1期。杨浣认为在五代至宋初之史籍与金石之中，与银、夏、绥、宥四州情况不同，尚未见到静州刺史等相关职员之任何资料。这间接说明静州设置之初，就可能没有实际运作过。

② 据陕北所出唐静边州都督拓跋守寂墓志及李公政等相关墓志与古城遗址，周伟洲先生复又考定墓主葬地"银州儒林县新兴乡"即静边州在银州的"旧治"，其地位于唐代银州治所即今横山县当岔乡以西约30公里处。（《早期党项史研究》，中国社会科学出版社2004年版，第44页）

③ 《旧唐书》卷一九八《西戎传·党项羌传》。

④ 《新唐书》卷二二一《西域传·党项传上》。

⑤ 《旧唐书》卷三八《地理志一》。

⑥ 《旧五代史》卷一三二《李仁福传》。

新华桥乡之间）①。初为西汉富平县地，居河外三里，赫连夏为"薄骨律镇仓城"，后魏立弘静镇，徙关东汉人以充屯田，俗谓之"汉城"。隋开皇十一年（581）改置弘静县，唐神龙元年（705）改为安静，至德元年（756）改为保静。五代后唐天成四年（929），定远军使李匡宾据保静作乱，朔方不安。既而灵州帅康福讨定之②。宋初，仍属灵州，管六蕃部：吐蕃村巡检使委尾一族，右厢巡检使成悉逋等一族，右厢务下义征使罗庆等一族，右厢巡检使务下义征杨尉尉等一族，狼唆村义征使埋庆等一族，鬼悉涡巡检使庚子等一族③。咸平中属定难军，西夏升为州④。天盛年间为五州地之一。有保静县设置，为下等司⑤。元废。

**州境：**

东至黄河西岸 3 里；西至贺兰山 93 里，西至灵武镇 40 里；西南至古灵州（今宁夏吴忠西北利通区）60 里；西北至怀远镇（今宁夏银川兴庆区）80 里。⑥

**物产：**

大麦。⑦

## 7. 雄州

雄州（今宁夏中宁石空镇），在灵州西南 180 里。本唐丰安县、回乐县旧地。为唐代羁縻州。唐乾符三年（876）六月乙丑，雄州地震，至七月辛巳止，州城庐舍尽坏，地陷水涌，伤死甚众。四年（877）六月庚寅，再震。⑧

---

① 严耕望：《唐代交通图考》，上海古籍出版社 2007 年版，第 212 页。"居明代宁夏府城（今银川市兴庆区）南 70 里，在（宁夏）镇西南 80 里黄河北岸。"
② 《读史方舆纪要》卷六二《陕西十一》。
③ 《太平寰宇记》卷三六《关西道十二》。
④ 《武经总要》卷一九《西蕃地里》。
⑤ 《天盛改旧新定律令》卷一〇《司序行文门》。
⑥ 《元和郡县志》卷《关内道四》。《太平寰宇记》卷三六《关西道十二》引《隋图经》。《武经总要》卷一九《西蕃地里》。
⑦ 《天盛改旧新定律令》卷一五《催缴租门》："大麦一种，保静县人当交纳。"
⑧ 《新唐书》卷三五《五行志二》。

《西夏地形图》局部

中和元年（881），徙治承天堡，地今石空镇石空寺一带，为临时设置或者说侨寄他地的"行州"。① 后晋天福七年（942）戊辰，废雄州为昌化军，其军使委本道差补。② 北宋太平兴国年间，昌化军被降为昌化镇。管蕃部一。吐蕃村巡检使委尾一族。汉户：主、客 42。③ 西夏初镇或废置，中期复设雄州。西夏元德七年，即辽保大五年、宋宣和七年（1125）成书的西夏文字典《音同》中载有一个词组"𗥤𗼫"，音译为"胸州"，应是"雄州"。④ 《西夏地形图》

　　① 《新唐书》卷三七《地理志一》。《读史方舆纪要》卷六二《陕西十一》。"《志》云：在所（灵州）西南百八十里。本名承天堡。唐中和间，尝徙雄州治此，因名。"

　　② 《旧五代史》卷八〇《晋高祖纪六》。

　　③ 《太平寰宇记》卷三六《关西道十二》。

　　④ 陈炳应：《西夏地形图初探》，载《西夏文物研究》，宁夏人民出版社 1985 年版，第 450 页。

于贺兰军即唐之丰安军旁刻绘有雄州郭家渡。《天盛律令·司序行文门》及西夏汉文本《杂字·地分部》皆无雄州之名，西夏后期，或被废置。①

力吉里寨，蒙古语俗呼应吉里（相当于县建置，治今中卫城），境内置西寿监军司，西夏奲都六年，即辽清宁八年、北宋嘉祐七年（1062），改为保泰军。

西夏奲都六年，即辽清宁八年、北宋嘉祐七年（1062），西夏宥州向宋延州递送公牒，称"改西寿监军司为保泰军，石州监军司为静塞军，韦州监军司为祥祐军，左厢监军司为神勇军"②。同时，在灵州西平府设翔庆军③。这四个监军司对接的是宋朝边面，夏毅宗谅祚即位后，向宋朝示好，改蕃礼为汉礼，同时将对准宋朝的监军司改保泰、静塞、祥祐、神勇等传统祥和的名称，是向宋朝示好的表现。《西夏地形图》所记的保太军、静寨军、神勇军、祥祐军、加宁军、清远军、祥庆军、和南军、甘肃军、朝顺军、镇燕军、贺兰军等，④ 大都是吉祥的名称，其中保太军、静寨军、神勇军、祥祐军是毅宗谅祚时改置的，其他是此后设置的。

## 8. 韦（威）州

韦州（治今宁夏同心县东北韦州），又作"威州"⑤，又称南威州，设韦州静塞监军司。本鸣沙城，后魏时戍守处。其地北枕黄河，人马行沙上有声，因名。北周保定二年（562），移置会州于此。建德四年（575），改立鸣沙镇。

---

① 苏忠深：《雄州建制考》，《宁夏史志》2008 年第 3 期。

② 《宋史》卷四八五《夏国传上》；《续资治通鉴长编》卷一九六，仁宗嘉祐七年（1062）六月癸未条："改西市监军司为保泰军，威州监军司为静塞军，绥州监军司为祥祐军，左厢监军司为神勇军"。与《宋史》有出入，待考。

③ 《西夏书事》卷二〇引刘温润《西夏须知》。

④ 《西夏地形图》图中所标军有神勇军、祥祐军、加宁军、静寨军、清远军、祥庆军、保太军、和南军、甘肃军、朝顺军、镇燕军、贺兰军等。"加宁"当即"嘉宁"，"保太"当即"保泰"，"和南"当指"卓啰监军司"。

⑤ 见于 ДХ.02822 号文书《杂集时要用字·地分部》，韦宝畏、许文芳：《西夏地名考释——以ДХ·02822〈杂集时要用字〉为中心》，《宁夏师范学院学报》2010 年第 1 期。

隋开皇十九年（599），置环州及鸣沙县。大业三年（607），州废，县属灵武郡。唐武德四年（621），置西会州，鸣沙县属焉。贞观六年（632），州废，改置环州于此。九年（635），复废，环州县仍属灵州。咸亨二年（671），又置安乐州，以处吐谷浑部落。至德后没于吐蕃。大中三年（849）七月灵武节度使朱叔明奏收复安乐州，八月敕安乐州为威州，仍领鸣沙县，后州与县俱废。① 五代后晋天福四年（939）五月徙州治于灵州方渠镇（今甘肃环县），仍割宁州木波、马岭二镇隶之，改旧威州为清远军。② 宋咸平四年（1001）末失灵州，清远军遂陷没于定难军。其地在横山之北，西夏恃此为险扼，故立监军司屯聚兵马，防拓兴、灵等州，以威州旧名为号。③ 西夏奲都六年，即辽清宁八年、北宋嘉祐七年（1062），西夏改威州监军司为静塞军。④ 韦州者，乃其同音之歧写。西夏大安八年，即北宋元丰四年、辽大康七年（1081），十月癸酉，宋环庆行营经略使高遵裕攻至韦州，令将士勿毁官寺民居，以示招怀。⑤ 后宋因灵州战役失败，遂弃韦州，西夏复得。⑥ 天盛年间为中等司。元复于此立鸣沙州。⑦

鸣沙县（今宁夏中宁县），见《西夏地形图》。⑧ 北魏置鸣沙县，五代废。北宋初仍为鸣沙县，隶灵州。开宝年间县废，咸平中入定难军，复置鸣沙县。

---

① 《太平寰宇记》卷三六《关西道十二》。
② 《文献通考》卷三二二《舆地考八》："周广顺二年（952）三月，改为环州。显德四年（957）九月，降为通远军，置通远县。宋淳化五年（994），复为环州。其地本西蕃边界，有葫芦泉一带蕃部，与明珠、灭藏相接，环州、镇戎乃经过处，庆历四年（1044），种世衡城之。属永兴军路。绍兴初，没于金。金隶陕西庆原路。三十二年（1162），吴璘收复，旋失。贡甘草。领县一：通远。"
③ 《续资治通鉴长编》卷三一九，神宗元丰四年（1081）十一月庚子条；《武经总要》卷一八《陕西路》："靖边寨，地名胡卢泉，此有二路，一入蕃界故威州。"
④ 《续资治通鉴长编》卷一九六，仁宗嘉祐七年（1062）六月癸未条。
⑤ 《续资治通鉴长编》卷三一八，神宗元丰四年（1081）冬十月癸酉条。
⑥ 《宋史》卷一六《神宗纪三》。
⑦ 《元史》卷六〇《地理志三》。"鸣沙州，下。隋置环州，立鸣沙县。唐革州以县隶灵州。宋没于夏国，仍旧名。元初立鸣沙州。屯田四百四十余顷。"
⑧ 黄盛璋、汪前进：《最早一幅西夏地图——〈西夏地形图〉初探》，《自然科学史研究》1992年第2期，第177—187、19页。

韦州静塞军司。①

平夏城（今宁夏固原市黄铎堡村古城址），唐置石门关，宋初称"旧石门城"。庆历中入西夏。天祐民安八年，即辽寿昌三年、北宋绍圣四年（1097），宋泾原路经略使、知渭州章楶攻取并筑城，赐名平夏城，并置泾原路第十一将守之。西夏贞观八年，即辽乾统八年、北宋大观二年（1108），宋在此建怀德军。夏宝义元年，即金天会五年、宋靖康二年（1127），西夏攻取怀德军。②

甜水堡（今甘肃环县北境甜水堡），宋咸平四年（1001）地入西夏。宋庆历初庆州范仲淹进筑为堡，旋复入西夏属韦州。③

韦州堡，平远县北40里，西夏元昊筑。④

方渠寨、流井堡（甘肃环县罗山川乡），寨堡同在一地，原属宋之环州，后改隶清远军，咸平五年（1002）入。东至兴平城40里，西北至安边城30里，南至党里原5里，北至萌井约50里。⑤

---

　　① 《嘉靖宁夏新志》卷三明确记载为东关："韦州建置沿革：汉北地郡地。唐灵武郡地。宋赵元昊为韦州，属'左厢'，曰静塞军。谅祚改祥祐军。元仍名韦州。按旧志，城周回三里余、居蠡山之东二十余里。未审筑于何代？名亦未详。据宋张舜民诗'青岗峡里韦州路'，故相传以为韦州。地土高凉，人少疾病。洪武二十五年（1392），庆王建宫室于此，居之凡九年，徙宁夏。以其宜于畜牧，故留群牧千户所官军，专以牧养为事。池阔二丈、深七尺。弘治十三年（1500），都御使王珣奏筑东关，关门一、城门二。"1974年，同心县韦州镇南下马关附近发现一座慕容威夫妇合葬墓，墓中出土的一方墓志记载："君讳威，字神威……迁左领军卫大将军，仍充长乐州游奕副使……其萋以至德元年（756）正月五日婴疾，春秋六十有二，终于长乐州私馆。□人封氏……享年乾元元年（758）七月十日，终于私第……即以乾元元年（758）十月庚子朔十日己酉同窆于州南之原。"由此可见韦州监军司设于唐长乐州之故址，即今宁夏同心县韦州镇。今韦州镇区内有两座古城，东西坐落，仅一墙之隔。东边俗称新城，明弘治十三年（1500）建。都御史王珣奏筑东关，关门一、城门二。西城称为老城，建于西夏，城池规模为新城之二倍。夏主崇奉佛教，在老城内建康济寺塔及九级浮图（佛塔），明代两度修葺，于九级之上更增四级，是密檐式八角砖塔，此即为康济塔。与康济塔南北辉映有一小塔，为实心喇嘛式墓塔，明朱元璋十六子朱栴建王府于此。在城西大罗山东麓还有30余处明王陵墓。
　　② 鲁人勇：《西夏地理志》，第161—162页。
　　③ 鲁人勇：《西夏地理志》，第147页。
　　④ 《甘肃新通志》卷九《舆地志》关梁，"固原直隶州，平远县。"
　　⑤ 鲁人勇：《西夏地理志》，第147页。

**州境：**

威州在清远军西北 80 里，乐山之西。南至环州 380 里。[①] 唐大中时，灵武朱叔明收长乐州，邠宁张君绪收六关，即其地也。广衍平漫，四通八达。[②]故垒未圯，水甘土沃，有良木薪秸之利。约葫芦、临洮二河，压明沙、萧关两戍，东控五原，北固峡口，足以襟带西凉，咽喉灵武……威州隔城东隅，竖石盘互，不可浚池。城中旧乏井脉，又飞乌泉去城尚千余步。[③]

**形胜：**

旱海。朔方距威州（方渠镇）700 里，无水草，号旱海，师须赉粮以行。斥卤枯泽，无溪涧川谷。

蠡山，在（灵武）所西。层峦苍翠，其峰如蠡。有泉，名曰富泉。其东又有小蠡山，亦曰螺山。

康济寺，在韦州东南，始建于西夏。

安庆寺，在鸣沙。《宁夏新志》记载"寺内浮屠相传建于谅祚之时"。寺内建有永寿塔。

## 9. 凉州

凉州（𗙫𗆤），武威（𗟭𗴿）郡（略当今甘肃省武威市境），治姑臧城。周时为狄地。秦时匈奴既失甘泉（甘泉在今云阳县），又使休屠、浑邪王居其地。汉武开之，置武威郡（汉武初开置张掖、酒泉、敦煌、武威、金城，谓之河西五郡。地势西北邪出，南隔西羌，通西域，于时号为断匈奴右臂）。后汉、魏、晋皆因之，魏、晋并置凉州（领郡八，治于此）。前凉张轨、后凉吕光并据之。北凉沮渠蒙逊亦迁都于此。后魏亦为武威郡。隋炀帝初，复置。

---

① 《元丰九域志》卷三《陕西路》。

② （明）陈其愫编，于景祥、郭醒点校：《皇明经世文辑》卷一九，辽海出版社 2009 年版，第1077 页。

③ 《宋史》卷二七七《郑文宝传》。

唐初，李轨据之。武德二年（619）复置凉州。领县五，治姑臧。姑臧（汉县。《西河旧事》曰："昔匈奴故盖臧城也，后人音讹名姑臧。"又有猪野泽、古休屠城）、神乌、番禾（汉县）、昌松（汉允街故城，在今县东南，城临丽水，一名丽水城，沮渠蒙逊所筑，地势险阻）、嘉麟。景云初，置河西节度治于此。开元中，又置赤水军于城内。天宝初，曰武威郡。自安禄山之乱，河右没于吐蕃。大中后，吐蕃微弱，首领张义潮以瓜、沙十一州来归，而宣、懿德微，命土豪领之，自置牧守。① 咸通四年（863）收复。旋又荒弃。或请命于中朝，五代汉高祖命申师厚为之帅。后唐长兴四年（933）复来属，置归义军于此。周显德中，凉州复绝于中国。宋初，为西凉府西番所据也。宋开宝中以殿直丁惟清领州事。元昊祖父、党项族首领李继迁在宋至道二年（996）曾攻打凉州。咸平初。西蕃潘罗支来贡，宋命为六国大首领。咸平六年（1003），李继迁率兵攻陷宋西凉府，宋朝知凉州丁惟清战死。② 其后罗支封武威郡王，天圣初土贡不绝。宋天圣六年（1028）元昊率兵再次攻占凉州。西夏天授礼法延祚元年，即辽重熙七年、北宋宝元元年（1038），十月，元昊筑坛受册，即皇帝位时，诣西凉府祠神。西夏天赐礼盛国庆四年（1072）五月，西夏为加强防御，修凉州城。

西夏仁宗时期西凉府为次等司，与中兴府、大都督府同列，或即汉文《杂字》中的"西京"。设主管掌管沙州、瓜州、黑水等地军民事务的西北经略司，也称作"西经略司"，长官为西北经略使（"西经略使"）。③

---

① 《文献通考》卷三二二《舆地考八》。

② 《续资治通鉴长编》卷五五，真宗咸平六年十一月甲子条。

③ 乾祐二十四年（1193）仁宗去世后当年"三七"之时，西经略使在凉州组织大法会悼念。1977年甘肃武威西郊林场发现的西夏天庆元年至八年间（1194—1201）西夏晚期砖室墓，男墓主人分别为西经略司都案刘德仁和西经略司兼安排官□两处都案刘仲达，也可佐证西夏的西经略司设在凉州。在黑水城出土的文书中有《西经略使司副统应天卯年告牒》《乾祐戊年节亲中书西经略使告牒》，可以证明黑水城归属西北经略司管辖。《天盛律令》中的"西北经略使"，出现在西夏晚期的社会文书中。

　　凉州在西夏天盛年间有南院监军司①、下等司永昌城，末等司凉州堡寨。西夏光定四年，即金贞祐二年、南宋嘉定七年、蒙古太祖九年（1214），蒙古再攻西夏，七年（1217）成吉思汗亲率兵围攻中兴府，西夏神宗遵顼出走西凉府，后遣使请降。元初，仍曰西凉府，寻改西凉州，属永昌路。②

　　西夏"饶五谷，尤宜稻麦。甘、凉之间，则以诸河为溉"。"凉州畜牧甲天下"。③ 西夏时期的凉州地区农业和畜牧业都发展得很好，而商业贸易也很兴盛，"武威当四冲地，车辙马迹，辐辏交会，日有千数"④。

**州境：**

　　东西 400 里，南北 830 里。西至甘州 500 里，东南至兰州 540 里，⑤ 凉州东距灵武 1000 里，西北至甘州 500 里。⑥ 东至故原州 1500 里，南至雪山、吐谷浑、兰州界 350 里，西至甘州同城界 600 里，北至部落 300 里。周回平川 2000 里。

**户：**

　　"旧领姑臧、神乌、番禾、昌松、嘉麟五县，户二万五千六百九十三，口十二万八千一百九十二。今有汉民三百户。城周回五十里，如凤形。"⑦

---

　　① 《续资治通鉴长编》卷四六〇，哲宗元祐六年六月丙午条。范育："臣观夏贼之为国，自奄有西凉，开右厢之地，其势益大。"《宋史》卷四八六《夏国传下》逐个计数西夏左右十二监军司名称："曰左厢神勇，曰石州祥祐，曰宥州嘉宁，曰韦州静塞，曰西寿保泰，曰卓啰和南，曰右厢朝顺，曰甘州甘肃，曰瓜州西平，曰黑水镇燕，曰白马强镇，曰黑山威福。"十二监军司分为两组，每组六监军司，两组第一个监军司不似其他监军司那样有地名：左厢神勇、右厢朝顺，这应是左右两厢领头的监军司。据其地位、地望分析，左厢神勇似应为灵州，右厢朝顺应在凉州。《天盛律令》规定西夏有17 个监军司，属中等司，其中南院监军司应在凉州。据凉州重修护国寺感通塔碑铭知，西夏文铭文中的"南院"即汉文铭文的"右厢"。
　　② 《武经总要》卷一九《西蕃地里》；《读史方舆纪要》卷六三《陕西十二》。
　　③ 《宋史》卷四八六《夏国传下》。《金史》卷一三四《西夏传》。
　　④ 凉州重修护国寺感通塔碑汉文碑铭，见陈炳应《西夏文物研究》第 108 页。
　　⑤ 《太平寰宇记》卷一五二《陇右道三》。
　　⑥ 《宋史》卷四九二《外国传八·吐蕃传》。
　　⑦ 《续资治通鉴长编》卷四三，真宗咸平元年（998）十一月丙辰条。

**土产：**

野马皮、龙须席、毯、芎䓖①、白绫②、大黄、白附子、鹿茸。③

**风俗：**

州之分野上应白虎之宿，金气坚刚，人事慷慨。④ 夏故地党项人的风俗习惯：其性大抵质直而上义，平居相与，虽异姓如亲姻。⑤

**形胜：**

姑臧废县（今甘肃武威市）。汉置县，为武威郡治。晋因之，又为凉州治。张轨、吕光并都于此。后魏武威郡治林中县。或曰即故姑臧也。西魏仍曰姑臧。隋、唐皆因之。宋没于西夏。元废。《西河旧事》："姑臧城，秦月氏戎所据。匈奴谓之盖臧城，语讹为姑臧也。"王隐《晋书》："凉州城有龙形，一名卧龙城，南北七里，东西二里，本匈奴所筑。张氏居之，又增筑四城箱，各千步，并旧城为五。"《敦煌杂录》："姑臧城内有沮渠蒙逊所造七级木浮图，因名七级城。又檀道鸾筑土为城，若盘龙状，四隅有头尾两翅，一名鸟城也。"《新唐书》："武威大城之中，小城有七。旧城匈奴所筑。张氏增筑四城。余二城，又后人所筑也。其东西箱城，亦曰东西苑城。至德二载（757），河西兵马使盖庭伦与武威九姓商胡安门物等作乱，杀节度使周泌。武威七城，胡据其五。度支判官崔称等以二城坚守，讨平之。广德初，为吐蕃所陷。咸通四年（863）沙州防御使张义潮收复凉州。寻为西番所据。"后唐长兴四年（933）凉州内附。周显德二年（955）复没于西番。宋初，亦为羁属地。至道二年（996）丁惟清知西凉府，言凉州周回 2000 里，东界原州，南界雪山、吐谷浑、兰州，西界甘州，北界吐蕃，州城周 45 里。又有融明观，亦前凉所

---

① 《太平寰宇记》卷一五二《陇右道三》。
② 《文献通考》卷三二二《舆地考八》。
③ 《千金翼方》卷一《药录纂要》，载《孙思邈医学全书》，中国中医药出版社 2009 年版，第570 页。
④ 《太平寰宇记》卷一五二《陇右道三》。
⑤ （元）余阙：《青阳集》。

建，在广夏门内，是也。夏人仍为西凉府治。元为西凉州治。《志》云："今卫城周十一里有奇，门四。东北二里，又有姑臧旧城遗址。"①

苍松废县，在凉州西。汉县，属武威郡。后汉作仓松。晋因之。太和二年（367）凉张天锡击李俨于陇西，分遣前军向金城、左南白土诸郡，自将屯仓松，是也。《志》云：张氏置昌松郡。后凉吕光因郭黁之谶，改为东张掖郡。后魏复置昌松郡。后周郡废，为昌松县。隋开皇初，改县曰永世。后复曰昌松，属凉州。大业三年（607）李轨据河西。薛举遣将常仲兴击之，战于昌松，仲兴败没。唐亦曰昌松县，仍属凉州。乾元以后，陷于吐蕃。宋时，夏人置洪州于此。

天梯山，在凉州南80里。山路崎岖，层折而上，因名。晋大兴二年（319）京兆人刘弘客居凉州天梯山，以妖术惑众处也。宋元嘉十六年（439）魏主焘议伐凉州。李顺等言："姑臧城南天梯山上，冬有积雪，深至丈余。春夏消释，下流成川。居民引以灌溉。"后以虚妄获罪，是也。山有北凉著名高僧昙曜主持开凿的大佛石窟。

白亭海，在凉州东北。（治所）西南有五涧谷水流入。以水色洁白，故名。一名小阔端海子。《高居诲使于阗记》："自灵州过黄河三十里，始涉沙入党项界，曰细腰沙。神树沙至三公沙，宿月支都督牙帐。自此沙行四百余里，至黑堡沙，沙尤广，遂登沙岭。沙岭，党项牙也。渡白亭海，乃至凉州。盖自灵州西，出凉州，白亭海为必经之道。卫北又有胭脂城，盖西夏时所置。"②

赤水军，唐武德中置，在凉州城内，军之最大者，幅员5000里，赤坞有赤泉，因以名焉。

大斗军，在州西200里，又180里即张掖郡古安西城也。唐开元中，以赤水军守捉使改大斗军，以西接张掖，东连武威州，故曰大斗。其镇曰雪山，雪山在军南50里。

---

① 《读史方舆纪要》卷六三《陕西十二》。
② 《读史方舆纪要》卷六三《陕西十二》。

建康军，在州西 200 里，即甘肃二州中路，在祁连山下。唐贞观中，王孝杰开四镇置军，张守常为军使。

宁寇军，后周保定中置，号同城戍，在州东北 1000 余里。唐旧号同城守捉，天宝中置军，隶张掖守捉使。

焉支山，汉霍去病将万骑出陇西，涉狐境水，过焉支山 1000 余里，执浑邪王收休屠祭天金人，即此地也。山在河西郡界，东西百余里，南北 20 里，有松柏古木。其水甘草美，宜蓄牧。一说焉支山在删丹故县，东西百余里，南北 20 里。① （焉支山）山高，冬夏降雪，雪体不融，融于南麓，河水势涨，夏国灌水成谷也。又记载"焉支上山"，其下解释说：冬夏降雪，夏热不化，民庶灌耕。……大麦、麦九月熟，利养羊马，饮马奶酒也。②

护国寺。崇宗乾顺天祐民安四年，即辽大安九年、北宋元祐八年（1093），由皇帝、皇太后发愿，动用了大量人力、物力和财力，重修凉州护国寺感通塔及寺庙，第二年完工后立碑赞庆，崇宗之舅、国相梁乞逋亲自前往主持仪式，十分隆重。可能是为了给 10 周岁的皇帝祈福，举办了这次盛大的佛事活动。

人物：

斡道冲，西夏灵州人，世代掌修夏国史，年五岁时以《尚书》中童子举，精通五经，译《论语注》，作《论语小义》二十卷，又作《周易卜筮断》，以蕃字写成，流行夏境，西夏天盛三年，即金天德三年、南宋绍兴二十一年（1151），为蕃汉教授，权臣任得敬分国伏诛后，于乾祐二年，即金大定十一年、南宋乾道七年（1171），被擢为中书令，后又任国相，辅佐仁宗稳定政局。斡道冲是西夏儒学的一代宗师，死后从祀于学宫，并使郡县遵行，凉州庙学也供奉斡道冲画像。

---

① 《武经总要》卷一九《西蕃地里》。
② ［俄］Е. И. 克恰诺夫等：《圣立义海研究》，宁夏人民出版社 1995 年版，第 59 页。西夏文《圣立义海》卷四，"积雪大山""焉支上山"条下的解释。

高智耀，西夏末期凉州有名儒士。蒙古灭西夏后，出仕修音律。

余阙，元朝人，西夏后裔。其父沙剌藏卜从甘肃武威到庐州（今安徽合肥）做官。进士及第，官至淮西宣慰副使，他能诗善文，号青阳先生，著有《青阳先生文集》。

## 10. 甘州

甘州，别名张掖郡（今甘肃省张掖市境），治张掖。《禹贡》曰"导弱水，至于合黎，余波入于流沙"，即此地也（合黎水、弱水并在张掖县界。其北又有居延泽，即古流沙也）。又黑水之所出焉（黑水出张掖县鸡山）。《禹贡》雍州地。自汉以前，为月氏国地，后为匈奴所据。《汉纪》："月支故居敦煌、祁连间，为强国。匈奴冒顿破月氏，使昆邪王居之。汉初，为匈奴所居。太和元年，始开置张掖等郡，以断匈奴右臂。"① （《地里风俗记》曰：汉结乌孙，绝隔诸羌，裂寇贼右臂，自张其掖。）后汉因之。魏、晋仍为张掖等郡。永嘉以后，为张轨所据，称前凉。吕光继之为后凉。沮渠蒙逊都张掖，称北凉。后魏以其地属凉州。（后魏为甘州，以地有甘峻山为名，号外国古地。）西魏又置西凉州，寻改为甘州。后周复置张掖郡。隋初，郡废。炀帝又改甘州为张掖郡。唐初，为李轨所据。武德二年（619），复置甘州。天宝后没吐蕃，大中五年（851）收复，寻又没于羌戎。领县二，治张掖。张掖（本匈奴中地，亦曰居延塞。有祁连山、居延海、弱水、合黎水；遮虏障，汉将路博德所筑。有甘峻山、临松山）、删丹（后汉县。有焉支山。匈奴初失祁连、焉支二山，乃歌曰："夺我祁连山，使我六畜不蕃息。失我焉支山，使我妇女无颜色。"）。② 宋大中祥符九年（1016）甘州回纥可汗王夜落隔归化遣使来贡，言其父夜落纥卒于是年三月九日，宰相、诸部落奉夜落隔归化主国事。又言苏守信死，其子罗莽领西凉府事，回纥遣兵攻破其族帐百余，斩级三百，夺

---

① 《读史方舆纪要》卷六三《陕西十二》。
② 《文献通考》卷三二二《舆地考八》。

其马牛羊甚众。① 天圣六年（1028），党项首领赵德明遣子元昊（弱冠之年）袭破回鹘夜落隔可汗王，夺取甘州。八年，瓜州王以千骑降于夏。宋景祐二年（西夏广运二年，1035）元昊"置十二监军司，委豪右分统其众"，曰甘州甘肃监军司，河西一带有"右厢甘州路三万人，以备西蕃、回纥"。② 宋初为西夏所据，改镇夷郡，又立宣化府。③ 有甘州甘肃监军司。天盛时期有下等司甘州城司。西夏天庆十三年，即金泰和六年、南宋开禧二年（1206），正月立李安全为镇夷郡王。④ （元太祖）二十一年（1226）丙戌，取甘肃等州。蒙古得其地后，仍置甘州。⑤ 至元初，置甘肃路总管府。八年（1271）改甘州路总管府。十八年（1281）置甘肃等处行中书省治此，以控河西诸郡。⑥

**州境：**

东至大雪山以南吐谷浑分界330里，北至张掖河屈曲过同城镇至峡口烽总3078里，东南至凉州600里，西南至肃州福禄县界赤柳涧330里，西北至肃州福禄县界咸池烽张掖305里，东北至凉州番和县石峡峰370里。⑦

**物产：**

地广粟多，屯田广野，仓庾丰衍，瓜、肃以西，皆仰其餫。⑧ 其地出玉、牦、绿野马、独峰驼、白貂鼠、羚羊角、硇砂、腽肭脐、金刚钻、红盐、蔚氍毹、䭹𬴂之革。其地宜白麦、青䴺麦、黄麻、葱韭、胡荽，以橐驼耕而种。⑨

乾德二年（964），遣使贡玉百团、琥珀40斤，氂牛尾、貂鼠等。三年，

① 《续资治通鉴长编》卷八八，真宗大中祥符九年十二月辛卯条。
② 《宋史》卷四八五《夏国传上》。
③ 《元史》卷六〇《地理志三》。
④ 《宋史》卷四八六《夏国传下》。
⑤ 参看《元史》卷一《太祖纪》。《元史》卷一二〇《察罕传》。蒙古军又围甘州。夏守将是曲也怯律，蒙军派使劝降；夏国副将阿绰等三十六人杀害使者与曲也怯律一家，率领居民并立拒守。城破，阿绰等人全部牺牲。
⑥ 《读史方舆纪要》卷六三《陕西十二》。
⑦ 《太平寰宇记》卷一五二《陇右道三》。
⑧ 《读史方舆纪要》卷六三《陕西十二》。
⑨ 《新五代史》卷七四《回鹘传》。

遣使赵党誓等 47 人以团玉、琥珀、红白氂牛尾为贡。太平兴国五年（980），甘、沙州回鹘可汗夜落纥密礼遏遣使裴溢的等四人，以橐驼、名马、珊瑚、琥珀来献。① 咸平四年（1001），可汗王禄胜遣使曹万通以玉勒名马、独峰无峰橐驼、镔铁剑甲、琉璃器来贡。

**土产：**

贡麝香、野马革、冬柰、枸杞实。② 香子、驼褐、布。③

**风俗：**

与凉州同。

**形胜：**

祁连山。在张掖、酒泉二界之上，东西 200 余里，南北 100 余里。山中冬温夏凉，美水草畜牧。汉时匈奴尝失二山，乃歌曰：亡我祁连山，使我六畜不蕃息。亡我焉支山，使我妇女无颜色。祁连山山下有霍去病将军神祠。

删丹废县。汉县，属张掖郡。后汉末，改属西郡。晋因之。后魏曰山丹县，仍属西郡。西魏属甘州。大业初，复曰删丹县，仍属张掖郡。唐属甘州。西夏亦为删丹县。元曰山丹州。

焉支山。汉元狩二年（前 121）霍去病击匈奴，过燕支山 1000 余里。隋大业五年（609）炀帝伐吐谷浑，还出张掖，至燕支山。高昌、伊吾及西域二十七国皆谒于道左。唐哥舒翰尝建神祠于山麓。焉支山，东西 100 余里，南北 20 里。上有松柏五木，水草茂美，宜畜牧，与祁连山同。一名删丹山，亦曰删丹岭，又名丹岭。④

山丹州。唐为删丹县，隶甘州。宋初为夏国所有，置甘肃军。

永昌城。汉张掖、武威二郡地。后汉及魏晋因之。后魏置番和郡。后周

---

① 《宋史》卷四九〇《回鹘传》。
② 《文献通考》卷三二二《舆地考八》。
③ 《太平寰宇记》卷一五二《陇右道三》。
④ 《读史方舆纪要》卷六三《陕西十二》。

改置番和镇。隋属凉州。大业中，属张掖郡。唐仍属凉州。宋初，为西凉府地时为西番所据，羁属于宋。景德中，没于西夏。元初，仍属西凉府。至元十五年（1278）置永昌路，以永昌王宫殿所在而名。

番禾城。汉置番禾县，属张掖郡，农都尉治此。番，读曰盘。后汉曰番和县。晋仍曰番和，改属武威郡。后凉吕光置番禾郡。后魏因之，亦曰番和郡。西魏末，突厥假道番和袭吐谷浑。隋曰番和县，属凉州。唐复曰番禾，仍属凉州。天宝三载（744），以山出醴泉，改为天宝县。后废于吐蕃。

鸾鸟城。汉置鸾鸟县，属武威郡。后汉因之。建光初，护羌校尉马贤，自金城、令居追叛羌于鸾鸟。又永康初，段颍击破西羌于鸾鸟，是也。晋县废。唐以其地置神鸟、嘉麟二县，属凉州。后没于吐蕃，县废。刘昫曰："鸾鸟，读曰鹳雀。唐置嘉麟县。此鸾鸟故城。其神鸟县，则鸾鸟县地也。"①

居延塞古城（甘肃张掖县古遗址）②，居延城，在镇西北 1200 里。汉县，属张掖郡，郡都尉治此。元狩初，又置属国都尉治焉。其东北有居延泽，亦曰居延海。古文以为流沙。……甘州北 1500 里有汉西海郡居延故城，西夏立黑水监军司于此。元至元二十三年（1286）立亦集乃路总管府。城东北有大泽，西北俱接沙碛。③

合黎山，俗名要涂山，在州南。

故望山。有神，每祀之时，但闻音声，不睹其形。

甘峻山，一名绀峻山。《水经注》云："弱水历绀峻山南，与张掖河合，即鲜水也。"

合黎水，一名羌谷，鲜水，一名覆袁水，宋初名副授河，亦名张掖河，南自西蕃界流入。在州西北 290 里。

居延海，在东北 1600 里，即古之流沙泽。

---

① 《读史方舆纪要》卷六三《陕西十二》。
② 《甘肃新通志》卷一三《舆地志》。
③ 《读史方舆纪要》卷六三《陕西十二》。

弱水，东自删丹县界流入，在州北 23 里。

大柳谷水。《魏氏春秋》："明帝青龙三年（235），张掖郡删丹县金山有玄川溢涌，宝石出焉，有石马，魏为晋代之符也。"张掖水，在镇西 10 里。经合黎山下，弱水入焉。《水经注》："张水历绀峻山南，与张掖河合。一名鲜水，亦谓之合黎水，又名羌谷水。自吐谷浑界流入。"

黑水，在州西 13 里。出自鸡山，亦名悬圃，即张掖河之别名。或曰，即张掖河之支流也。从卫西南山谷间流经此，有黑河桥跨其上。其下流仍合于张掖河。①

宏仁寺（今卧佛寺）。西夏永安二年（1099），即辽寿昌五年、北宋元符二年，甘州僧人法净于张掖县西南首浚山下掘得古佛卧像三身，献于乾顺，乾顺于西夏贞观三年，即辽乾统三年、宋崇宁二年（1103），在甘州建宏仁寺，规模宏大。

## 11. 肃州

肃州（今甘肃省酒泉市境），别名酒泉郡。旧月支地，后匈奴居焉。汉元狩中昆邪王以其众来降，以其地为武威、酒泉二郡，而酒泉郡以隔绝故，与羌通路；又西通月支、大夏故，以公主妻乌孙王，以分外国西方之援。② 武帝太初元年（前 104）开置酒泉郡，刘昫曰："城下有金泉，其味如酒，因以为名。"③ 后汉、晋皆因之。西凉武昭王李暠迁都于此。后魏亦为酒泉郡。隋初郡废，置肃州。炀帝初，州废，以其地入张掖郡。唐复置肃州。天宝初，亦曰酒泉郡。广德后没吐蕃，大中五年（851）收复。领县三，治酒泉。宋无此州。景祐间李元昊攻唃厮啰，陷瓜、沙、肃三州，遂尽得西河之地。（西夏）

---

① 《读史方舆纪要》卷六三《陕西十二》。
② 《武经总要》卷一九《西蕃地里》。
③ 《读史方舆纪要》卷六三《陕西十二》。

得汉人勇者为前军，号"撞令郎"。若脆怯无他伎者，迁河外耕作，或以守肃州。①

西夏乾定三年，即南宋宝庆二年、元太祖二十一年（1226），丙戌，夏，元太祖避暑浑垂山，进兵围肃州。② 元时为肃州路。③

胭脂城。在州北，西夏时置。

**州境：**

去沙州 1500 里。去长安 2800 里，东至甘州 420 里，西至玉门关 70 里，又 410 里瓜州，南蕃界，北回鹘界。④

**土产：**

野马皮、肉苁蓉、柏脉根⑤、麸金⑥。

**风俗：**

与凉州同。

**形胜：**

玉门军。本废玉门县，唐开元中置，隶河西节度，在州西二百里。⑦

酒泉废县。汉福禄县地。《通典》曰："县有古长城，汉遮罗障也。隋初，废酒泉郡，置酒泉县，为肃州治。炀帝初，州县俱省。义宁元年（617）复置酒泉县。唐武德二年（619）仍为肃州治。后没于吐蕃。"

玉门城。西二百里。汉县，属酒泉郡。后汉因之。阚骃曰："汉罢玉门关屯，徙其人于此，因名。晋仍属酒泉郡。"《五代志》："后魏尝置玉门郡于此。

---

① 《宋史》卷四八六《夏国传下》。

② 《元史》卷一二二《昔里钤部传》之《大元肃州路也可达鲁花赤世袭之碑》。白滨、史金波：《〈大元肃州路也可达鲁花赤世袭之碑〉考释——论元代党项人在河西的活动》，《民族研究》1979 年第 1 期。

③ 《读史方舆纪要》卷六三《陕西十二》。

④ 《武经总要》卷一九《西蕃地里》。

⑤ 《太平寰宇记》卷一五二《陇右道三》。《千金翼方》卷一《药录纂要》，载《孙思邈医学全书》，中国中医药出版社 2009 年版，第 570 页。"肃州：肉苁蓉、百脉根。"

⑥ 《文献通考》卷三二二《舆地考八》。

⑦ 《武经总要》卷一九《西蕃地里》。

西魏大统十二年（546）凉州刺史宇文仲和据州叛。瓜州民张保据州城应之。晋昌民吕兴亦据郡应保。宇文泰遣史宁至凉州，保遣州主簿令狐整将兵救仲和。整行及玉门，还击保，先克晋昌，进击瓜州。保奔吐谷浑。所谓玉门，即此城也。"《唐志》："河西节度使统玉门军，在酒泉郡西二百里，即汉故县城矣。"宋白曰：县石门周匝山间，径二十里，众流北入延兴海。唐开元十五年（727）吐蕃陷瓜州，进攻玉门军。五代晋天福三年（938）《高居诲使于阗记》：自肃州西渡金河百里，出天门关。又西百里出玉门关，亦即玉门城矣。①

威远城。在州北。《唐志》："肃州有酒泉、威远二守捉城。"

崆峒山。在州东南 60 里。

昆仑山。在州西南 250 里，南与甘州山连。其巅峻极，经夏积雪不消，俗呼雪山。

黑水。在州西北 15 里。自沙漠中南流，经黑山下，又南合于白水。

金河，在州西。《高居诲使于阗记》："从甘州而西，始涉沙碛。又西北行五百里，至肃州，渡金河，西百里出天门关云。唐置金河戍。"

土隗口。在北塞外。宋大中祥符二年（1009）契丹伐回鹘，破肃州。先是，契丹将萧图玉伐回鹘，入甘州。至是，复破肃州，尽俘其民，修土隗口故城以实之。


## 12. 瓜州

瓜州（今甘肃酒泉市瓜州县境），又译"合州"②，别名晋昌郡。古西戎地。其地生美瓜，故名之。战国时，为月支所居。秦末汉初，属匈奴，武帝以后，为敦煌郡地。后汉、魏、晋皆因之。晋惠帝元康五年（295），分置晋昌郡。西凉时，又为会稽、常乐二郡地。隋废以属敦煌郡，置瓜州。唐改为

---

① 《读史方舆纪要》卷六三《陕西十二》。
② 《元史》卷一四九《移剌捏儿传》："癸未，从帝征河西，取甘、合、辛、蛇等州。"胡小鹏：《试揭"尧呼儿来自西至哈至"之谜》，《民族研究》1999 年第 1 期。

晋昌郡，复为瓜州。广德后，没吐蕃。领县二，治晋昌。晋昌（唐县）。有伊吾故城、白水、昆仑障。后魏明帝置会稽郡于此。常乐（唐县）。大中时为张议潮所取。五代后属甘州回鹘、西夏，宋初属西夏。[①] 天盛时期，有中等司瓜州监军司、下等司瓜州转运司。夏亡，州废。

**州境：**

东西 393 里，南北 684 里。东至肃州 520 里，西至沙州 280 里，南至新昌镇，北豹门守捉，西北至伊州界 500 里。[②]

**土产：**

贡野马革、草鼓子[③]、甘草[④]、紧鞋、矾、胡桐律、乳香、硇砂、玉团。[⑤]

**风俗：**

与凉州同。

**形胜：**

晋昌废县，唐瓜州治所。本汉敦煌郡冥安县地。隋为常乐县地。唐武德四年（621），改置晋昌县于此，寻为州治。至德以后，没于吐蕃。宋时，西夏亦置晋昌县。元废。[⑥]


## 13. 沙州

沙州（今甘肃省敦煌市境），又译"蛇州"[⑦]，别名敦煌郡，治敦煌。昔舜流三苗于三危，即其地。其后子孙为羌戎，代有其地，谓之瓜州。亦古流沙地（其沙风吹流行，在郡西 80 里），又黑水之所经（黑水自北而南，经三

---

①　《读史方舆纪要》卷六四《陕西十三》。
②　《武经总要》卷一九《西蕃地里》。
③　《太平寰宇记》卷一五三《陇右道四》。
④　《千金翼方》卷一《药录纂要》，载《孙思邈医学全书》，中国中医药出版社 2009 年版，第 570 页。
⑤　《宋史》卷四九〇《沙州传》。
⑥　《读史方舆纪要》卷六四《陕西十三》。
⑦　《元史》卷一四九《移剌捏儿传》："癸未，从帝征河西，取甘、合、辛、蛇等州"。

危，过梁州，入南海）。秦及汉初，为月支、匈奴之境。武帝开其地，后分酒泉置燉煌郡（燉，大。煌，盛也）。后汉、魏、晋皆因之。凉武昭王始都于此。后魏、后周并为燉煌郡。隋初郡废，置瓜州。炀帝初废州，复置燉煌郡。唐武德二年（619），改曰沙州。五年（622），又改为西沙州。贞观七年（634），复曰沙州。天宝初，曰敦煌郡。乾元初，复故。广德后，没吐蕃。大中三年（849），张议潮以州归朝，置归义军授之。其后曹义金、曹元德等相继有其地。终五代之季，瓜、沙二州，皆附于中国。宋初亦羁属。大中祥符六年（1013），沙州曹贤顺入贡，授归义节度使，寻亦附于契丹。天禧三年（1019），契丹册贤顺为敦煌郡王。① 宋仍为沙州，景祐初，西夏陷瓜、沙、肃三州，尽得河西故地。西夏中期沙州监军司、瓜州监军司即向设在凉州的西经略司负责。沙州和瓜州各设刺史一名，主要负责监军司辖区内的监察事务。西夏还在沙州和瓜州分设转运司，负责处理催租及与水渠、田地相关的事务。② 沙州位于西夏最西陲，因此在沙州设立负责边防地区理财的机构沙州经制司。沙州，即敦煌郡，自瓜州分置。西夏天祐民安八年，即辽寿昌三年、北宋绍圣四年（1097），之后重新加强了对西陲喀喇汗王朝的防范，将最西面的沙州升格为甲类的沙州监军司，同时在肃州设立乙类的肃州监军司，这样由西向东构筑了沙、瓜、肃三监军司的驻军体系。元初，置沙州，寻为沙州路。③

**州境：**

东至瓜州 280 里，南至寿昌废县中界 50 里，以破石亭为界去鄯善国 1500 里，南至故南口烽 350 里，烽以南即吐谷浑界，北至故咸泉戍 336 里与伊州分

---

① 《读史方舆纪要》卷六四《陕西十三》。

② 陈光文：《西夏时期敦煌的行政建制与职官设置》，《敦煌研究》2016 年第 5 期。

③ 《读史方舆纪要》卷六四《陕西十三》。《元史》卷六〇《地理志三》："元太祖二十二年（1227），破其城以隶八都大王。至元十四年（1277），复立州。十七年，升为沙州路总管府，瓜州隶焉。（沙州去肃州千五百里，内附贫民欲乞粮沙州，必须白之肃州，然后给与，朝廷以其不便，故升沙州为路。）"

界，东南至瓜州界350里，西南至郡废寿昌县界290里，西北至阿苍烽242里，与废寿昌县分界，东北至伊州界386里。① 沙州去肃州1500里。②

**风俗：**

与甘、肃州同。

**土产：**

石膏③、黄礬、棋子、名马、麝香。④

**形胜：**

鸣沙山。在沙州城南7里。一名沙角山，又名神沙山。峰峦险峻，天气晴明，沙鸣闻于城内。其沙或随人足而堕，经宿辄还山上。高居诲云：瓜州南十里有鸣沙山，冬夏殷殷有声如雷，即《禹贡》之流沙。⑤ 又东南10里，即三危山。

三危山。沙州东南20里。⑥

玉门故关，汉置。二关之西300余里有菖蒲海，一名盐泽，广袤三四百里，则葱岭、于阗两河之所注。⑦

敦煌废县。汉县，为敦煌郡治。魏晋仍为敦煌县。后为前后凉及西凉所据。南朝宋永初元年（420），沮渠蒙逊围李歆于敦煌，筑堤壅水以灌其城，遂克之。后魏亦为瓜州治。后周改县为鸣沙县。隋大业中，复曰敦煌。大业三年（607），裴矩造西域地图，从西倾以去纵横所亘，将2万里。发自敦煌，至于西海，凡为三道。北道从伊吾，中道从高昌，南道从鄯善，总凑敦煌。唐亦为沙州治，兼置豆卢军于城内。其后没于吐蕃。大中以后，迄于宋世，

---

　　① 《太平寰宇记》卷一五三《陇右道四》。
　　② 《元史》卷六〇《地理志三》。
　　③ 《千金翼方》卷一《药录纂要》，载《孙思邈医学全书》，中国中医药出版社2009年版，第570页。
　　④ 《太平寰宇记》卷一五三《陇右道四》。
　　⑤ 《读史方舆纪要》卷六四《陕西十三》。
　　⑥ 《读史方舆纪要》卷六四《陕西十三》。
　　⑦ 《读史方舆纪要》卷六四《陕西十三》。

羁属而已。西夏仍为沙州治。元初，置沙州，以敦煌县并入。[①]

玉门关。汉时，设在龙勒县，在寿昌县西北 180 里。玉门关为都尉治，通西域。后汉建武中，闭玉门关，谢西域之质。隋大业四年（608），遣将薛世雄等出玉门，击伊吾。七年（611），遣裴矩驰至玉门关，晓谕西突厥处罗入朝，即汉玉门故关。西夏时，为沙州西界，西接西州回鹘。

阳关。在汉寿昌县西。玉门关之南。《高居诲使于阗记》：从沙州西渡都乡河，曰阳关。欧阳铉曰：关在寿昌县西六里，为西域之要隘。

圣宫（莫高窟）。在莫高窟西夏题记中有所谓"圣宫""朝廷圣宫"，莫高窟在西夏时期佛寺中地位崇高。

### 14. 伊州

伊州（今新疆哈密市境），别名伊吾郡，在敦煌北。大碛之外，为戎狄之地，非九州岛之限。东汉明帝始征取伊吾卢地，即此也。尔后多为屯田兵镇之所，未为郡县。后魏始置伊吾郡，后又为戎胡所据。唐贞观四年（630），突厥亡，伊吾城主入朝，举其属七城来降，因置西伊州。六年（632），改曰伊州。十二年（638），为高昌及西突厥所侵，乃发兵击灭高昌。开元中，置天山军于州城内，属北庭节度使。天宝中，改曰伊吾郡。乾元初，复曰伊州。广德后，没于吐蕃。高居诲曰：伊吾卢，土名胡卢碛。地无水，常寒，多雪。贡香枣、阴牙角、胡桐律。领县三，治伊吾。伊吾（汉置伊吾屯。后魏为县。有天山，匈奴过之，皆下马拜。一名雪山）纳职（唐置。后汉破匈奴呼衍王，取其地，置宜禾都尉，以为屯田。今伊吾故城也）柔远。五代时曰胡卢碛，为仲云之族牙帐。仲云，小月氏之遗种也。[②] "衣冠既就，文字既行，礼乐既张，器用既备，吐蕃、达靼、张掖、交河，莫不服从。"[③] 天授礼法延祚五年，

① 《读史方舆纪要》卷六四《陕西十三》。
② 《文献通考》卷三二二《舆地考八》。
③ 《续资治通鉴长编》卷一二三，仁宗宝元二年（1039）春正月辛亥条。

即辽重熙十一年、宋庆历二年（1042），冬十月癸巳延州言元昊遣伪六宅使伊州刺史贺从勗来纳款。① 天盛初政区未有伊州之名，后期仍设置伊州。②

**州境：**

东西 1015 里，南北 490 里。东南至东京 5570 里，东南至西京 5150 里，东南至长安 3300 里，东南至沙州沙碛，无行路马道，至瓜州郡界不知远近。西南入沙州沙碛，无道路。正南微东取稍竿馆路至沙州 700 里。西南至西州 750 里。东北至折罗漫山 340 里，其山北有大川入回纥界，马行三十日，无里数。西北至折罗漫山 146 里，其山北有大川连大碛，入金山歌罗禄住处。北至伊吾军 300 里即北戎界。③

**风俗：**

与甘、肃州同。土良沃，人骁悍，为控扼西番之要地。④

**土产：**

伏翼、葵子⑤、葭苇、柽柳、胡桐、白草、阴牙角。⑥

## （三）河湟之州

### 1. 西宁州

西宁州治青唐城（在今青海西宁）。原为宋西宁州，西夏大德二年，即金

---

① 《续资治通鉴长编》卷一三八，仁宗庆历三年（1043）正月癸巳条。《续资治通鉴长编》卷一三八，仁宗庆历三年（1043）正月乙卯条，韩琦、范仲淹等言："今昊遣人赴阙将议纳和，其来人已称六宅使、伊州刺史，观其命官之意欲与朝廷抗礼。"

② 参看杨蕤《西夏地理研究》第一章的伊州问题（人民出版社 2008 年版，第 104—108 页）。另外，黑水城军事文书 инв. №8185《黑水副将上书》中"𘓺𗴅𘒫𘓺𘋊"的译文，可音译为"伊州方安县"，与肃州邻近，是西夏末期乾定酉年的西北边境情况。（西夏文录文见聂鸿音：《关于黑水城的两件西夏文书》，载《中华文史论丛》第 63 辑，2000 年，第 133—146 页）

③ 《读史方舆纪要》卷六五《陕西十》。

④ 《读史方舆纪要》卷六五《陕西十》。

⑤ 《千金翼方》卷一《药录纂要》，载《孙思邈医学全书》，中国中医药出版社 2009 年版，第 570 页。

⑥ 《太平寰宇记》卷一五三《陇右道四》、卷一八一《四夷十》。

天会十四年、南宋绍兴六年（1136），为西夏所取。① 永安二年，即辽寿昌五年、北宋元符二年（1099），陇拶降，建为鄯州，仍为陇右节度，三年弃之。贞观四年，即辽乾统四年、宋崇宁三年（1104），宋收取，建陇右都护府，改鄯州为西宁州，又置倚郭县。赐郡名曰西平，升中都督府。三年，加宾德军节度。五年，罢倚郭县。东至保塞砦57里，西至宁西城40里，南至清平砦50里，北至宣威城50里。②

清平寨（今青海省湟中县东南拉鸡山，湟中县上新庄乡新城村与加乐村间），旧名溪兰宗堡，属吐蕃，后随西宁州入西夏。东至廓州绥平堡35里，南至怀和寨界25里，西至赤铁岭堠子120里，北至西宁州界25里、至西宁州90里。③

绥边寨（今青海互助县南），旧名宗谷，属吐蕃。贞观四年，即辽乾统四年、宋崇宁三年（1104），宋筑寨更名，西夏正德五年，即金天会九年、南宋绍兴元年（1131），被金攻占，西夏大德二年，即金天会十四年、南宋绍兴六年（1136），入西夏。东至龙支城界60里，西至宣威城界30里，南至西宁州界32里，北至乳骆河界南1里。④

宁西城（今青海省湟中县多巴乡多巴村），⑤ 原属吐蕃唃厮啰。贞观四年，即辽乾统四年、宋崇宁三年（1104），宋收取，更名宁西城，隶鄯州。西夏正德五年，即金天会九年、南宋绍兴元年（1131），被金攻占。西夏大德二年，即金天会十四年、南宋绍兴六年（1136），入西夏。东至西宁州40里，南至金雕岭20里，西至厮哥罗川100里，北至金谷诡40里。⑥

---

① 《西夏书事》卷三四。按：《读史方舆纪要》卷六四《陕西十三》，第3005页载："西宁州，南疲后荒弃，元得其地，仍置西宁州"。据此，则西夏时似未设西宁州。《元史》卷一《太祖纪》记载太祖二十二年（1227），破西宁。则西夏当有西宁州，或后置。

② 《宋史》卷八七《地理志三》。

③ 鲁人勇：《西夏地理志》，第203页。

④ 鲁人勇：《西夏地理志》，第205页。

⑤ 鲁人勇：《西夏地理志》，第203页。

⑥ 王天顺：《西夏地理研究》，第178页。

### 2. 乐（湟）州

乐州，原名湟州，后改称乐州，西夏时期治邈川城（在今青海乐都县）。原为宋乐州，西夏大德二年，即金天会十四年、南宋绍兴六年（1136），为西夏所取。[①] 西夏崇宗李乾顺于大德二年，即金天会十四年、南宋绍兴六年（1136），取西宁州、乐州。次年，金以积石、乐州、廓州等"河外三州赐夏人"[②]。金正式将积石、乐、廓三州划给西夏。西夏末仍有乐州，或废而复置。[③] 东至把拶宗 60 里，西至龙支城界 60 里，南至来羌城界 140 里，北至界首赊吼岭 110 里。[④]

通湟寨（今青海乐都县阿兰堡南），原名啰兀抹通城，属吐蕃。永安二年，即辽寿昌五年、北宋元符二年（1099），宋收取，次年更名通湟寨。南渡后入金，西夏大德三年，即金天会十五年、南宋绍兴七年（1137），入西夏，隶乐州。[⑤]

德固寨（今青海民和县马营乡黑古城村北），宋德固寨为乐州辖寨。南渡后入金，西夏大德三年，即金天会十五年、南宋绍兴七年（1137），入西夏，仍隶乐州。[⑥]

安陇寨（今青海民和县西），原名陇朱黑城，属吐蕃。永安二年，即辽寿昌五年、北宋元符二年（1099），宋收取，次年更名安陇寨，旋复失于吐蕃，西夏贞观三年，即辽乾统三年、宋崇宁二年（1103），六月，宋再度收复。西夏正德五年，即金天会九年、南宋绍兴元年（1131），被金攻占。[⑦] 西夏大德

---

① 《西夏书事》卷三四。
② 《金史》卷七八《刘筈传》。
③ 按：《读史方舆纪要》卷六四《陕西十三》："乐州，后没于金，州废"。然《嘉庆重修一统志》卷二六《凉州府乐都故城》言，"乐州后属西夏，元断"。西夏末期仍有乐州。
④ 《宋史》卷八七《地理志三》。
⑤ 鲁人勇：《西夏地理志》，第 199 页。
⑥ 鲁人勇：《西夏地理志》，第 199 页。
⑦ 鲁人勇：《西夏地理志》，第 200 页。

三年，即金天会十五年、南宋绍兴七年（1137），随乐州入西夏。东至赤沙岭 30 里，西至麻宗山脚 25 里，北至通湟寨 25 里。①

来宾城（今青海民和县南境中川乡辛家村丹阳古城），原为吐蕃唃厮啰所筑，名乩当川。永安二年，即辽寿昌五年、北宋元符二年（1099），宋收取，贞观四年，即辽乾统四年、宋崇宁三年（1104），宋赐名来宾城。西夏正德五年，即金天会九年、南宋绍兴元年（1131），被金攻占。大德三年（1137）随乐州入西夏。②

宗哥城（今青海平安县东村），永安二年，即辽寿昌五年、北宋元符二年（1099），宋收取，更名龙支城，旋复失于吐蕃。贞观四年，即辽乾统四年、宋崇宁三年（1104），四月，再度收复。西夏正德五年，即金天会九年、南宋绍兴元年（1131），被金攻占。西夏大德二年，即金天会十四年、南宋绍兴六年（1136），入西夏。东至乐州 60 里，西至西宁州 80 余里。③

### 3. 廓州

廓州治宁塞城（在今青海省尖扎县北）。前身为宋廓州，西夏大德三年，即金天会十五年、南宋绍兴七年（1137），为西夏所得。④ 永安二年，即辽寿昌五年、北宋元符二年（1099），宋以廓州为宁塞城。贞观四年，即辽乾统四年、宋崇宁三年（1104），弃之，是年收复，仍为廓州。城下置一县，五年罢。西夏贞观九年，即辽乾统九年、北宋大观三年（1109），为防御。东至宁塞砦 17 里，西至同波北堡不及里，南至黄河不及里，北至肤公城界 15 里。⑤

肤公城（今青海化隆县黑城乡城车村），原为吐蕃结啰城，贞观四年，即辽乾统四年、宋崇宁三年（1104），被宋攻取，更名肤公城。属廓州，南至州

---

① 王天顺：《西夏地理研究》，第 178 页。
② 鲁人勇：《西夏地理志》，第 201 页。
③ 鲁人勇：《西夏地理志》，第 201 页。
④ 《西夏书事》卷三五。
⑤ 《宋史》卷八七《地理志三》。

30 里。西夏正德五年，即金天会九年、南宋绍兴元年（1131），被金攻占。西夏大德三年，即金天会十五年、南宋绍兴七年（1137），随廓州入西夏。①

### 4. 积石州

积石州，即祁安城，治溪哥城（在今青海省贵德县西）。金天会中，诏以旧积石地与夏人，夏人谓之祁安城。②

祈安城（今青海贵德县阳镇），古浇河城，在黄河北岸。天仪治平三年，即辽大安五年、北宋元祐四年（1089），吐蕃唃厮啰攻占其地。西夏贞观八年，即辽乾统八年、北宋大观二年（1108），唃厮啰溪哥王子臧征扑哥以城降，宋以其地置积石军。西夏正德五年，即金天会九年、南宋绍兴元年（1131），陷金为积石州。金遂改溪哥城为祈安城，仍为积石州治。西夏大德三年，即金天会十五年、南宋绍兴七年（1137），入西夏。③

溪哥城（积石军），西夏贞观六年，即辽乾统六年、北宋崇宁五年（1106），乾顺纳款，大观间环庆蕃将李遇昌及其父讹移叛归其国，渐用事，引夏人入寇，徽宗因遣童贯为陕西经略制置使，贯出讨溪哥臧征仆哥城，复积石军。④

### 5. 兰州

兰州（今甘肃兰州市），别名金城郡。《禹贡》雍州之域，古西羌地。秦陇西郡地。汉属金城郡，昭帝置，以其地并狄种，故曰狄道；筑城得金，故曰金城。后汉、魏、晋因之。前凉张寔置广武郡，张骏又分置武始郡。西秦

---

① 鲁人勇：《西夏地理志》，第 200 页。
② 《金史》卷九一《结什角传》。《西夏书事》卷三五。绍兴七年（1137）金以积石州地与夏。
③ 《金史》卷九一《结什角传》："初，天会中，诏以旧积石地与夏人，夏人谓之祈安城。有庄浪四族，一曰吹折门，二曰密臧门，三曰陇逋门，四曰庞拜门，虽属夏国，叛服不常。大定六年（1166），夏人破灭吹折、密臧二门，其陇逋、庞拜二门与乔家族相邻，遂归结什角。"鲁人勇：《西夏地理志》，第 205—206 页。
④ 《宋史》卷四六八《童贯传》。

乞伏国仁都苑川，南凉秃发乌孤都广武，皆是地也（苑川在今五泉县，广武即今广武县）。后魏、后周并属武始郡。隋初郡废，置兰州（盖取兰皋山为名）。大业初，复曰金城郡。唐又为兰州。天宝初，亦曰金城郡。乾元初，复故。及广德以后，兰州没于吐蕃，而西凉不复为王土。大中间，兰州亦尝顺命，而仅同羁属矣。宋仁宗景祐三年（1036）西夏元昊攻占兰州。西夏大安八年，即北宋元丰四年、辽大康七年（1081），宋将李宪败夏人，始复城兰州。建炎后，没于金。宋徽宗时金占领兰州，与西夏隔河争斗。西夏天盛十三年，即金正隆六年、南宋绍兴三十一年（1161）收复，旋失。金亦为兰州，以州治兰泉县省入。元因之。①

定西城。西夏大安八年，即北宋元丰四年、辽大康七年（1081），以兰州西使城为定西城。五年，改定西城为通远军，以汝遮堡为定西城，属通远军。

西市新城。在州东南70里，宋时夏人所置也。西夏大安八年，即北宋元丰四年、辽大康七年（1081），宦者李宪败夏人于此，又袭破之于汝遮谷，遂复古兰州，城之。又大定城，在州北，亦夏人所置。元丰中，与宋分界处也。近代议边事者，谓复大定城，则可屯矿兵以守河北。盖其地常为寇冲云。

金城关。州北二里当黄河西北山要隘处。本汉置。后废。宋绍圣四年（1097），复置关于此，据河山间，筑城为固。西夏贞观三年，即辽乾统三年、宋崇宁二年（1103），王厚请移关于北境之研龙谷。不果。今设巡司于河南岸。京玉关在州西北45里。本名把拶桥。永安三年，即辽寿昌六年、北宋元符三年（1100），置关，赐今名。金因之。元废。

西关堡。在州西，西夏大安九年，即北宋元丰五年、辽大康八年（1082），置，寻废。金复置。《金志》云：关逼临黄河，与夏人接界。元废。

---

① 《读史方舆纪要》卷六〇《陕西九》。

定远城。在县西北 40 里。唐置。宝应间，陷于吐蕃。宋熙宁中，种谊筑城，以屯戍兵。后废。西夏天祐民安三年，即辽大安八年、宋元祐七年（1092），复筑。东至安西城 80 里，西至东关堡 50 里，南至龛谷堡 30 里，北至黄河 107 里。政和四年（1114），夏人攻拔之，迁其民筑臧底河城。五年（1115），宋将王厚等攻之，大败而还。六年（1116），渭州将种师道攻克之。金大定中，升为县，属兰州。后改属会州。正大间，属金州。元废为镇。

京玉关。永安三年，即辽寿昌六年、北宋元符三年（1100），赐名，本号把掇桥。东至西关堡 40 里，西至通川堡 40 里，南至临洮堡 139 里，北至虱六岭分界 30 里。

**州境：**

东西 217 里，南北 610 里。东至会州 420 里，南至渭州 400 里，西至鄯州 405 里，西北至凉州 540 里，东北至会州 420 里。

**户：**

崇宁户 395，口 981。①

**风俗：**

与秦渭州同。（风俗：秦州，天水陇西六郡，良家子以才力选焉，君子有勇而无义即为乱，小人有勇而无义即为盗，故此陇右数郡人俗质木，不耻寇盗。②）

**土产：**

防葵、鹿角胶③、甘草。④

① 《宋史》卷八七《地理志三》。

② 《太平寰宇记》卷一五〇《陇右道一》。

③ 《千金翼方》卷一《药录纂要》，载《孙思邈医学全书》，中国中医药出版社 2009 年版，第 570 页。

④ 《宋史》卷八七《地理志三》。

**形胜：**

皋兰山。州南5里，州之主山也。山下地势平旷，可屯百万兵。《汉书》：霍去病为骠骑将军，击匈奴，屯兵皋兰山下。即此。山峡有五眼泉。相传去病屯兵时，士卒疲渴，以鞭卓地，泉涌者五。隋因以山名州，后又以五泉名县。山后又有蛾眉湾，《志》云：在今州东南三十里。又瓦埠山，在州南10里。又州西南15里有第一原。俱皋兰之支阜矣。龙尾山，在州南3里。山形如龙，尾落黄河之壖。《志》云：即府北马寒山之支陇也。又九州台山，在黄河北5里。山形峭拔，直上如台，登之可以望远。

汝遮谷。州东35里。宋李宪与苗缓城兰州，败西夏军于此。

洮水。在州南30里。自狄道县界北流，入于黄河。晋咸和二年（327），凉将韩璞与刘曜子胤夹洮相持70余日，是也。又漓水，在州西南15里。源出塞外，流入州境，合洮水，又流经皋兰山下，东北入于河。即河州之大夏河矣。

湟水。在州西180里。自西宁卫大小榆谷东流入境，与浩河合流而注于黄河。晋太元十九年（394），苻登败死，登子崇奔湟中，即帝位。盖谓湟水之西也。或谓之金城河。①

## 6. 会 州

会州（在今甘肃靖远），别名会宁郡，古西羌地，秦并天下，属金城郡。汉昭帝分天水、陇西、张掖各三县，为金城、安定二郡，此为栎阳县地，属金城。后魏置会宁县，西魏因立会州，后周废。晋为凉州徼外地。隋为原州地。大业初，属平凉郡。唐初，武德二年（619），以平凉郡会宁镇置西会州。九年（626），突厥寇西会州。天宝初，曰会宁郡。乾元初，复曰会州。广德后，没于吐蕃。大中间来归，寻复为蕃戎所据。宋天圣以后，属于西夏。② 原

---

① 《读史方舆纪要》卷六〇《陕西九》。
② 《读史方舆纪要》卷六二《陕西十一》。

领县二：会宁；乌兰。① 永安二年，即辽寿昌五年、北宋元符二年（1099），宋收复，始建筑，仍置会州，割安西城以北六砦隶州。贞观四年，即辽乾统四年、宋崇宁三年（1104），置倚郭县曰敷文，又以会州隶泾原路。② 会州城去河300余步，矢石不及，不可系桥。又河中有滩碛，自中滩至河北岸5里，悬崖陡岸，无可置关处。③ 西夏正德元年，即金天会五年、宋靖康二年（1127），宋金分割楚、夏疆封，自麟府路洛阳沟距黄河西岸，西历暖泉堡，鄜延路米脂谷至累胜寨，环庆路威边寨逾九星原至委布谷，泾原路威川寨略古萧关至北谷，秦凤路通怀堡至古会州，自此距黄河，依见流分熙河路尽西边，以限楚、夏之封，或指定地名有悬邈者，相地势从便分画。④ 会州地遂归金。西夏天盛十三年，即金正隆六年、南宋绍兴三十一年（1161），宋收复，旋失。⑤ 没于金。西夏乾祐十三年，即金大定二十二年、南宋淳熙九年（1182），金于会州置保川县。明年归于西夏。元朝初移治西宁县（今甘肃省会宁县东），至元七年（1270），废西宁县入会州，属巩昌总帅府。至正十二年（1352），改为会宁州。

德威城，本名清水河。西夏雍宁二年，即辽天庆五年、北宋政和五年（1115），宋将童贯遣秦凤将刘仲武出会州，至清水河，筑城屯守而还。赐名曰德威城。西去黄河四里。

迭烈孙堡，（明靖远卫，原会州）北90里。西夏所置。⑥

青南纳心城（甘肃会宁郭城乡境），西夏会州地，天祐民安九年，即辽寿昌四年、宋元符元年（1098），陷宋更名会川城。东南至通安寨60里，南至

---

① 《太平寰宇记》卷三七《关西道一三》："会州，元领县二：会宁、乌兰。"《宋史》卷四八五《夏国传上》载，宋雍熙二年（985）三月，李继迁军"破会州，焚毁城郭配去。"可见该州此时尚属宋方，然不知此时州之建制存否。《读史方舆纪要》卷六二《陕西十一》历城条言，"乌兰县，属会州。后没于吐蕃县废"，则乌兰县唐时已废，入夏后会州或仅辖原会宁一县区域。

② 《宋史》卷八七《地理志三》。

③ 《续资治通鉴长编》卷五一四，哲宗元符二年（1099）八月甲午条。

④ 《金史》卷一三四《西夏传》。

⑤ 《文献通考》卷三二二《舆地考八》。

⑥ 《读史方舆纪要》卷六二《陕西十一》。

会宁关 60 里，西至熙河路定远城 150 里，北至新泉寨 40 里。①

东冷牟会（今甘肃靖远县大芦乡），西夏会州地，天祐民安九年，即辽寿昌四年、宋元符元年（1098），陷宋更名新泉寨。东至怀戎堡白草原 30 里，南至会川城 30 里，西至粗儿原 35 里，北至会州 40 里。②

接应堡，原西夏会州地，西夏雍宁三年，即辽天庆六年、北宋政和六年（1116），宋筑新城赐名静胜，在黄河南岸，与河北夏国卓啰监军司地分相望。

治安城，西夏雍宁四年，即辽天庆七年、北宋政和七年（1117），夏人筑日木多泉于兰、会，号治安城。③

割牛城（今甘肃永登县西南），西夏雍宁五年，即辽天庆八年、宋重和元年（1118），乾顺筑割牛城于乩六岭宋夏交界处。宋破之，改名统安城。次年，乾顺之弟察哥在统安城大败宋军，遂收复。④

**州境：**

其境东西 510 里，南北 330 里。东至秦凤路界 62 里，西至原川子 100 里，南至定西砦 27 里，北至平西砦 33 里。⑤ 东故原州 400 里，西凉州 600 里，南兰州 420 里，北灵州 600 里。关二：乌兰关，会宁关西 40 里。会宁关，州西北 180 里。⑥

**户：**

开元户 3540，蕃、汉杂处。

**风俗：**

其地"面山背河，地势险阻"⑦，地瘠人贫。⑧ 风俗同原州，即地广人稀，

---

① 王天顺：《西夏地理研究》，第 176 页。
② 王天顺：《西夏地理研究》，第 176 页。
③ 《初寮集》卷六。
④ 鲁人勇：《西夏地理志》，第 197—198 页。
⑤ 《宋史》卷八七《地理志三》。
⑥ 《武经总要》卷一九《西蕃地里》。
⑦ 《读史方舆纪要》卷六二《陕西十一》。
⑧ 《续资治通鉴长编》卷四四四，哲宗元祐五年（1090）六月辛酉条。

质木，不寇盗。①

土产：

鹿胎、野马皮、覆鞍毡、鹿尾、靴、白角簟、驼褐。②

附：新会州，唐初改西会州，又为粟州，又为会宁郡，又为会州。旧名汝遮，宋绍圣三年（1096）筑，赐名，后置敷川县。金置保川县，陷于河西，侨治州西南百里会川城，名新会州。③户8918。贞祐初，夏人攻新会州，统军使署征行万户，升副统，与夏人战于窄土峡，先登陷阵，赏银50两。④西夏光定十三年，即金元光二年、南宋嘉定十六年（1223），是年冬，郭虾蟆与巩州元帅田瑞攻取新会州。虾蟆率骑兵500皆被赭衲，蔽州之南山而下，夏人猝望之以为神。城上有举手于悬风版者，虾蟆射之，手与版俱贯。凡射死数百人。夏人震恐，乃出降。⑤元初弃新会州，迁于所隶西宁县。至元七年（1270），并县入州。⑥

附：

府夷州（𦥑𦥯𦦭），天盛时期行政建置，次等司，判护司1正、1副、1同判、1经判等四职，都案2人，案头6人。或即镇夷郡，在甘州，西夏西院所在地。⑦

中府州（𦥯𦥑𦦭），天盛时期行政建置，次等司，判护司1正、1副、1同判、1经判等四职，都案2人，案头6人。或为西夏北院所在地。⑧

---

① 《太平寰宇记》卷三三《关西道九》。
② 《太平寰宇记》卷三七《关西道十三》。
③ 《元史》卷六〇《地理志三》。
④ 《金史》卷一〇三《乌古论长寿传》。
⑤ 《金史》卷一二四《郭虾蟆传》。
⑥ 《元史》卷六〇《地理志三》。
⑦ 杨蕤：《西夏地理研究》，第132—133页。
⑧ 刘菊湘：《西夏地理中几个问题的探讨》，《宁夏大学学报》1998年第3期；李学江：《〈天盛律令〉所反映的西夏政区》，《宁夏社会科学》1998年第4期。认为中府州在高油坊遗址。

## （四）其他城司堡寨

### 1. 城司堡寨

边地城司和堡寨是西夏最基层行政建置和军事建置。一些城司和堡寨分布在沿边地区，下辖于监军司，兼有军事与民事职能。①

（1）《天盛律令》中的城司堡寨

《天盛律令》中记载了天盛时期列入司等的城司堡寨。《天盛律令》卷一○《司序行文门》记载有 23 种地边城司：永便、孤山、魅拒、西宁、边净、末监、胜全、信同、应建、争止、甘州、龙州、远摄、合乐、真武县、年晋城、定功城、卫边城、折昌城、开边城、富清县、河西县、安持寨。设置 1 城主、1 通判、1 城观、1 行主等 4 人。此外，还有鸣沙城司，设置 1 城主、1 副、1 通判、1 城守，② 西院城司，设置 1 城主、1 同判、1 城守，宥州城司设置 1 城主。③ 堡寨有 9 处，分别是绥远寨、西明寨、常威寨、镇国寨、定国寨、宣德堡、安远堡、夏州、凉州。设有 1 寨主、1 寨副、1 行主。此外，讹尼寨设 1 寨主、1 副，绥州位列堡寨，但无明确职官设置。

（2）传统史籍中的西夏城司、堡寨

传统史籍记载中未纳入本章具体州的城司、堡寨：

乞邻古撒城，在陕西榆林地区，西夏桓宗天庆十二年，即金泰和五年、南宋开禧元年（1205），被蒙古铁木真攻破。

---

① 王天顺：《西夏地理研究》，第 157—179 页，简要考证了宋夏沿边堡寨的地望、沿革，主要是对西夏前期边界宋堡寨的介绍；杨蕤：《西夏地理研究》，人民出版社 2008 年版，第 126—128 页，考证龙州（石堡寨）、绥远寨；鲁人勇：《西夏地理志》，第 106—206 页，注重对宋夏沿边一些堡寨地望、遗址的考察。

② 《天盛改旧新定律令》卷一○《司序行文门》。"一司鸣沙城司一城主、一副、一通判、一城守。"

③ 推测宥州城司此时已为金所占，级别下降如同寨，或者只虚设城主。

兀纳剌城，又作兀剌孩城、兀剌海城、斡罗孩城①、黑水城②，元太祖四年（1209）为蒙古军所攻克。③

兀喇城，夏州城。④

马练城，西夏城，南接宋秦凤路德威城。⑤

乌纳城，李氏国凉帅城。⑥

水波城，西夏城。西夏元德元年，即辽天庆九年、宋重和二年（1119），四月，兰州兵深入取得。⑦

瓦川会（今甘肃兰州市南），西夏城。大庆元年（1036），拓跋元昊破牦牛城，筑瓦川会。⑧

凡川会（兰州南），西夏城，吐蕃通中原要道。大庆元年（1036），拓跋元昊破牦牛城，筑凡川会。⑨

---

① 又名兀剌孩城、兀拉海、衣儿格依城、额里合牙，元太祖二年（1207）克。《元史》卷一《太祖纪》。二年丁卯秋，再征西夏，克斡罗孩城。是岁，遣按弹、不兀剌二人使乞力吉思。

② 黑水城，彻勒城（又作川勒、亦即纳、亦集乃）、亦即纳城（甘州东北边外500里，亦即纳即亦集乃路，原译阿式克巴剌喀孙）、图尔默格依城（《蒙古源流》卷四，《蒙古源流笺证》卷四，《蒙史》卷三《成吉思可汗本纪下》）。

③ 《元史》卷一《太祖纪》："四年己巳春，畏吾儿国来归。帝入河西，夏主李安全遣其世子率师来战，败之，获其副元帅高令公。克兀剌海城，俘其太傅西壁氏。"《元史》卷六〇《地理志三》。"兀剌海路。（阙。太祖四年，由黑水城北兀剌海西关口入河西，获西夏将高令公，克兀剌海城。）"

④ 《陕西通志》卷一四《城池》。

⑤ 《宋史》卷八七《地理志三》："德威城，政和六年（1116），筑清水河新城，赐名，属秦凤路。东至麻累山25里，西至黄河四里，河北倚卓啰监军地分，水贼作过去处，南至啰迷谷口新移正川堡25里，北至北浪口至马练贼城约20余里。"

⑥ 《牧庵集》卷一四《徽州路总管府达噜葛齐兼管内劝农事虎公神道碑》，第16页。

⑦ 《皇宋十朝纲要》卷一八。《武经总要》卷一九《西蕃地里》：清远军东南70里至环州美泥砦，西北50里至浦洛河，又70里至圣泉，70里至定边镇，又50里至灵州西甜水堡五里南，至水波镇40里。

⑧ 《续资治通鉴长编》卷一三二，仁宗庆历元年五月甲戌条："自昊贼破牦牛城，筑瓦川会，而唃厮啰远窜历精城，偷安苟息，其子磨毡角、瞎毡自立，皆为仇敌，尚不能制，矧能为昊贼轻重邪？"《诸臣奏议》卷一三二田况之《上仁宗兵策十四事》。

⑨ 《续资治通鉴长编》卷一一九，仁宗景祐三年十二月辛未："赵元昊自制蕃书12卷，字画繁宂，屈曲类符篆，教国人纪事悉用蕃书。私改广庆三年曰大庆元年。再举兵攻回纥，陷瓜、沙、肃三州，尽有河西旧地。将谋入寇，恐唃厮啰制其后，复举兵攻兰州诸羌，南侵至马衔山，筑城瓦川、凡川会，留兵镇守，绝吐蕃与中国相通路。"

　　打啰城，西夏城，北宋（元丰中）李宪下营打啰城，趋天都，烧南牟府库，次葫芦河而还。①

　　德靖寨（陕西志旦八镇城台村），原属宋保安军，西夏正德三年，即南宋建炎三年、金天会七年（1129），西夏攻取。德靖寨北控洛河川入金汤城路。东至保安军80里，西至庆州荔原堡60里，南至庆州平戎寨50里，北至金汤城60里。②

　　永和城，西夏元德二年，即辽天庆十年、宋徽宗宣和二年（1120），夏人弃。③

　　平夏城（今宁夏固原市黄铎堡村古城址），唐置石门关，宋初称"旧石门城"。庆历中入西夏。西夏天祐民安八年，即辽寿昌三年、北宋绍圣四年（1097），宋泾原路经略使、知渭州章楶攻取并筑城，赐名平夏城，并置泾原路第十一将守之。西夏贞观八年，即辽乾统八年、北宋大观二年（1108），宋在此建怀德军。夏乾定三年，即金天会四年、宋靖康元年（1126），西夏攻取怀德军。④

　　朴龙城，原为西夏城，西夏元德元年，即辽天庆九年、宋宣和元年（1119），四月，北宋兰州兵深入西夏取。⑤

　　西使城（今甘肃定西南），西夏拱化元年，即辽清宁九年、宋嘉祐八年（1063），西使城吐蕃首领禹藏花麻降夏。⑥西夏拱化四年，即辽咸雍二年、北宋治平三年（1066），西夏南扩，后将保泰监军司移至西使城。西夏大安八

---

　　① 《宋史》卷四六七《李宪传》："帝又诏宪领兵直趋兴、灵，董毡亦称欲往，宜乘机协助力入扫巢穴，若兴、灵道阻，即过河取凉州。乃总兵东上，平夏人于高川石峡。进至屈吴山，营打啰城，趋天都，烧南牟府库，次葫芦河而还。"

　　② 鲁人勇：《西夏地理志》，第117页。

　　③ 《东都事略》卷一〇七《种师道传》："陇州防御使俄以都统制与殿前刘延庆步军刘仲武出萧关，夏人弃永和割沓两城而遁。"

　　④ 鲁人勇：《西夏地理志》，第161—162页。

　　⑤ 《皇宋十朝纲要》卷一八。

　　⑥ 《宋会要辑稿》兵二八之二五，第7282、兵二八之二六。

年，即北宋元丰四年、辽大康七年（1081），宋将李宪攻得西使城。

苇城，北宋孔平仲战于此。①

陇城、珠城、阿诺城，西夏拱化三年，即辽咸雍元年、宋治平二年（1065）夏，羌邈奔及阿叔溪心以陇、珠、阿诺三城叛谅祚归厮啰，厮啰不礼，乃复归谅祚。②

练州城，天祐民安九年，即辽寿昌四年、宋元符元年（1098），十月宋刘安、张诚追威明特克济沙北至。③

金粟城、五花城（河西）④。本为辽河西地，辽灭，西夏新筑二城。

冕谷城（今甘肃省榆中县小康营），宋仁宗景祐三年（1036）元昊攻占榆中地，占据吐蕃康古城。改名冕谷城。西夏存储粮草兵器之城，号"御庄"。⑤西夏大安八年，即辽大康七年、北宋元丰四年（1081），九月宋将李宪攻兰州，先下冕谷，发窖取夏军存储之谷及弓箭之类。同年宋于此置冕谷寨。东至定远寨100里，南至通谷堡120里，西至阿干堡70里，北至定远城30里。⑥

罗兀抹通城（今青海省民和县东），永安三年，即辽寿昌六年、北宋元符三年（1100），宋攻取并筑堡，旋即为西夏所攻取，西夏贞观三年，即辽乾统三年、宋崇宁二年（1103），又陷于宋。东至玉京关40里，南至园子堡9里，西至通湟寨40里，北至乩六岭宋夏界80里。⑦

宣威城（今西宁市北大通县新城乡下庙村），旧名牦牛城，隶吐蕃唃厮

---

① 《三朝北盟会编》卷四六。
② 《宋史》卷四九二《唃厮啰传》："治平二年（1065）夏，羌邈奔及阿叔溪心以陇、珠、阿诺三城叛谅祚归厮啰，厮啰不礼，乃复归谅祚，请兵还取所献地，谅祚不之罪，为出万余骑随邈奔、溪心往取，不能克，但取邈川归丁家五百余帐而还。"
③ 《续资治通鉴长编》卷五〇三，哲宗元符元年冬十月己卯条："鄜延路经略使吕惠卿言……二十四日，诚至白地，大破嵬名特克济沙五千余骑，追北至练州城，斩首千余级，获其兵仗、马牛以万计。"
④ 《双溪醉隐集》卷五。"河西有金粟城，西夏所筑。"《松漠记闻》卷一上。"合苏馆河西亦有之有八馆在黄河东，今皆属金人，与金粟城、五花城隔河相近，二城八馆旧属契丹，今属夏人。"
⑤ 《续资治通鉴长编》卷三一六，神宗元丰四年九月乙未条。
⑥ 王天顺：《西夏地理研究》，第176页；鲁人勇：《西夏地志》，第193页。
⑦ 王天顺：《西夏地理研究》，第177页。

啰。西夏贞观四年，即辽乾统四年、宋崇宁三年（1104），入宋，更名宣威城，西夏正德五年，即金天会九年、南宋绍兴元年（1131），被金攻占。西夏大德二年，即金天会十四年、南宋绍兴六年（1136），入西夏。东至绥边寨40里，西至宁西城界35里，南至西宁州界25里，北至南宗岭90里。①

研龙城（西夏卓啰军司境），西夏大安九年，即北宋元丰五年、辽大康八年（1082），为西番董毡、阿里骨、鬼章攻破。②

龊哮城（西夏卓啰军司境），西夏大安九年，即北宋元丰五年、辽大康八年（1082），为西番董毡、阿里骨、鬼章攻破。③

省嵬城，在省嵬山下，西南去兴庆府140里。④

统安城，在宋熙河路与西夏交界处。⑤

海螺城，夏州地城。⑥

绥州城，绥州治所。⑦

盖朱城，又名该朱城，在右厢卓啰监军司境，自喀罗川口北40里至该朱城。⑧

———————

①　鲁人勇：《西夏地理志》，第204页。

②　《续资治通鉴长编》卷三三一，神宗元丰五年十一月戊寅条：熙河兰会路经略司言："董毡、阿里骨、鬼章自言破夏国研龙、龊哮城。"彭向前：《党项西夏名物汇考》，甘肃文化出版社2017年版，第98页，"研龙"即"卓啰"。

③　《续资治通鉴长编》卷三三一，神宗元丰五年十一月戊寅条：熙河兰会路经略司言："董毡、阿里骨、鬼章自言破夏国研龙、龊哮城。"

④　《宁夏府志》卷三《山川》宁夏宁朔县条；卷四《古迹》平罗县条。

⑤　《宋史》卷二二《徽宗纪四》；卷四八六《夏国传下》。"童贯遣知熙州刘法出师攻统安城，夏人伏兵击之，法败殁，震武军受围。"

"宣和元年（1119），童贯复逼刘法使取朔方。法不得已，引兵2万出，至统安城，遇夏国主弟察哥郎君率步骑为三阵，以当法前军，而别遣精骑登山出其后。"

⑥　《延绥镇志》卷一《地理志》。

⑦　《宋会要辑稿》兵二八之三四。

⑧　《续资治通鉴长编》卷四九一，哲宗绍圣四年九月壬申条：利珣又奏："……如卓啰去金城百二十里，欲沂黄河运粮至研龙，然后度河讨定卓啰及盖朱城一带部族，中间有黄河，两岸皆石崖无车路处。"

《续资治通鉴长编》卷五〇五，哲宗元符二年春正月庚戌条：熙河兰会路经略使孙路言："兰州之西喀罗川口有古浮桥旧基，自喀罗川口北四十里至该朱……乞于喀罗川口复修浮桥，于桥之北置七八百步一城，延袤该朱、喀罗，渐至济桑，以通甘、凉，隔绝西蕃、夏贼往来便道，乞措置施行。"

仁多泉城，与熙河相对，西夏贞观八年（1108）筑，西夏雍宁三年，即辽天庆六年、北宋政和六年（1116）春，北宋刘法、刘仲武合熙、秦之师十万攻陷。①

喀罗城，又作革罗城，在熙河地区。②

落思城，西夏城。西夏桓宗天庆十二年，即金泰和五年、南宋开禧元年（1205），蒙古铁木真掠城。③

新和市，西夏与宋和市处，在宋环庆路边境。西夏大安六年，即北宋元丰二年、辽大康五年（1079），宋人纵火焚。④

撒逋达宗城，河州界，黄河之南，洮河之西。西夏大安七年，即北宋元丰三年、辽大康六年（1080），夏人将筑之城。⑤

撒逋宗城，卓啰军司境西夏城。西夏大安八年，即北宋元丰四年、辽大康七年（1081），宋兰州新顺首领巴令谒等三族率所部兵攻夏人撒逋宗城。⑥

---

① 《宋史》卷三五七《何灌传》："童贯用兵西边，灌取古骨龙马进武军，加吉州防御使，改知兰州。又攻仁多泉城，炮伤足不顾，卒拔城，斩首五百级。"卷三六九《张俊传》。"（张俊）宣和初，从攻夏人仁多泉，始授承信郎。"卷四八六《夏国传下》。"（政和）六年（1116）春，刘法、刘仲武合熙、秦之师十万攻夏仁多泉城，三日不克，援后期不至，城中请降，法受其降而屠之，获首三千级。"

② 《续资治通鉴长编》卷五〇六，哲宗元符二年二月丙戌条：熙河兰会路经略司言："洮西沿边安抚司申，夏国衙头首领鄂特丹卓麻于革罗城差蕃部尚锦等赍蕃字……诏熙河兰会路经略使孙路选兵将以讨荡招纳为名，至革罗以来，多方诱谕鄂特丹卓麻等，迎接归汉。"

③ 《元史》卷一《太祖纪》："岁乙丑，帝征西夏，拔力吉里寨，经落思城，大掠人民及其橐驼而还。"

④ 《续资治通鉴长编》卷二九八，神宗元丰二年五月己巳条："乙讹为西人所执，永德等擅发兵出塞追取，纵火焚新和市，遵裕隐庇不治，西人以为言，邻路奏之。"

⑤ 《续资治通鉴长编》卷三〇六，神宗元丰三年七月庚寅条："熙河路经略司言，西界首领禹臧结逋药、蕃部巴鞠等以译书来告夏国集兵，将筑撒逋达宗城于河州界，黄河之南，洮河之西。"《宋会要辑稿》兵二八之二三，第7281页。

⑥ 《宋史》卷一六《神宗纪三》："（九月）戊子，兰州新顺首领巴令谒等三族率所部兵攻夏人撒逋宗城，败之。"《续资治通鉴长编》卷三一六，神宗元丰四年九月辛丑条：熙河路都大经制司言："九月戊子兰州新归顺首领巴令谒等三族，领所部兵攻贼撒逋宗城，斩获三十余级，夺其渡船，入河死者四五百人，获老小二百余口，牛马孳畜二千余。见差次事功，乞加优赏。"

　　藏氏河城，西夏军城，与熙河相对。贞观十三年，即辽天庆三年、北宋政和三年（1113），宋将贾炎进筑不果，次年乾顺领兵筑之。十五年，宋将种师道以十万众攻之。越年知庆州姚古复筑城，名威德军。① 西夏雍宁五年，即辽天庆八年、宋政和八年（1118），宋平仁多泉、藏氏河两军城，及进筑靖夏、制戎、制羌三城寨。②

　　三角川寨。③ 西夏天安礼定二年，即辽大安二年、宋哲宗元祐元年（1086），太原府吕惠卿入西界三角川。"夏四月太原兵入左厢，聚星泊、三角川诸寨皆不守。"④ 三角川位于黄河南岸，与辽威塞堡隔河相望，曾为西夏边地堡寨，是辽宋入西夏的突破口。

　　马练川堡，西夏中期所筑堡，在夏辽边界。⑤

　　虎径岭，西夏中期所筑堡，在夏辽边界。

　　吴堡寨（陕西吴堡县城关，东临黄河），西夏寨，西夏大安八年，即北宋元丰四年、辽大康七年（1081），为宋所攻取。

　　安疆砦，原为西夏银夏南边境宋寨，西夏天仪治平三年，即辽大安五年、北宋元祐四年（1089），六月，宋给赐夏国，易永乐陷没人口。⑥

　　没烟砦，夏人攻陷金明寨后，宋渭帅毛渐出兵攻西夏没烟砦，钟傅合击破之。⑦

---

　　① 王天顺：《西夏地理研究》，第161—162页。
　　② 《宋会要辑稿》方域一九之二一："政和八年（1118）八月十日，陕西、河东、河北路宣抚使司奏：平荡仁多泉、藏氏河两军城，及进筑靖夏、制戎、制羌三城寨了当。"
　　③ 《辽史》卷一一四《萧迭里得传》："（重熙）十九年，夏人来侵金肃军，上遣迭里得率轻兵督战，至河南三角川，斩候者八人，擒观察使，以功命知汉人行宫都部署事，出为西南面招讨使。"
　　④ 《续资治通鉴长编》卷三七九，哲宗元祐元年六月甲午条。
　　⑤ 《契丹国志》卷一〇。"（乾统五年）五月，宋徽宗遣龙图阁直学士林摅报聘，见天祚，跪上国书，仰首曰：'夏人数寇边，朝廷兴师问罪，以北朝屡遣讲和之使，故务含容。今逾年不进誓表，不遣使贺天宁节；又筑虎径岭、马练川两堡，侵寇不已。'"又见《续资治通鉴长编拾补》卷二五，徽宗崇宁四年五月癸亥条。
　　⑥ 《宋史》卷四八六《夏国传下》："（元祐）四年二月，始遣使谢封册。六月，稍归永乐所获人，遂以葭芦、米脂、浮图、安疆四砦与之，而画界未定。"
　　⑦ 《宋史》卷三四八《钟傅传》。

乌卜章寨，西夏大安十一年，即辽大康十年、北宋元丰七年（1084），宋环庆路用兵西夏地。①

井那寨，又作经纳寨，西夏寨与宋环庆路相邻。西夏天授礼法延祚三年，即辽重熙九年、宋康定元年（1040），宋环庆钤辖高继隆等出兵攻西夏经纳、旺穆等砦，破之。②

旺穆砦，西夏寨，宋环庆路出兵地。西夏天授礼法延祚三年，即辽重熙九年、宋康定元年（1040），宋环庆钤辖高继隆等出兵攻陷。③

吃吨江砦、井那砦，西夏寨，宋环州都监安俊破李元昊处。④

天降山砦，崇宁年间，北宋刘延庆筑天降山砦，西夏一度占据。⑤

大铁泉堡，西夏堡，西夏贞观六年，即辽乾统六年、北宋崇宁五年（1106），五月，宋将刘法攻破。⑥

甜水堡（今甘肃环县北境甜水堡），宋咸平四年（1001）地入夏州定难军，西夏初期，也即宋庆历初庆州范仲淹进筑为堡，旋复归西夏，属韦州。⑦

韦州堡，宋平远县北40里，西夏李元昊筑。⑧

方渠寨流井堡（甘肃环县罗山川乡），寨堡同在一地，原属宋之环州，后改隶清远军，咸平五年（1002）入西夏。东至兴平城40里，西北至安边城30里，南至党里原5里，北至萌井约50里。⑨

---

① 《续资治通鉴长编》卷三四八，神宗元丰五年九月己未条：环庆路经略司言："殿直柴植、守阙军将杜大忠与孟真同讨乌卜章等寨，获三百级，无亡失。蕃官例各转资，惟柴植、杜大忠不蒙推赏。"

② 《续资治通鉴长编》卷一二九，仁宗康定元年冬十月辛卯条。

③ 《续资治通鉴长编》卷一二九，仁宗康定元年冬十月辛卯条。

④ 《宋史》卷三二三《安俊传》。

⑤ 《宋史》卷三六四《韩世忠传》："崇宁四年，西夏骚动，郡调兵捍御，世忠在遣中。（后韩世忠）从为敌所据，世忠夜登城斩二级，割护城毡以献。"

⑥ 《皇宋十朝纲要》卷一六。

⑦ 鲁人勇：《西夏地理志》，第147页。

⑧ 《甘肃新通志》卷九《舆地志》。关梁，固原直隶州，平远县。

⑨ 鲁人勇：《西夏地理志》，第147页。

叶结贝威野砦，西夏寨，西夏天祐民安三年，即辽大安八年、宋元祐七年（1092），三月宋马琮领兵出界攻讨。[1]

永宗城寨，西夏准备修置城寨名。[2]

汉乞砦，西夏寨，宋杜惟序攻取。[3]

薛马寨，西夏元昊时期寨，宋将范恪攻取。[4]

都嵬寨，西夏元昊时期寨，宋将范恪攻取。[5]

兰浪寨，宋环庆北西夏境内之地。西夏天赐礼盛国庆二年，即辽咸雍六年、北宋熙宁三年（1070），四月，宋复圭使其将梁从吉等别破金汤、白豹、兰浪、萌门、和市等寨，后复为西夏所有，西夏天赐礼盛国庆四年，即辽咸雍八年、北宋熙宁五年（1072），宋环庆巡检姚兕来破兰浪寨。[6]

萌门、和市寨，宋环庆北西夏境内。西夏天赐礼盛国庆二年，即辽咸雍六年、北宋熙宁三年（1070），四月，宋复圭使其将梁从吉等别破金汤、白豹、兰浪、萌门、和市等寨，后复为西夏所有。

石门堡（今宁夏固原市黄铎堡乡寺口子），原属西夏，西夏天祐民安九年，即辽寿昌四年、宋元符元年（1098），宋进筑，属平夏城。因地处石门峡

---

① 《续资治通鉴长编》卷四七一，哲宗元祐七年三月丙午条："环庆路经略司准备差使马琮等，领兵出界攻讨叶结贝威野砦，斩大小首领二人，首级五十。"

② 《续资治通鉴长编》卷二八〇，神宗熙宁十年二月壬寅条：环庆路经略司奏："准朝旨分析，已牒鄜延路经略司指挥保安军移牒宥州，问创修城寨因依。本司近为探得西界欲于嘉木、永宗广聚材木修置城寨，缘去本路边界咫尺，虑夏主愚幼不知誓诏明文，久远别致边患，遂不暇奏取朝旨。分析是实。"

③ 《宋史》卷三二三《范恪传》："尝与总管杜惟序、钤辖高继隆将兵分讨汉乞、薛马、都嵬等三砦，恪先破都嵬，而继隆围薛马不能下，恪驰往取之，既又援惟序下汉乞砦。改左骐骥副使。"

④ 《宋史》卷三二三《范恪传》。

⑤ 《宋史》卷三二三《范恪传》。

⑥ 《续资治通鉴长编》卷二一四，神宗熙宁三年四月辛未条："复圭使其将梁从吉等别破金汤、白豹、兰浪、萌门、和市等寨，赐复圭诏奖谕。"《宋史》卷三四九《姚兕传》。"姚兕，字武之，五原人。父宝，战死定川，兕补右班殿直，为环庆巡检。与夏人战，一矢毙其酋，众溃，因乘之，遂破兰浪。"

口，故名石门堡。①

艾蒿砦，西夏元昊时寨。西夏天授礼法延祚三年，即辽重熙九年、宋康定元年（1040），夏人出艾蒿砦至郭北平，与宋军夜斗。②

邛州堡，宋环庆路北西夏境内城堡。西夏天赐礼盛国庆二年，即辽咸雍六年、北宋熙宁三年（1070），宋环庆钤辖李信与贼战荔原堡北，不利。广将兵深入，破十二盘等4寨、喀托克邛州堡，攻白豹、金汤城，皆先登。西夏天赐礼盛国庆四年，即辽咸雍八年、北宋熙宁五年（1072），宋知庆州李复圭复出兵邛州堡，夜入西夏栏浪、和市，掠老幼数百。③

十二盘堡，西夏堡寨，宋环庆路北西夏境内，西夏于天授礼法延祚九年，即辽重熙十五年、北宋庆历六年（1046），西夏在蕉蒿堡十二盘开筑旧堡。④

十二盘寨，宋环庆路北西夏境。西夏天赐礼盛国庆二年，即辽咸雍六年、北宋熙宁三年（1070），宋北路都巡检供备库副使林广破十二盘等四寨。⑤

咄当、迷子寨，宋环庆路北西夏境内，宋将范恪曾会诸路兵攻。⑥

遮鹿、要册、海沟、茶山、龙柏、安化砦，西夏元昊时期寨，西夏天授礼法延祚三年，即辽重熙九年、宋康定元年（1040），宋延州兵马监押马怀德攻掠。⑦

---

① 《续资治通鉴长编》卷四九六，哲宗元符元年三月癸酉条。王天顺：《西夏地理研究》，第172页。

② 《宋史》卷三二三《周美传》。

③ 《续资治通鉴长编》卷二一四，神宗熙宁三年八月戊午条；卷二四一，神宗熙宁五年十二月乙丑条。《宋史》卷四八六《夏国传下》。

④ 《续资治通鉴长编》卷一五八，仁宗庆历六年五月戊戌条："诏环庆经略司，比夏国人马累至后桥蕉蒿堡十二盘开筑旧堡，其地虽系汉界用兵所得，然夏国今纳款称臣，不欲出兵拒绝，其令彼土蕃户住坐如故，仍画壕为界。"

⑤ 《续资治通鉴长编》卷二一四，神宗熙宁三年八月戊午条："环庆钤辖李信与贼战荔原堡北，不利。广将兵深入，破十二盘等四寨。"

⑥ 《宋史》卷三二三《范恪传》："尝会诸道兵攻十二盘暨咄当、迷子砦，中流矢，督战愈力。"

⑦ 《宋史》卷三二三《马怀德传》："范仲淹知延州，修青涧城，奏怀德为兵马监押，以所部兵入贼境，破遮鹿、要册二砦，亲射杀其酋狗儿厢主，迁左班殿直。又率蕃汉烧荡贼海沟、茶山、龙柏、安化十七砦三百余帐，斩首数百级，虏马驼牛羊万数，迁右侍禁。"

克胡山寨① （今陕西安塞县坪桥乡），天祐民安八年，即辽寿昌三年、北宋绍圣四年（1097），为宋攻取，更名平羌寨，隶延州肤施县。东至安定堡 60 里，南至龙安寨 54 里，西至安塞堡 35 里，北至殄羌寨 60 里。

刘沟堡，原为宋秦州地堡寨，天赐礼盛国庆元年，即辽咸雍五年、北宋熙宁二年（1069），西夏攻获。②

靳厮袜砦，西夏寨，邻近宋宁州（今甘肃省庆阳市宁县）。后宋将刘兼济破靳厮袜砦。③

青化、押班、吃当砦，原为西夏寨，宋东路都巡检使马怀德攻破。④

黑神、厥保砦，宋东路都巡检使庞籍曾攻陷西夏黑神、厥保等 18 寨。⑤

后桥寨，景祐初年已有，先属宋，是年被西夏攻取，地在柔远寨南。⑥

安远砦，西夏寨，西夏拱化五年，即辽咸雍三年、北宋治平四年（1067），谅祚拟纳宋以乞绥州。⑦

吴八章寨，西夏寨，与宋环庆路相对。⑧

吴堡，在银夏南境，西夏大安八年，即北宋元丰四年、辽大康七年（1081），西夏从宋鄜延路获得。⑨

---

① 王天顺：《西夏地理研究》，第 160 页；鲁人勇：《西夏地理志》，第 114 页，坪桥乡坪桥村。

② 《宋史》卷三四九《刘昌祚传》；卷四八六《夏国传下》。

③ 《宋史》卷三二五《兼济传》："徙宁州，破靳厮袜砦。"

④ 《宋史》卷三二三《马怀德传》："怀德以兵数千据谷旁高原待之，斩首二百级，得畜产、器械以千数。迁内殿崇班。又以兵修龙安城，虏不敢犯，遂为鄜延路都监。又城绥平，破贼青化、押班、吃当三砦，杀获甚众。"

⑤ 《宋史》卷三二三《马怀德传》："以范仲淹、韩琦荐，授阁门祗候，延州庞籍入奏为东路都巡检使。夷黑神、厥保等十八砦，贼以四万骑犯边，趋仆射谷。"

⑥ 《宋史》卷四八五《夏国传上》；鲁人勇：《西夏地理志》，第 142 页。

⑦ 《东都事略》卷一二七、一二八《西夏传》附录。

⑧ 《宋会要辑稿》兵一八之一四。

⑨ 《续资治通鉴长编》卷三一九，神宗元丰四年十一月乙酉条；卷三二一，神宗元丰四年十二月丙子条。"权发遣鄜延路转运判官张亚之言：'西界吴堡、义合、细浮图寨日惧讨杀，又未有官军至彼应接，及经种谔杀败蕃贼，残党窜山谷闲，虑出没邀截粮道，乞下鄜延路经略司遣兵将晓谕招降。'诏沈括详亚之所奏，应接招纳，如兵不足，即牒种谔相度施行。"

折姜寨，宋环庆路北横山附近西夏境内堡寨。①

抚宁寨，原属西夏，与啰兀城相邻。天赐礼盛国庆三年，又即辽咸雍七年、北宋熙宁四年（1071），二月宋种谔进筑为寨，三月复为西夏攻取。②

纳干堡（又作纳斡堡、闹讹堡），西夏天赐礼盛国庆二年，即辽咸雍六年、北宋熙宁三年（1070），夏人大举入宋庆州，筑纳干堡。在境外环庆荔原堡北20余里。西夏天赐礼盛国庆四年，即辽咸雍八年、北宋熙宁五年（1072），宋王广渊已退还西界礓石、闹讹堡地。③

经纳、旺穆砦，西夏天授礼法延祚三年，即辽重熙九年、宋康定元年（1040），十月，宋高继隆等破。④

鱼口砦（今陕西靖边县东），本夏州地地名鱼口砦，宋置镇罗堡。镇罗堡，在靖边东40里东南，至安塞县300里，北至大边1里，东至镇靖堡40里。⑤

绥边寨（今青海互助县南），旧名宗谷，属吐蕃。西夏贞观四年，即辽乾统四年、宋崇宁三年（1104），宋筑寨更名，西夏正德五年，即金天会九年、南宋绍兴元年（1131），被金攻占，西夏大德二年，即金天会十四年、南宋绍兴六年（1136），入西夏。东至龙支城界60里，西至宣威城界30里，南至西宁州界32里，北至乳骆河界南1里。⑥

① 《宋史》卷八七《地理志三》。"安边城（地名徐丁台，崇宁五年筑，赐名。东至清平关40里，西至折姜和市贼砦八十里，南至废肃远砦100余里，北至牛圈界壕20里）。"
《续资治通鉴长编》卷一四九。仁宗庆历四年五月壬戌条："枢密副使韩琦、参知政事范仲淹并对于崇政殿，上四策曰：……我则兵势自振，如宥、绥二州，金汤、白豹、折薑等寨，皆可就而城之。"
② 《续资治通鉴长编》卷二二〇，神宗熙宁四年二月壬申条；鲁人勇：《西夏地理志》，第123—124页。
③ 《续资治通鉴长编》卷二一一，神宗熙宁三年五月戊午条；卷二一四，神宗熙宁三年八月辛未条；卷二三四，神宗熙宁五年六月癸亥条。彭向前：《党项西夏名物汇考》，甘肃文化出版社2017年版，第97页，认为纳干堡、纳斡堡为误，当据《宋史》回改为"闹讹堡"。
④ 《续资治通鉴长编》卷一二九，仁宗康定元年冬十月辛卯条。
⑤ 《陕西通志》卷一六《关梁一》。
⑥ 鲁人勇：《西夏地理志》，第205页。

通川堡（今青海民和县东），原属吐蕃啰兀抹通城辖地，大庆元年（1036）入西夏，西夏永安三年，即辽寿昌六年、北宋元符三年（1100），攻取并筑堡，旋即被西夏攻取，西夏贞观三年，即辽乾统三年、宋崇宁二年（1103），又陷于宋。西夏正德五年，即金天会九年、南宋绍兴元年（1131），被金攻占，西夏大德二年，即金天会十四年、南宋绍兴六年（1136），复入西夏。①

通湟寨（今青海乐都县阿兰堡南），原名啰兀抹通城，属吐蕃。西夏永安二年，即辽寿昌五年、北宋元符二年（1099），宋收取，次年更名通湟寨。南渡后入金，西夏大德三年，即金天会十五年、南宋绍兴七年（1137），入西夏隶乐州。②

保塞寨（今青海平安县西北白马寺），旧名安儿城，属吐蕃。贞观四年，即辽乾统四年、宋崇宁三年（1104），宋收取更名保塞寨。西夏正德五年，即金天会九年、南宋绍兴元年（1131），被金攻占。西夏大德二年，即金天会十四年、南宋绍兴六年（1136），入西夏。东至龙支城界22里，西至西宁州界30里，南至廓州界20里，北至青归族15里。③

嵬名寨（鄜延附近）④，即威明寨。在鄜延附近，元昊帅军大入，占据承平砦。宋攻破于无定河，乘胜至绥州，杀其酋豪，焚庐帐，获牛马、羊驼、器械三百计，因此筑城于龙口平砦。⑤

浊流寨，西夏天授礼法延祚二年，即辽重熙八年、宋宝元二年（1039），王守琪捉杀西夏浊流寨溃散兵士。⑥

济义堡，西夏雍宁四年，即辽天庆七年、北宋政和七年（1117），西夏所

---

① 鲁人勇：《西夏地理志》，第199页。
② 鲁人勇：《西夏地理志》，第199页。
③ 鲁人勇：《西夏地理志》，第203页。
④ 《续资治通鉴长编》卷五一〇，哲宗元符二年五月戊申条。
⑤ 《宋史》卷三二三《周美传》。
⑥ 《续资治通鉴长编》卷一二四，仁宗宝元二年九月丁巳条。

获宋堡寨。①

美利砦（今甘肃环县山城堡），在灵州道，地属环州。咸平五年（1002）并入西夏。东至东谷寨 15 里，南至环州 150 里，北至清远军 70 里。②

美利堡，西南至州 150 里，东谷寨 15 里，淮安镇 15 里。③

观化堡（今陕西吴旗县王圪子乡东南），东至逋祖岭界堆约 15 里，西至鸡嘴堡约 30 里，南至通化堡 20 里，北至甜井咀约 10 里。

承平寨、安远寨、栲栳寨，三者原为宋堡寨，西夏天授礼法延祚三年，即辽重熙九年、宋康定元年（1040），西夏元昊攻破。④

乾沟堡、乾河堡、赵福堡，三者位于渭州境内，西夏天授礼法延祚三年，即辽重熙九年、宋康定元年（1040），西夏元昊攻陷。⑤

蕉蒿寨，西夏元昊时期寨，宋仁宗康定元年（1040）宋将范恪取得蕉荡寨。⑥

琉璃堡（今陕西府谷县温家畔村），在府州之西，天授礼法延祚四年，即辽重熙十年、宋庆历元年（1041），八月，元昊攻克丰州后，屯兵琉璃堡。九月宋将张亢收复。⑦

宁远寨，宋丰州之地，天授礼法延祚四年，即辽重熙十年、宋庆历元年（1041），八月为元昊所攻取。寨介麟、府二州之间，疑在府谷县新民乡南。⑧

金明寨（今陕西安塞县沿河湾乡北），原为宋延安府所辖金明县，西夏天

---

① 《初寮集》卷六《定功继伐碑》。

② 《武经总要》卷一八《陕西路》。鲁人勇：《西夏地理志》，第 144 页。

③ 《武经总要》卷一八《陕西路》。

④ 《续资治通鉴长编》卷一二七，仁宗康定元年六月庚子条："正月中，贼自安远、塞门引兵入破栲栳寨、金明县，如践无人之境。卷一三五，始，元昊陷金明、承平、塞门、安远、栲栳寨，破五龙川，边民焚略几尽，籍既至，稍葺治之。"

⑤ 《宋史》卷一〇《仁宗纪二》。

⑥ 《宋史》卷三二三《范恪传》："恪有弓胜一石七斗，其箭镞如铧，名曰铧弓。又于羽间识其官称、姓氏，凡所发必中，至一箭贯二人。他日，取蕉蒿砦归，恪独殿后，为数千骑所袭。"

⑦ 鲁人勇：《西夏地理志》，第 134 页。

⑧ 鲁人勇：《西夏地理志》，第 134 页。

授礼法延祚三年，即辽重熙九年、宋康定元年（1040），正月，元昊攻毁。四月，宋军收复重筑寨城。西夏天赐礼盛国庆四年，即辽咸雍八年、北宋熙宁五年（1072），宋废县为寨，隶肤施县。天祐民安七年，即辽寿昌二年、北宋绍圣三年（1096），十月，夏国王乾顺、梁太后亲率兵攻取金明寨。东至青华寨 80 里，南至延安府 40 里，西至招安寨 25 里，北至龙安寨 40 里。①

招安寨（今陕西安塞县招安乡招安村），至道年间入西夏。永安二年，即辽寿昌五年、北宋元符二年（1099），废寨置招安驿。②

龙安寨（今陕西安塞县北谭家营乡龙安村），至道中入西夏。西夏元德二年，即辽天庆十年、宋徽宗宣和二年（1120），更名德安寨。③

塞门寨（今陕西安塞县镰刀湾塞木城村西北），④ 原为宋延安府所管蕃部旧寨，至道年间废弃。西夏天授礼法延祚三年，即辽重熙九年、宋康定元年（1040），五月，拓跋元昊率兵攻取。西夏大安八年，即北宋元丰四年、辽大康七年（1081），宋收复。⑤

靳厮辖砦，西夏寨，庆阳府宁州边境，宋将刘兼济破之。

精野寨，西夏寨，与泾原路相对，西夏元德元年，即辽天庆九年、宋宣和元年（1119）为宋所夺。⑥

磨崖寨，在保安军顺宁寨北。西夏大安八年，即北宋元丰四年、辽大康七年（1081），宋将景思谊、曲珍拔夏人磨崖寨。⑦

---

① 《续资治通鉴长编》卷三五，太宗淳化五年六月癸酉条；《武经总要》卷一八《陕西路》；鲁人勇：《西夏地理志》，第 107—108 页。

② 鲁人勇：《西夏地理志》，第 110 页。

③ 鲁人勇：《西夏地理志》，第 111 页。

④ 鲁人勇：《西夏地理志》，第 109 页。

⑤ 《武经总要》卷一八《陕西路》。《宋史》卷四八五《夏国传上》。《宋史》卷四八六《夏国传下》。《续资治通鉴长编》卷一四六。王天顺：《西夏地理研究》，第 158 页。

⑥ 《宋会要辑稿》兵一四之二一，仁宗庆历四年二月庚子条："宣抚使童贯奏，敌进筑八百步寨 1 座，又两日共获两千五百余级，夺到精野寨并粮草孳畜物色等，捉到生口外，斩获约两千七百级，内有首领五千余人，夺印匣等。"

⑦ 《续资治通鉴长编》卷三一八，神宗元丰四年冬十月辛巳条。

## 2. 基层军事设置

《天盛律令》记载的城溜、更口、哨卡、烽火是设在西夏边境的最基层军事单位。[①]

西夏文"碢靟"译名"城溜",即城堡和军溜的合称。城堡,是沿边民众为居住安全而修建的城垒。军溜,分正、副溜,由军首领任职,是西夏军事组织单位,正军与辅主构成军抄,而军抄与寨妇构成军溜。军溜驻守城堡,巡查边境,平时兼管辖区内的罪犯、服役,追捕盗贼,协助农牧业生产等。[②]城溜就是专门驻扎军队的营垒,由种地、放牧者当值,[③]是西夏设置在沿边的军事性质的建置。按黑水城出土文献中的"黑水属"军籍文书所载军溜首领、人员、武器装备下辖于黑水监军司。[④]城溜当下辖于监军司。西夏城溜中的军溜平时备战、防御,设迁溜(农迁溜)来主管农牧业生产。又设有牧盈能,管理校验牲畜事宜。西夏农迁溜是相当于里的组织,管理农户,乡是更上一层的组织。迁统可能是迁溜之上的管理人员。[⑤]

---

① 《天盛改旧新定律令》卷四《敌军寇门》。

一沿边盗贼入寇者来,守检更口者知觉,来报堡城营垒军溜等时,州主、城守、通判、边检校、营垒主管、军溜、在上正副溜等,当速告相邻城堡营垒军溜,及邻近家主、监军司等,当相聚。……

一边地敌军盗贼入寇者来,守更口者先监察,报告局分处,已派遣监视军情者,及说敌军动向、来处、水、陆、道口、地名等使明时,所派遣监视军情者不好好监视军情,大意失察。

一边境守烽火,敌军来立便迅速出击时,邻近依续军将接烽火迁家。告牲畜主等处烽火语中断者,使与敌人军情大小、有多少越过,大小巡检失察相同判断。……

一边上敌人投诚者已出,消息已说是实,则守城溜、更口者,现在军马力总计□□□为者,依法实行以外,增力新军□□□□说本人、刺史、监军司当□□□□□□应计量……

② 翟丽萍:《西夏职官制度研究》,陕西师范大学 2014 年博士学位论文,第 189、197 页。

③ 《天盛改旧新定律令》,卷一三《执符铁箭显贵言等失门》。

④ 参看史金波:《西夏文军抄文书考略——以俄藏黑水城出土军籍文书为例》,《中国史研究》2012 年第 4 期。

⑤ 史金波:《西夏社会》上册,上海人民出版社 2007 年版,第 230、232 页。对于西夏的基层组织,杨蕤在《论西夏的基层组织与社会》一文进一步提到,西夏的基层组织有别于传统的汉地模式。西夏基层社会中存在着两种基层组织的现象:既有唐宋基层社会中的乡里制度,同时还存在与吐蕃相似的部落制度。西夏境内的农业区或者半农半牧区均实行着农迁溜或迁溜的制度。(《复旦学报(社会科学版)》2008 年第 3 期,第 124—132 页)

西夏文"茋𡙇"汉译名"更口",缺口之义(同音 28A7)。① 律令记载更口设有军头监,职责是监视军情。守更口者由检主管、检人构成,并由边检校统管。"当沿边盗贼入寇者来,守检更口者知觉后报城堡营垒军溜等说敌军动向,来处,水、陆、道口,地名等。"② 更口设在边境地区水、陆路道口,负责监察边情和预警,当类似于设置在边界上的哨卡、烽堠等军事建置。"边境守烽火,敌人军情大小、有多少越过。守城溜、更口者,由刺史、监军司等管理。"③ 城溜、更口由监军司统辖。④

西夏文"纀",哨卡,西夏谚语《新集锦合辞》"纀𫑗茋𤩈𪒠𤹪𪑶"陈炳应先生译为"哨卡口上莫放牧"。⑤ 茋[界][更]等音,⑥ 应是"界上哨卡莫放牧"。在《亥年新法》第 2549 号和第 5369 号两个残卷⑦多处出现有更口主(茋𡙇𪒠),更口多与哨卡(纀)相连,与哨卡在功能上相似,并且都是边地巡检的场所,按"一敌军、盗贼入寇者来时,正面穿过防线而归,另外更口上通过,未发现,失察者,当比前已见处更口主之罪状减一等判断"⑧。所以也可推测更口即关口一类边界通道口。

西夏文"𤩈𧁧",烽火当即烽堠,是警报系统,负责传递军情。《天盛律令》记载:"一边境守烽火,敌军来立便迅速出击时,邻近依续军将接烽火迁家。告牲畜主等处烽火语中断者,使与敌人军情大小、有多少越过,大小巡检失察相同判断。……"⑨ 又《西夏书事》卷四二西夏公辅议夏金"各置边

---

① 李范文:《同音研究》,宁夏人民出版 1986 年版,第 337 页。

② 《天盛改旧新定律令》卷四《边地巡检门》《敌军寇门》。

③ 《天盛改旧新定律令》卷四《敌军寇门》。

④ 史金波:《西夏社会》,上海人民出版社 2007 年版,第 281 页。史金波先生推测更口是西夏戍边的一种设施。

⑤ 陈炳应:《西夏谚语——新集锦成对谚语》,山西人民出版社 2005 年版,第 10 页,第 84 条。图版见《俄藏黑水城文献》第十册《新集锦合辞》(甲种本),上海古籍出版社 2000 年版,第 331 页。

⑥ (西夏)骨勒茂才著,黄振华等整理:《番汉合时掌中珠》,宁夏人民出版社 1989 年版。

⑦ 文志勇:《俄藏黑水城文献〈亥年新法〉第 2549、5369 号残卷译释》,《宁夏师范学院学报》2009 年第 1 期。图版见《俄藏黑水城文献》第 9 册。

⑧ 《天盛改旧新定律令》卷四《边地巡检门》。

⑨ 《天盛改旧新定律令》卷四《敌动门》。

烽，设侦候"①。烽堠与州、城、堡寨紧密连接在一起，构成一道纵深的军事边防体系，成为边境安定，消息传递的一个重要防御屏障。② 比较经典的一个事例是：西夏龘都元年，即辽清宁三年、北宋嘉祐二年（1057），"知麟州武戡筑堡于河西，以为保障。役既兴，戡率将吏往按视，遇夏人于沙鼠浪，戡与管勾郭恩等欲止，而走马承受黄道元以言胁之，遂夜进至卧牛峰，见烽举，且鼓声，道元犹不信，比明，至忽里堆，与夏人相去才数十步，遂合战。自旦至食时，夏人四面合击，众大溃，戡走，恩与道元及兵马监押刘庆等被执"③。这是对西夏烽堠情况的形象描述，西夏夜晚的预警既有烽火，还有鼓声。这是西夏初期边地军事防御中烽堠传递军事情报的情况。西夏天盛八年，即金正隆元年、南宋绍兴二十六年（1156），金朝命与夏国边界对立烽候，以防侵轶。④ 西夏与金在两国边界各设有烽堠。西夏河西地区烽堠设置见载于西夏乾定元年，即金正大元年、南宋嘉定十七年、蒙古太祖十九年（1224），《黑水城守将告近禀帖》载："又自黑水至肃州边界瞭望传信烽堠十九座，亦监造完毕。"⑤ 在西夏边境的黑水监军司至肃州监军司沿线也设置有烽堠。考古发现的西夏烽火墩存在于现在的河西、河套、横山等地区，⑥ 一些沿用前朝的烽堠，一些专门为军事防御所筑，并为后世所沿用。

口铺。西夏边地的口铺机构也属于基层军事建置。⑦ 作为边境的巡检点，由士兵轮番戍守。

---

① 《西夏书事》，甘肃文化出版社 1995 年版，第 313 页。
② 尤桦：《西夏烽堠制度研究》，载《西夏学》第十四辑，甘肃文化出版社，2017 年第 1 辑。
③ 《宋史》卷四八五《夏国传上》。
④ 《金史》卷二六《地理志下》。
⑤ 聂鸿音：《关于黑水城的两件西夏文书》，《中华文史论丛》2000 年第 63 辑。又见聂鸿音：《西夏遗文录》，载《西夏学》第 2 辑，宁夏人民出版社 2007 年版，第 164 页。
⑥ 史金波、俄军主编：《西夏文物·甘肃编》，中华书局、天津古籍出版社 2014 年版，第 17 页。
⑦ 《续资治通鉴长编》卷五一三。哲宗元符二年（1099）七月癸丑条："环庆奏具到新立烽台、堡铺及人马巡绰所至之处画图进呈。大约巡绰所至，有及一百一十里至八九十里，烽台有四十里至五六七八十里，坐团堡铺有二十里至三十里者。如清平关巡绰至大寨泉，在清远军之外十余里；折姜会接泾原及百一十里，至版井川犹六十里，又至通峡寨犹五十里。"

宋辽边境设置有大量的口铺，负责侦察和传递军事情报。[①] 宋廷也曾就辽朝越界置口铺问题有过诸多的争论。[②] 虽然记载西夏口铺的资料较少，但西夏也设有口铺。天祐民安八年，即辽寿昌三年、北宋绍圣四年（1097），宋朝奉郎安师文言："近缘边修筑城寨，西贼举众入寇泾原，败衄而去。今困于点集，渐已穷蹙。窃闻诸路广行招纳，切中事机。向日归明朱智用，久已向汉，然为夏国各有把截卓望口铺，无缘遂达中土……"[③] 虽然宋朝有意招诱夏沿边蕃户，却由于西夏在边界设置有把守堵截瞭望的口铺，防守严密，而不能实现。按《续资治通鉴长编》元祐五年（1090）记载：宋夏分画边界时，西夏宥州移牒称："先为定画疆界，有诏汉界留出草地十里，蕃界依数对留。欲于蕃界令存留五里为草地，夏国于所存五里界内修立堡铺"。[④] 这里的铺，也是军事上的设置的口铺、边铺，虽在边境地区，周边留存 10 里、5 里空地，其所辐射的范围较广，是宋夏双方争夺的重要目标。

西夏在军事上设有统军司，按《天盛律令》卷四《边地巡检门》：若正、副统（军）归京师，边事、军马头项交付监军司，则监军、习判承罪顺序：习判按副行统、监军按正统法判断。统军司的统军应是战时派遣的，[⑤] 而监军司是西夏地方最主要的军事行政机构。监军司下辖前揭的边地城司堡寨、城溜、更口、哨卡、烽堠、口铺等基层军事建置。

西夏边地还设有巡检机构，是负责边防巡检任务的军事部门，[⑥] 其下设边

---

① 参看张国庆：《辽朝边铺探微》，《中国边疆史地研究》2016 年第 2 期。

② 《续资治通鉴长编》卷二三六，神宗熙宁五年闰七月戊申条；卷二三七，神宗熙宁五年八月丁丑条、壬午条；卷二三八，神宗熙宁五年九月丙午条。

③ 《续资治通鉴长编》卷四八七，哲宗绍圣四年五月壬戌条。

④ 《续资治通鉴长编》卷四四九，哲宗元祐五年冬十月己未条。

⑤ 《天盛改旧新定律令》卷一〇《司序行文门》所载并非罗列了西夏所有有司机构，以正统司为例，正统司介于上等司、次等司之间，略低于经略司，在地方统领军事时还要上报于经略司、中书、枢密。统军、副统军都为临时派遣性质的。

⑥ 按《天盛律令》的条文可知西夏普遍设置巡检，但未体现巡检司机构的存在，只在西夏后期《番汉合时掌中珠》（1190）中有巡检门。本书西夏边地巡检机构参考李华瑞先生《西夏巡检简论》（《中国史研究》2006 年第 1 期）。

检校、营垒主管、队提点、夜禁主管、军溜盈能、检主管（检头监）、检人等，巡检的将领可以从监军司的将领中选派。按俄罗斯科学院东方研究所圣彼得堡分所藏西夏写本《西夏乾定三年（1226）黑水副将上书》[①] 有"小城边检校城守嵬嗨奴山"，边检校一职有时由城守兼任。

军事建置中的烽火、更口具有预警性能。按《天盛律令》卷四《边地巡检门》记载：

> 一沿边盗贼入寇者来，守检更口者知觉，来报堡城营垒军溜等时，州主、城守、通判、边检校、营垒主管、军溜、在上正副溜等，当速告相邻城堡营垒军溜，及邻近家主、监军司等，当相聚。[②]

这些基层军事设置在边防地区，它们所形成的边防巡检、防御程序在基层军事建置功能上主要体现在边境地区的防御、预警、战斗等诸多方面的联动性。[③]

西夏沿边军事建置还有对于敕禁、贸易、使节往来等的管理。按《天盛律令》卷七《敕禁门》记载："一等到敌界去卖敕禁品时，任更口者知晓，贪赃而徇情，使去卖敕禁，放出时，使与有罪人相等。……一诸人由水上运钱，到敌界买卖时，渡船主、掌哨更口者等罪，按卖敕禁畜物状法判断以外，其余人知闻。受贿则与盗分他人物相同，未受贿当与不举告等各种罪状相

---

① 参见聂鸿音《关于黑水城的两件西夏文书》（《中华文史论丛》2000 年第 63 辑）。图版见《俄藏黑水城文献》第十四册，上海古籍出版社 2011 年版，第 256 页。
② 《天盛改旧新定律令》卷四《敌军寇门》。
③ 程龙：《论北宋西北堡寨的军事功能》，《中国史研究》2004 年第 1 期。该文考证北宋西北堡寨军事功能的演化大体经历了四个阶段。1. 北宋建立到至道二年（996）：堡寨尚未参与宋夏战争，其功能主要为控制境内羌戎蕃部。2. 至道二年到庆历初（1041）：堡寨功能转为与西夏争夺沿边蕃部熟户。3. 庆历初到治平末年（1067）：弓箭手开始接替禁军、厢军承担戍守堡寨的任务，堡寨功能向屯田转化。4. 治平末到北宋末：弓箭手全面代替禁军、厢军戍守堡寨，堡寨主要功能最终定型为屯田、护耕和疏通粮道。战时，堡寨也成为机动宋军的粮食补给点和支撑点。综观这一演变历程，北宋设立诸多堡寨的主要意图在于同西夏争夺边境地区的人口和土地资源。堡寨在后勤补给方面所发挥的屯田、护耕和疏通粮道等作用在堡寨诸多军事功能中是最为主要的。参照该文的论述，可以对西夏沿边军事建置的功能有一定的认知。

同。"① 哨卡、更口有对贸易和走私的管理和禁止之责。

西夏与辽、宋、金在边界地区都设置过榷场，进行贸易，这些边界物资运输通道必然设置哨卡、更口来维持秩序和禁止非法通行。西夏正德八年，即金天会十二年、南宋绍兴四年（1134），以及西夏大德四年，即金天眷元年、南宋绍兴八年（1138），夏崇宗乾顺曾请金于陕西诸地置榷场通互市，金一直没有应允，直到西夏大庆二年，即金皇统元年、南宋绍兴十一年（1141），金在云中西北，尔后陆续在陕西沿边诸州置场，共有东胜、净、环、庆、兰、绥德、保安等州及来远军。② 黑水城出土西夏文献南边榷场使文书记载有榷场使、银牌安排官搜检有无违禁商品。③

此外，还有和市。如西夏边界的折姜会、金汤、白豹寨等，按宋知庆州范仲淹言："臣奉诏议牵制贼兵，毋令并出河东路。今环州永和寨西北一百二十里有折姜会，庆州东北百五十里有金汤、白豹寨，皆贼界和市处也。……"④ 宋廷往往以禁和市来制约西夏在边地的军事侵夺。按《宋史·夏国传》记载：（宋）安抚司遣李思道、孙兆往议疆事，而讹庞瞀不听。久之，太原府、代州兵马钤辖苏安静得夏国吕宁、拽浪撩黎来合议，乃筑堠九，更新边禁，要以违约则罢和市，自此始定。⑤ 可知，无论是修筑界堠、烽堠，还是更新边禁条约，都是为了防备和制约西夏，维护宋朝的统治。

边境机构也管理使节往来。其中作为邻国的回鹘是西夏与中亚往来的通道，对于西夏也有着诸多影响。回鹘僧、回鹘的生活用品的交流，都是从西夏边地的关口、口铺、堡寨一步步传入西夏腹地和都城。⑥

---

① 《天盛改旧新定律令》卷七《敕禁门》。
② 《金史》卷一三四《西夏传》、卷五〇《食货志五》。
③ 《俄藏黑水城文献》第六册，上海古籍出版社 2000 年版，第 279—286 页。参见杨富学、陈爱峰：《黑水城出土夏金贸易文书研究》，《中国史研究》2009 年第 2 期。
④ 《续资治通鉴长编》卷一三四，仁宗庆历元年（1041）十月乙巳条。
⑤ 《宋史》卷四八五《夏国传上》。
⑥ 许伟伟：《西夏名物中的"胡"》，中国少数民族文学与文献国际学术论坛会议论文，四川成都，2018 年 8 月。

宋廷在宋夏边地蕃部地区设置部族体制，在抵御西夏，捍卫宋边防方面起了重要作用。[1] 西夏边地的蕃部与汉部是边吏管理的重点，是边地税收、兵丁直接的来源。"故西戎（西夏）以山界蕃部为强兵，汉家以山界属户及弓箭手为善斗。以此观之，各以边人为强。"[2] 在当时的横山地区，比较明显的就是宋夏各自利用横山的部族来抗衡。西夏所属的横山地区除户籍中的成年男子为兵外，每遇战斗，"老弱妇女举族而行"，妇女也往往作为杂役和正军辅卒共守城寨。因此，"其横山界蕃部点集最苦"[3]。

西夏天祐民安六年，即辽寿昌元年、北宋绍圣二年（1095），《破宋金明砦遗宋经略使书》记载：夏国昨与朝廷议疆场，惟有小不同。方行理究，不意朝廷改悔，却于坐团铺处立界。本国以恭顺之故，亦黾勉听从，遂于境内立数堡以护耕。[4] 西夏在沿边设置城堡的目的之一就是保护边地的生产。

西夏基层军事建置预防部族人口越界与外逃，还有招诱邻国部落人口功能。《西夏乾定三年（1226）黑水副将上书》文书内容即对于外交使团出使敌国招诱一批民畜前来黑水城入籍的安排，浮屠铁先是派边检校嵬啰奴山通知沿途驿站接待，接着又派通判耶和双山等持文书前往恭候，自己亦打算前去迎接，所以请示肃州执金牌边事管勾大人批准。[5] 招诱境外边民的条文规定见于《天盛律令》和《亥年新法》等西夏律法，可知为西夏边地机构处理的常见事务。

---

① 安国楼：《论宋朝对西北边区民族的统治体制》，《民族研究》1996 年第 1 期。

② 《续资治通鉴长编》卷一四九，仁宗庆历四年（1044）五月壬戌朔条。

③ 《续资治通鉴长编》卷一三九，仁宗庆历三年（1043）二月乙卯条。

④ 《宋史》卷四八六《夏国传下》。

⑤ 聂鸿音：《关于黑水城的两件西夏文书》，《中华文史论丛》2000 年第 63 辑；又见聂鸿音：《西夏遗文录》，载《西夏学》2007 年（第二辑），宁夏人民出版社 2007 年版。

# 附录 党项与西夏地名异译表

| 序号 | 宋史 | 长编（标） | 长编（底） | 长编（影） | 宋会要 | 备注 |
|---|---|---|---|---|---|---|
| 1 | 兴庆府 | 兴庆府/中兴府 | | 中兴府 | | 《元史》：也吉里海牙 《蒙史》：额里海牙 |
| 2 | 中兴（城） | | | | | 《元史译文补正》：伊尔开 《蒙史》：额儿起牙 |
| 3 | 灵州 | 灵州 | | 灵州 | 灵州 | 《涑水记闻》：灵武城 《蒙史》：图尔默格依、滴儿雪开城 《蒙古源流》：灵武城 《元史译文补正》：朵儿蔑该巴刺合速 |
| 4 | 韦州/威州/南威州 | 韦州/威州 | | 韦州/威州 | 韦州 | |

| 序号 | 宋史 | 长编（标） | 长编（底） | 长编（影） | 宋会要 | 备注 |
|---|---|---|---|---|---|---|
| 5 | 黑水 | 黑水 | | | | 《元史》：兀剌城、克斡罗孩《蒙史》：兀纳城、衣儿格依城 |
| 6 | 大通城/达南城 | | | | 大通城/达南城 | 《纲要》：达南城 |
| 7 | 南平州 | 南平州 | | 南平泺 | | |
| 8 | 义合寨 | 义合寨 | | 义和寨 | | |
| 9 | 义合镇 | | | 义和镇 | | |
| 10 | | 麻也吃多讹寨/大和拍攒 | | 大科卜遵 | 也吃多讹寨/北讹屯山成寨/大和拍攒 | |
| 11 | | 已布 | | 伊布/恰布 | | |
| 12 | 井那寨 | 井那寨 | | 经纳寨 | | |
| 13 | 六窠沙 | | | | | 《挥麈前录》：六窠砂 |
| 14 | | 韦章巴史骨堆 | | 威章巴实尔因 | | |

| 序号 | 宋史 | 长编（标） | 长编（底） | 长编（影） | 宋会要 | 备注 |
|---|---|---|---|---|---|---|
| 15 | | 布娘堡 | | 布尼雅堡 | | |
| 16 | 邛州堡 | 邛州堡 | | 印州堡 | | |
| 17 | | 曲六律掌 | | | 吹埒罗章 | 《范文正公集》：吹呼罗章《纲要》：曲律六掌 |
| 18 | | 讹也山成寨 | | 阿密善正寨 | | |
| 19 | | 讹也成布寨 | | 阿密沁布寨 | 讹也成布寨 | |
| 20 | | 讹庞遇胜寨 | | 鄂特彭裕勒星寨 | | |
| 21 | 汝遮 | 汝遮 | | 努扎 | | |
| 22 | 女遮谷 | 女遮谷 | | 汝遮谷 | | |
| 23 | 吴移 | 吴移 | | 乌伊 | | |
| 24 | | 吾移越布寨 | | 南威约卜寨 | | |
| 25 | 折薑会 | 折薑会 | | 戬章会 | | |
| 26 | | 麻也吃多讹寨 | | 玛克密策多寨 | | |
| 27 | | 纳干堡/闹讹堡 | | 纳斡堡 | | |

续表

| 序号 | 宋史 | 长编（标） | 长编（底） | 长编（影） | 宋会要 | 备注 |
|---|---|---|---|---|---|---|
| 28 | | 良乜 | | 陵美 | | |
| 29 | 卓啰 | 卓啰 | | 卓罗 | 卓罗 | |
| 30 | | 卧尚庞、卧贵庞 | | 鄂尚绷 | | |
| 31 | | 孟乜 | | 默特 | | |
| 32 | | 巴勒济埒克 | | 波济立埒克 | | |
| 33 | | 罗韦 | | 罗围 | | |
| 34 | 啰逋川 | 啰逋川 | | 罗逋川 | | |
| 35 | | 罗吒 | | 罗彭 | | |
| 36 | | 俄枝 | | 伊济 | | |
| 37 | 南牟会 | 南牟会 | | 鼐摩会 | | 《范文正公集》：南牟会 |
| 38 | | 吾移越布寨 | | 威约卜寨 | 吾移越布寨 | |
| 39 | | 崽名寨 | | 威明寨 | | |
| 40 | | 星罗默隆 | | 胜罗默隆 | | |
| 41 | | 星勒泊 | | 精勒泊 | | |
| 42 | | 吉那 | | 结纳克 | | |
| 43 | | 革罗城 | | 喀罗城 | | |
| 44 | | 革罗朗 | | 克罗朗 | | |
| 45 | | 柴棱沟 | | 柴稜沟 | 柴棱沟 | |

续表

| 序号 | 宋史 | 长编（标） | 长编（底） | 长编（影） | 宋会要 | 备注 |
|---|---|---|---|---|---|---|
| 46 | 真卿流 | 真卿流 | | 勒珍鲁 | | |
| 47 | 乜离抑 | 乜离抑 | | 密内部 | | |
| 48 | | 该朱城／该珠城 | | 盖朱城／该珠城／该朱城 | | 《纲要》：盖朱城 |
| 49 | | 麻也遇崖寨 | | 玛克密约叶寨 | 麻也遇崖寨 | |
| 50 | 堪哥平 | 堪哥平 | | 开噶平 | 堪哥平 | |
| 51 | | 摄移坡 | | 鼐博坡 | | |
| 52 | 大理河 | 大理河 | | 大里河 | | |
| 53 | 惟精山 | 韦精山、惟精山 | | 威经山 | | |
| 54 | 地斤三山 | 地斤三山 | | 地巾三山 | 地斤三山 | |
| 55 | | | | 黑水城 | | 《蒙史》：彻勒城、川勒、亦即纳、亦集乃、亦即纳城 |
| 56 | 磨脐隘／磨哆隘 | | 磨脐隘 | 磨哆隘 | 磨哆隘 | |
| 57 | 午腊蒻山 | | | | | 牟那山、卧啰山、午腊山 |
| 58 | 白马强镇 | 娄博贝 | | | | 白马祥庆 |

| 序号 | 宋史 | 长编（标） | 长编（底） | 长编（影） | 宋会要 | 备注 |
|---|---|---|---|---|---|---|
| 59 | 西寿 | 锡硕克 | | | | |
| 60 | 细浮图寨/克戎城 | 细浮图寨/浮图寨/克戎城 | | 细浮图寨 | | |
| 61 | 龙州 | | 龙州 | 龙州 | | ДХ. 02822 号文书《杂集时要用字·地分部》：隆州 |
| 62 | 瓜州 | 瓜州 | | 瓜州 | | 《元史》：合州 |
| 63 | 沙州 | 沙州 | | 沙州 | | 《元史》：蛇州 |
| 64 | 肃州 | 肃州 | | 肃州 | | 《元史》：辛州 |

# 参考文献

## （一）古籍文献

（汉）司马迁：《史记》，中华书局 1975 年版。

（汉）班固：《汉书》，中华书局 1976 年版。

（后晋）刘昫等：《旧唐书》，中华书局 1975 年版。

（宋）欧阳修等：《新唐书》，中华书局 1975 年版。

（宋）薛居正：《旧五代史》，中华书局 1976 年版。

（宋）欧阳修：《新五代史》，中华书局 1974 年版。

（元）脱脱等：《宋史》，中华书局 1977 年版。

（元）脱脱等：《辽史》，中华书局 1974 年版。

（元）脱脱等：《金史》，中华书局 1975 年版。

（明）宋濂等：《元史》，中华书局 1976 年版。

（北魏）郦道元著，陈桥驿校证：《水经注校证》，中华书局 2007 年版。

（唐）李吉甫：《元和郡县图志》，中华书局 1983 年版。

（唐）杜佑：《通典》，中华书局 1984 年影印本。

（唐）林宝：《元和姓纂》，中华书局 1994 年版。

（唐）长孙无忌：《唐律疏义》，法律出版社 1999 年版。

（唐）孙思邈：《千金翼方》，载《孙思邈医学全书》，中国中医药出版社
2009 年版。

（宋）司马光：《资治通鉴》，中华书局 1956 年版。

（宋）彭百川：《太平治迹统类》，文渊阁四库全书影印本。

（宋）王栐撰，诚刚点校：《燕翼诒谋录》，中华书局 1981 年版。

（宋）范仲淹：《范文正公集》，中华书局 1984 年影印本。

（宋）王存：《元丰九域志》，中华书局 1984 年版。

（宋）叶隆礼撰，贾敬颜、林荣贵点校：《契丹国志》，上海古籍出版社
1985 年版。

（宋）司马光：《涑水记闻》，中华书局 1989 年版。

（宋）李远：《青唐录》，《青海地方旧志五种》，青海人民出版社 1989
年版。

（宋）司马光撰，李裕民点校：《司马光日记点校》，中国社会科学出版社
1994 年版。

（宋）苏颂：《本草图经》，安徽科学技术出版社 1994 年版。

（宋）魏泰撰，李裕民点校：《东轩笔录》，中华书局 1997 年版。

（宋）王安中：《初寮集》，永乐大典本。

（宋）李焘：《续资治通鉴长编》，中华书局 2004 年版。

（宋）洪迈撰，孔凡礼点校：《容斋随笔》，中华书局 2005 年版。

（宋）乐史撰，王文楚等点校：《太平寰宇记》，中华书局 2007 年版。

（宋）李昉：《太平御览》，中华书局 2011 年版。

（宋）宇文懋昭：《大金国志》，中华书局 2011 年版。

（宋）乐史著，王瑞来点校：《隆平集校证》，中华书局 2012 年版。

（宋）田况：《儒林公议》，中华书局 2017 年版。

（宋）王称：《东都事略》，台湾文海出版社宋史资料萃编本。

（宋）郑刚中：《北山集》，文渊阁四库全书影印本。

（宋）曾公亮：《武经总要》，文渊阁四库全书影印本。

（宋）李之仪：《姑溪居士后集》，北京图书馆抄本。

（宋）沈括：《梦溪笔谈》，上海书店四部丛刊本。

（宋）曾巩：《隆平集》，台湾文海出版社宋史资料萃编本。

（宋）尹洙：《河南先生文集》，四部丛刊初编本。

（宋）赵起：《种太尉传》，北京图书馆藏明抄本。

（西夏）骨勒茂才编，黄振华等整理：《番汉合时掌中珠》，宁夏人民出版社 1989 年版。

金少英、李庆善校补整理：《大金吊伐录校补》，中华书局 2001 年版。

（元）余阙：《青阳集》，上海书店四部丛刊本。

（元）张光祖：《言行龟鉴》，辽宁教育出版社 2001 年版。

（元）马端临：《文献通考》，中华书局 2006 年版。

（元）耶律铸：《双溪醉隐集》，北京图书馆抄本。

（明）王珣、胡汝砺编：《弘治宁夏新志》，天津古籍出版社 1988 年影印本。

（明）杨守礼、管律编：《嘉靖宁夏新志》，宁夏人民出版社 1982 年版。

（明）陈其愫编，于景祥、郭醒点校：《皇明经世文编》，辽海出版社 2009 年版。

（明）朱旃撰，吴忠礼笺证：《宁夏志笺证》，宁夏人民出版社 1996 年版。

（清）洪钧：《元史译文补正》，清光绪丁酉刊本。

（清）昇允、长庚：《甘肃新通志》，清宣统元年刻本。

（清）徐松辑：《宋会要辑稿》，中华书局 1987 年版。

（清）吴广成：《西夏书事》，龚世俊等《西夏书事校证》本，甘肃文化出版社 1995 年版。

（清）毕沅：《续资治通鉴》，中华书局 1999 年版。

（清）顾祖禹：《读史方舆纪要》，中华书局 2005 年版。

（清）顾炎武：《天下郡国利病书》，上海古籍出版社 2011 年版。

（清）谷应泰：《明史纪事本末》，中华书局 2015 年版。

（清）丁谦：《宋史外国传地理考证》，民国四年刻本。

（清）张澍：《凉州府志备考》，三秦出版社 1988 年版。

（民国）刘济南、张斗山：《横山县志》，1929—1930 年石印本。

（民国）戴锡章：《西夏纪》，宁夏人民出版社 1988 年版。

## （二）出土文献

俄罗斯科学院东方学研究所圣彼得堡分所、中国社会科学院民族研究所、上海古籍出版社编：《俄藏黑水城文献》（1~14 册），上海古籍出版社 1996~2011 年版。

宁夏大学西夏学研究中心、国家图书馆、甘肃五凉古籍整理研究中心编：《中国藏西夏文献（第 1-20 册）》，甘肃人民出版社、敦煌文艺出版社 2005~2007 年版。

中国社科院西夏文化研究中心、宁夏大学西夏学研究院、甘肃古籍文献整理编译中心、内蒙古博物院等编：《西夏文物·内蒙古编》（1~4 册），中华书局、天津古籍出版社 2014 年版。

中国社科院西夏文化研究中心、宁夏大学西夏学研究院、甘肃古籍文献整理编译中心、甘肃博物馆等编：《西夏文物·甘肃编》（1~5 册），中华书局、天津古籍出版社 2014 年版。

中国社科院西夏文化研究中心、宁夏大学西夏学研究院、甘肃古籍文献整理编译中心、宁夏博物馆等编：《西夏文物·宁夏编》（1~12 册），中华书局、天津古籍出版社 2016 年版。

## （三）研究著作

《中华人民共和国地图集》，地图出版社 1958 年版。

谭其骧编：《中国历史地图册》（辽·宋·金时期），中国地图出版社1982年版。

史金波等：《文海研究》，中国社会科学出版社1983年版。

吴天墀：《西夏史稿》，四川人民出版社1983年版。

史金波、白滨、黄振华：《文海研究》，中国社会科学出版社1983年版。

白滨编：《西夏史论文集》，宁夏人民出版社1984年版。

陈炳应：《西夏文物研究》，宁夏人民出版社1985年版。

朱风、贾敬颜译：《汉译蒙古黄金史纲》，内蒙古人民出版社1985年版。

李范文：《同音研究》，宁夏人民出版社1986年版。

牛达生、许成：《贺兰山文物古迹考察与研究》，宁夏人民出版社1988年版。

史金波：《西夏佛教史略》，宁夏人民出版社1988年版。

史金波、白滨、吴峰云：《西夏文物》，文物出版社1988年版。

陈炳应译：《西夏谚语—新集锦成对谚语》，山西人民出版社1993年版。

王天顺：《西夏战史》，宁夏人民出版社1993年版。

[日]前田正名著，陈俊谋译：《河西历史地理学研究》，中国藏学出版社1993年版。

鲁人勇、吴忠礼、徐庄：《宁夏历史地理考》，宁夏人民出版社1993年版。

雷润泽、于存海、何继英：《西夏佛塔》，文物出版社1995年版。

陈炳应：《贞观玉镜将研究》，宁夏人民出版社1995年版。

[俄] Е.И.克恰诺夫等著：《圣立义海研究》，宁夏人民出版社1995年版。

李华瑞：《宋夏关系史》，河北人民出版社1998年版。

史金波、聂鸿音、白滨译注：《天盛改旧新定律令》，法律出版社2000年版。

王天顺：《西夏地理研究》，甘肃文化出版社 2002 年版。

杜建录：《西夏经济史》，中国社会科学出版社 2002 年版。

李孝聪：《中国区域历史地理》，北京大学出版社 2004 年版。

宁夏文物考古研究所、吴忠市文物管理所编著：《吴忠西郊唐墓》，文物出版社 2006 年版。

严耕望：《唐代交通图考》，上海古籍出版社 2007 年版。

史金波：《西夏社会》，上海人民出版社 2007 年版。

杨蕤：《西夏地理研究》，人民出版社 2008 年版。

漆侠主编：《辽宋西夏金代通史》（社会经济卷），人民出版社 2010 年版。

洪梅香：《银川建城史研究》，黄河出版传媒集团、宁夏人民出版社 2010 年版。

许成、杨浣、董宏征：《古都银川》，杭州出版社 2010 年版。

吕卓民：《西北史地论稿》，中国社会科学出版社 2011 年版。

鲁人勇：《西夏地理志》，宁夏人民教育出版社 2012 年版。

杜建录：《中国藏西夏文献研究》，上海古籍出版社 2012 年版。

杜建录、史金波：《西夏社会文书研究》，上海古籍出版社 2012 年版。

杜建录：《中国藏西夏文献研究》，上海古籍出版社 2012 年版。

汤开建：《党项西夏史探微》，商务印书馆 2013 年版。

周振鹤：《中国地方行政制度史》，上海人民出版社 2014 年版。

聂鸿音：《西夏佛经序跋译注》，上海古籍出版社 2016 年版。

贾玉英：《唐宋时期地方政治制度变迁史》，人民出版社 2016 年版。

史金波：《西夏经济文书研究》，社会科学文献出版社 2017 年版。

彭向前：《党项西夏名物汇考》，甘肃文化出版社 2017 年版。

［日］前田正名著，杨蕤、尹燕燕译：《陕西横山历史地理学研究》，中国社会科学出版社 2018 年版。

许伟伟：《西夏宫廷制度研究》，甘肃文化出版社 2020 年版。

## （四）研究论文

章巽：《西夏诸州考》，《开封师范学院学报》1963 年第 1 期。

侯仁之：《从人类活动的遗迹探索宁夏河东沙区的变迁》，《科学通报》1964 年第 3 期。

李逸友：《呼和浩特市万部华严经塔的金元明各代题记》，《文物》1977 年 5 期。

王尧：《西夏黑水桥碑考补》，《中央民族学院学报》1978 年第 1 期。

白滨、史金波：《〈大元肃州路也可达鲁花赤世袭之碑〉考释—论元代党项人在河西的活动》，《民族研究》1979 年第 1 期。

汪一鸣：《饮汗城城址考》，《宁夏社会科学》1983 年第 1 期。

牛达生：《西夏都城兴庆府故址考略》，《固原师专学报》1984 年第 1 期。

陈炳应：《西夏监军司的数量和驻地考》，《西北师范大学学报（增刊）》，1986 年。

李蔚：《宋夏横山之争述论》，《民族研究》1987 年第 6 期。

汪一鸣、许成：《西夏都城兴庆府—银川》，载《中国历代都城宫苑》，紫禁城出版 1987 年版。

汤开建：《西夏监军司驻所辨析》，《历史地理》第六辑，上海人民出版社 1988 年版。

史金波：《西夏汉文本〈杂字〉初探》，载《中国民族史研究》第二辑，中央民族学院出版社 1989 年版。

黄盛璋、汪前进：《最早一幅西夏地图——〈西夏地形图〉初探》，《自然科学史研究》1992 年第 2 期。

杜建录：《西夏时期的横山地区》，《固原师专学报》1992 年第 3 期。

史金波：《西夏官印姓氏考》，《中国民族古文字研究》第 3 辑，天津古籍出版社 1993 年版。

樊文礼：《辽代的丰州、天德军和西南面招讨司》，《内蒙古大学学报》1993 年第 3 期。

［日］藤枝晃：《李继迁的兴起与东西交通》，载《日本学者研究中国史论著选译》第九卷，中华书局 1993 年版。

王雅红：《试论兴庆府的城市建设与社会生活》，《西北史地》1994 年第 1 期。

安国楼：《论宋朝对西北边区民族的统治体制》，《民族研究》1996 年第 1 期。

刘菊湘：《兴庆府的规模与"人形"布局》，《宁夏社会科学》1997 年第 5 期。

刘菊湘：《西夏地理中几个问题的探讨》，《宁夏大学学报》1998 年第 3 期。

李树江：《〈天盛律令〉反映的西夏政区》，《宁夏社会科学》1998 年第 4 期。

胡小鹏：《试揭"尧呼儿来自西至哈至"之谜》，《民族研究》1999 年第 1 期。

聂鸿音：《关于黑水城的两件西夏文书》，《中华文史论丛》第六十三辑，上海古籍出版社 2000 年版。

杨蕤：《党项三都——兼述党项政权的西迁》，《宁夏文史》第十六辑，宁夏人民出版社 2000 年版。

鲁人勇：《西夏监军司考》，《宁夏社会科学》2001 年第 1 期。

刘华、杨孝峰：《西夏天都监军司所遗址及神勇军考》，《宁夏社会科学》2001 年第 2 期。

汤开建：《近几十年来国内西夏军事制度研究中存在的几个问题》，《宁夏社会科学》2002 年第 4 期。

李昌宪：《西夏疆域与政区考述》，《历史地理》（第十九辑），上海人民出版社 2003 年版。

鲁人勇：《西夏安州考》，《宁夏社会科学》2003 年第 4 期。

艾冲：《唐代灵、盐、夏、宥四州边界考》，《中国历史地理论丛》2004 年第 1 辑。

程龙：《论北宋西北堡寨的军事功能》，《中国史研究》2004 年第 1 期。

周伟洲：《陕北出土三方唐五代党项拓跋氏墓志考释—兼论党项拓跋氏之族源问题》，《民族研究》2004 年第 6 期。

汪一鸣：《西夏京师政区的沿革地理讨论》，《宁夏大学学报》2005 年第 3 期。

李华瑞：《西夏巡检简论》，《中国史研究》2006 年第 1 期。

刘华：《西夏西寿保泰监军司遗址考述》，《宁夏社会科学》2006 年第 4 期。

杨满忠：《党项民族对宁夏古代城池的开发与建设》，《宁夏社会科学》2006 年第 5 期。

姜勇：《〈武经总要〉纂修考》，《图书情报工作》2006 年第 11 期。

聂鸿音：《西夏遗文录》，《西夏学》第二辑，宁夏人民出版社 2007 年版。

杨蕤：《〈天盛律令·司序行文门〉与西夏政区刍议》，《中国史研究》2007 年第 4 期。

苏忠深：《雄州建制考》，《宁夏史志》2008 年第 3 期。

杨蕤：《论西夏的基层组织与社会》，《复旦学报》（社会科学版）2008 年第 3 期。

彭向前：《谅祚改制考》，《内蒙古社会科学》（汉文版）2008 年第 4 期。

聂鸿音：《黑山威福军司补正》，《宁夏师范学院学报》2008 年第 4 期。

文志勇：《俄藏黑水城文献〈亥年新法〉第 2549、5369 号残卷译释》，《宁夏师范学院学报》2009 年第 1 期。

杨富学、陈爱峰：《黑水城出土夏金贸易文书研究》，《中国史研究》2009 年第 2 期。

孙伯君：《西夏宁西监军司考》，聂鸿音、孙伯君主编《中国多文字时代的历史文献研究》，社会科学文献出版社 2010 年版。

韦宝畏、许文芳：《西夏地名考释——以 ДХ·02822〈杂集时要用字〉为中心》，《宁夏师范学院学报》2010 年第 1 期。

艾冲：《隋唐时期的夏州城新论》，《陕西历史博物馆馆刊》第十八辑，三秦出版社 2011 年版。

史金波：《西夏文军籍文书考略——以俄藏黑水城出土军籍文书为例》，《中国史研究》2012 年第 4 期。

许伟伟：《西夏都城兴庆府建制小考》，《西夏学》第七辑，上海古籍出版社 2012 年版。

许伟伟：《〈天盛律令·内宫待命等头项门〉中的职官问题》，《西夏学》第七辑，上海古籍出版社 2012 年版。

孟凡人：《西夏陵陵园的形制布局研究》，《故宫学刊》2012 年第 1 期。

张安生：《西夏定州俗称"田州"考》，《方言》2013 年第 2 期。

姜歆：《从〈天盛律令〉看西夏的军事管理机构》，《西夏研究》2013 年第 4 期。

常岚、于光建：《武威西郊西夏墓墓葬题记述论》，《宁夏社会科学》2014 年第 2 期。

翟丽萍：《西夏职官制度研究》，陕西师范大学博士学位论文，2014 年。

张多勇：《西夏监军司的研究现状和尚待解决的问题》，《西夏研究》2015 年第 3 期。

杨浣、王军辉：《〈西夏地形图〉研究回顾》，《图书馆理论与实践》2015 年第 12 期。

张多勇：《西夏白马强镇监军司地望考察》，《西夏学》第十一辑，上海古籍出版社 2015 年版。

刘双怡：《西夏地方行政区划若干问题初探》，《宋史研究论丛》第十六辑，河北大学出版社 2015 年版。

张多勇：《西夏绥州—石州监军司治所与防御系统考察研究》，《西夏研究》2016 年第 3 期。

张多勇：《西夏宥州—东院监军司考察研究》，《西夏学》第十三辑，甘肃文化出版社 2016 年版。

张国庆：《辽朝边铺探微》，《中国边疆史地研究》2016 年第 2 期。

陈光文：《西夏时期敦煌的行政建制与职官设置》，《敦煌研究》2016 年第 5 期。

史金波：《西夏时期的灵州》，《西夏学》第十四辑，甘肃文化出版社 2017 年版。

尤桦：《西夏烽堠制度研究》，《西夏学》第十四辑，甘肃文化出版社 2017 年版。

景永时：《西夏地方军政建置体系与特色》，《宁夏社会科学》2017 年第 6 期。

张多勇、于光建：《西夏进入河西的"啰庞岭"道与啰庞岭监军司考察》，《石河子大学学报》（哲学社会科学版）2017 年第 6 期。

杨浣：《西夏静州新考》，《西夏学》第十六辑，甘肃文化出版社 2018 年版。

许伟伟：《西夏时期横山地区若干问题探讨》，《西夏学》第 17 辑，甘肃文化出版社 2018 年版。

潘洁：《试述西夏转运司》，《西夏研究》2018 年第 2 期。

高仁：《左厢、右厢与经略司——再探西夏边中的高级政区》，《中国历史地理论丛》2019 年第 4 期。

杨浣、段玉泉：《克夷门考》，《北方民族大学学报》2019 年第 5 期。

杜建录：《西夏政区划分及其相关问题》，《宁夏社会科学》2020 年第 5 期。

杨蕤：《论西夏的西缘疆界及相关问题》，《中国史研究》2020 年第 1 期。

# 后　记

编纂一部多卷本西夏通志是多年的夙愿，2001 年教育部批准建设西夏学重点研究基地时，就将该任务纳入基地建设规划。只是鉴于当时资料匮乏，研究团队也比较薄弱，在上级主管部门和学界的支持下，确定先从基础资料和研究团队抓起，采取西夏文献资料整理出版、西夏文献资料专题研究和大型西夏史著作编纂的"三步走"战略，率先开展教育部基地重大项目"国内藏西夏文献整理研究"。2008 年多卷本《中国藏西夏文献》出版后，开始着手《西夏通志》的编纂，起初取名《西夏国志》，后更名《西夏通志》。经过几年的准备，2015 年获批国家社科基金重大项目，2017 年得到滚动支持，2022 年完成结项。

《西夏通志》编纂团队除史金波等前辈学者外，大多是基地培养出的学术带头人和学术骨干，他们绝大部分主持多项国家社科基金项目和部省级项目，有的承担国家社科基金重大重点项目，研究领域涉及西夏政治、经济、军事、文化、艺术、地理、文字、文献、文物等方方面面，为保质保量完成编纂任务奠定了坚实的基础。

《西夏通志》编纂过程中，得到学界的大力支持，史金波、陈育宁、聂鸿音、李华瑞、王希隆、程妮娜、孙伯君等先生或讨论提纲，或参与撰稿，或评审稿本，提出宝贵的意见。人民出版社赵圣涛编审积极组稿，并获批国家出版基金资助，使本书得以顺利出版，在此表示由衷地感谢！

杜建录

2025 年 3 月 12 日